宗庆后

有一种人生叫"大器晚成"

吴玲◎著

机遇来了，要极速反应，及时决定，
不强势引导就做不成事。

台海出版社

图书在版编目（CIP）数据

宗庆后：有一种人生叫"大器晚成"／吴玲著. —北京：台海出版社，
2016. 1

ISBN 978 – 7 – 5168 – 0826 – 9

Ⅰ. ①宗…　Ⅱ. ①吴…　Ⅲ. ①纪实文学 – 中国 – 当代　Ⅳ. ①I25

中国版本图书馆 CIP 数据核字（2016）第 012947 号

财经人物传记系列

宗庆后：有一种人生叫"大器晚成"

著　　者 ｜ 吴　玲

责任编辑 ｜ 王　萍
责任校对 ｜ 陈　烨
装帧设计 ｜ 张子航
版式设计 ｜ 红　英
责任印制 ｜ 蔡　旭

出版发行：台海出版社
地　　址：北京市朝阳区劲松南路 1 号　　邮编：100021
电　　话：010 – 64041652（发行，邮购）　　传真：010 – 84045799（总编室）
网　　址：http：//www. taimeng. org. cn/thcbs/default. htm
E – mail：thcbs@ 126. com
经　　销 ｜ 全国各地新华书店
印　　刷 ｜ 河北飞鸿印刷有限责任公司
本书如有破损、缺页、装订错误，请与本社联系调换
开　　本 ｜ 710 × 1000mm　1/16
印　　张 ｜ 17　字数：188 千字
版　　次 ｜ 2016 年 5 月第 1 版　　2024 年 1 月第 2 次印刷
书　　号 ｜ ISBN 978 – 7 – 5168 – 0826 – 9
定　　价 ｜ 58. 00 元

我命由我不由天

命，乃弱者借口；运，乃强者谦词。他不相信命运，只相信自己。

论平凡，他在偏僻的农村生活十几年，33 岁才得以回到阔别已久的城市。回来后做了校办企业的纸箱推销员，随后为生计辗转奔波，电器仪表厂、工农校办厂，没少折腾，只可惜逃不开碌碌无为。

论梦想，枯燥乏味的大把时间里，他依旧怀揣着出人头地的念想，把《毛泽东选集》当做精神食粮，如饥似渴地读了一遍又一遍。繁重的体力活鞭笞着他的身体，不甘拷问着他的灵魂。不放弃就会有希望，有想法就不怕为时已晚。

论魄力，年过四十，却用全部家当承包了校办企业的经销部，开始踏上创业的征途。即使风里来雨里去，也没动摇过当初的坚持，从而有了"娃哈哈"。有了更大的资本，孤注一掷重金砸广告，毅然决然上马非常可乐，与法国"掠食者"达能斗个你死我活，却决不妥协。

论精明，以杭州为根据地，向全国市场迈进，打败众多同类品牌，建立、巩固娃哈哈在饮料界的地位。"运筹帷幄之中，决胜千里之外"，不失时机地兼并杭州罐头厂，完成了"小鱼吃大鱼"的企业扩张，奠定了自身的实力，从而开始了娃哈哈霸主的时代。

论霸道，集团上上下下，大事小情一人总揽，事无巨细，买扫把也需要他的亲笔签字，审批通过方可执行。偌大的娃哈哈没有副总，高层管理就依靠他一人。他所决定的事情，容不得反驳，绝不可能推翻。

论勤勉，一年 365 天，出差的时间可以达到 200 多天。全国各地的市场和消费者，他最了解，也最熟悉。有了眼见耳听的实践，每隔两三天便要亲笔撰写销售通报，从始至终，几十年如一日。他也不喜欢参加商场上的应酬，工作就是他最大的兴趣爱好，比员工来得早、走得晚。

论节俭，坐拥几百亿元的身家资产，自称每年的消费不会超过 5 万元。衣食住行从不讲究，衣服就是寻常百姓穿的普通样式，饭食最爱咸菜和豆腐，能在食堂解决就在食堂解决，外出公差不住高档酒店，干净整洁就好，乘飞机只选经济舱。他将自己视作常人，一分一厘积攒下来的财富，当之不易。

论成功，2013 年，获得"对民族产业贡献卓著的民营功勋企业家"称号。2013 年，《福布斯》全球亿万富豪排行榜，位列第86，位居中国内地首富。2012 年，《福布斯》全球亿万富豪排行榜，以 105 亿美元位列第 78，位居中国内地首富。2011 年，《福布斯》全球亿万富豪排行榜，以 59 亿美元位列第 169，位居中国内地第三。2010 年，《福布斯》全球亿万富豪排行榜，以 70 亿美元位列第 103，位居中国内地第一。2009 年，《福布斯》全球亿万富豪排行榜，以 19 亿美元位列第 376。2008 年，全球亿万富豪排行榜，以 10 亿美元位列第 1062。

他是宗庆后，白手起家，打造出饮料界的航母——娃哈哈。二十几年来驰骋商场，每一场战役都精心准备，全力迎战，为辉煌而战，为荣誉而生。

成功的路，没有捷径，一不留神就会被现实撞得头破血流。宗庆后也走过这样的过程，一路上跌跌撞撞，有苦不说，有累不诉，只是埋着头，更加奋力前进。有朝一日，当他获得了长久以来梦寐以求的胜利时，再遥想当初的种种，苦滋味是一样的，可现在更多的是甜。

他坚持着的每一刻，都有着令人动容的坚韧。十几年的荒芜岁月没有埋没他的志气，反而催生出更强劲的勇气。如若真的是命里注定如此，那么他也要抗争到底，他想要的从来都很简单，就是要改变现状，要过上好日子。他无畏地坚持着，最后他如愿得到了一切，迎着一干人等的掌声、喝彩声，登上人生的巅峰。

如今娃哈哈已然成为饮料界的霸主，宗庆后也是那个一呼百应、呼风唤雨的枭雄。属于他的时代还在继续，他在谋划着娃哈哈庞大帝国的未来，至于走向哪里，如何去走，都了然于胸。

新一代开始冲击这个时代，带给世界新的变化。宗庆后作为前辈、长者，依旧扮演着指路人的角色，他的地位还有待超越。也许在许久之后，当他退隐江湖，他的故事依旧会流传下去。

目 录

年轻时代，苦大于甜

在成为家喻户晓的商业巨贾之前，宗庆后还只是个一穷二白的小伙子，蹬三轮车卖货，吃馒头咸菜，拮据着过日子，受尽冷眼和嘲笑。他的成功并非一蹴而就，而这个漫长的过程，也是一天天熬过来的。现在回望过去，仍是记忆犹新，虽然苦大于甜，他却一直认为这是值得的。

苦难磨韧性

1945 年 11 月 16 日，在漫长无止境的时间轴上并没有什么特别的意义。但是，对于位于江苏省宿迁市东大街一户普通民房里的宗家来说，却是血脉延续、香火相传的日子。这一天，宗庆后出生了，父亲为其取的名字，寄托着殷切厚重的期望，盼望他能够有一番作为，也不枉他是抗金名将宗泽的后代，更不枉他来人世间走这一遭。

20 世纪 50 年代，中国从剧痛中挣扎着站了起来，新中国的号角响彻九州大地，祖国的大好河山重整旗鼓，百废待兴。在这个属于华夏儿女展望美好未来的新纪元，由于"出身"的问题，宗家却在承受着难言的压力。

宗庆后的祖父曾在张作霖手下出任财政部长，负责东北三省的财务和税赋，并担任过河南省的代理省长，可谓权倾一时，显赫一方。他的父亲宗启騄曾在汪伪政权下做过当地邮政局的一名职员。这样的家庭成分，在当时被定位成"旧官僚"，是群众重点抨击的对象，因此一家人虽然处在新时代，谋生却变得格外困难。

宗庆后出生时，这个家庭就已经贫困不堪，父亲始终未能找到工作，全家人靠着母亲微薄的收入维系生计。时过境迁，当宗庆后回忆起当年的窘境时，他说："没别的印象，就是有上顿没下顿，有下顿没上顿，很苦！"

为了找工作而四处碰壁的宗启騄，承受着来自生活的压力，苦寻无果后，希望破灭。1949 年，心灰意冷的宗启騄夫妇决定离开江苏宿迁市，举家搬到宗庆后祖父的安葬地——浙江杭州市。一家人辗转异地实在是无奈之举，然而，崭新的环境并没有带来崭新的希望。

父亲宗启騄毕业于中国大学化学系，接受过高等教育，称得上是高级知识分子，怀揣着一身学问和满心抱负的他，在来到杭州的第二天，就被现实狠狠扇了一巴掌。由于曾经的工作经历，当地竟然没有单位愿意接收他。

空有才学，却无用武之地，堂堂七尺男儿，却没有养家糊口的能力。妻儿还在等待着他的好消息，期待着他来改善恶劣的生活条件，甩开贫穷带来的阴影，只是愿望终归是美好的，他不得不垂头丧气地回了家，内心的汹涌澎湃，不知道该怎么平复。他害怕看到妻儿失望落寞的表情，这让他更加焦虑不安。

不多久，宗启騄到农村去接受改造教育。他的离开如一道惊天霹雳，击中了这个本就脆弱不堪的家庭。主心骨没了，顶梁柱没了，生活更是寸步难行。

年纪尚小的宗庆后，并不能完全理解父亲为什么会受到这样的对待，他只知道，生活一日难上一日。家中，宗庆后是第一个孩子，随后母亲又陆续生下几个儿子，父亲的劳改生活使得这个家濒临破碎，好在还有母亲，她接过了生活的全部重担。

当时，母亲正在工商联办的一所私立学校教书，薪酬微薄，勉强糊口度日，每一分都要细细盘算，尽量节俭。

她白天要在学校里工作十二个小时，处理各种事务，不敢有丝毫懈怠。待一天工作结束后，再匆匆赶回家里，还要继续操持家务，照顾几个孩子，事无大小，一律都需要她来打理。忙里忙外，屋前屋后，都是她操劳的身影，没有人可以依靠，她只能自己变坚强。

难能可贵的是，生活的困顿乏味并没有将她的热情扑灭。她也从未有过妇人们不满时的牢骚、抱怨，她没有怨天尤人，苦苦追问命运，指责上苍的不公平，相反，她平静、乐观地接受了这一切，努力过活，每天往返于家庭和学校之间，平衡着生活与工作，坦然应对命运的不友好。

母亲的淡定豁达无形之中影响着宗庆后的一生，没有什么慷慨陈词，也没有什么深奥的大道理，唯一展现在他面前的是母亲的不易，以及她的不屈服。

为了尽快提高自己的能力，母亲在极其紧迫的时间里，除了生活和工作，还要读书和学习，尽一切努力完善自己，以便更好地胜任教师的岗位。

少年老成的宗庆后，不忍心看着母亲一个人硬撑，一向沉默寡言的他，默默下定决心，尽己所能，为母亲分担一些家务，让母亲轻松一些。"穷人的孩子早当家"，并不是一句空话，这是为生活所困的孩子们，必须面对的事情。

即便年纪小，宗庆后仍以大哥的身份照顾着弟弟们，尽量让母亲少些担忧和麻烦。毕竟他还只是个年纪不大的孩子，与其他孩子一样，想要父母更多的关心和陪伴，只是母亲已是分身乏术，连休息的时间都少得可怜，能够全身心放在他身上的精力就少之又少了。

母亲的不易全部落在宗庆后的眼中，小小男子汉握紧拳头，让自己试着去解决力所能及的小事，学会独立，学着从依靠母亲到依靠自己，再到让母亲依靠自己。

不屈不挠的品质，便是在这个时候深深埋进了宗庆后的心里，跟随他"闯荡江湖"。不得不说，在布满荆棘的人生路上，他对抗苦难、挫折的坚持和无畏，不是无端产生的，而是从小就开始了积聚。

人穷志不穷

人可以穷，志却不能短。

毫无疑问，宗庆后的家庭可以用贫困潦倒来形容，陷入贫困的泥潭，许多事情会让人感到低落，但贫穷却不能成为堕落的理由，那只是无能的表现。

在这一点上，宗庆后的母亲可以说是极其严厉的，她对几个孩子的管教，容不得半点马虎和迁就。

小时候，宗庆后看护着年幼的弟弟在家门外玩耍，正巧看到邻居家的孩子在吃糖果。对于尚且担忧衣食的宗家来说，糖果简直是奢侈品，家里收支勉强平衡，实在没有多余的钱去给孩子们买零食解馋，连看一眼都是奢望。

弟弟就站在吃着糖果的小孩旁边，目不转睛地盯着人家，天真的眼光中，流露出无限的渴望，他是特别想要拥有一颗糖果的吧。宗庆后知道弟弟是在羡慕人家，小孩子最不懂得掩饰自己的想法，可他作为哥哥，不能任由弟弟这般模样。

他拉起弟弟往家走，弟弟却说什么也不肯听话，他的眼中被糖果填满了，舍不得离开。当母亲出来找他们时，将这一幕瞧在眼中，她心中纵然心疼，依旧把他们带回家，一通训斥，严禁再有类似的事情发生。

对于身为哥哥的宗庆后，母亲自然是更加严厉地批评教育，并郑重叮嘱他，要对自己严格要求，以身作则，为弟弟们做出表率，更要及时管好弟弟们的言行，不要再出现这种"丢人"的情况。

母亲的话一字一句刻在了宗庆后的心上，让他深刻体会到，这不仅仅是对待一件小事的态度，更是做人的原则底线。贫穷是可以逆转的苦难，一时的贫穷不代表一辈子贫穷，有志气的人，不会任凭暂时的坎坷而放弃奋力一搏。

虽然家境拮据，但是母亲却是个深明大义的女人，她知道，对于穷困，以知识赢得命运转机，是一条光明的出路。因此，当宗庆后达到入学的年龄时，她用教师独到的眼光考量了几所学校，最后选定了杭州师范附属小学。

这是在杭州远近闻名的学校，校风严谨，教学正规，许多家长慕名而来。美中不足的是，距离宗庆后的家比较远，这就意味着他要比别人多走很多路，需要吃些额外的苦头。

学习氛围浓厚的校园里，琅琅的读书声，不绝于耳。在这里，宗庆后如鱼得水，这是他渴望已久的天地。他热爱学习，渴望接受书香的陶冶，并愿意为之付出努力。

即便是离家再远，即便是家境再贫寒，于他而言，都不成问题，因为可以安心地读书学习，就是最大的幸运。

自幼，宗庆后就是有想法的人，他知道学习对于一个人的重要性，更不会因为自身较差的家庭条件而束缚了自己的手脚，他与其他任何一个人都是平等的，甚至怀着更远大的志向。

生活的点滴和母亲的教导，帮助宗庆后形成了良好的自制力，他懂得何时该沉下心，何时该昂起头。他的勤奋是老师和同学们一致公认的，他的稳重和踏实也赢得了大家的拥护，经过一番投票，他被同学们推选为学生干部。

小小年纪，就能够得到如此认可，显示出了宗庆后的性格优势，不骄不躁，稳扎稳打，有着超越同龄孩子的眼界和智慧。

二年级结束后，他转入另一所学校。新的环境和新的面孔，并没有让他胆怯，反而锻炼了他适应环境的能力。是金子走到哪里都会发出耀眼的光芒，他又被新同学推选为少先队中队长，这是孩子们心目中颇有威望的小领导者。

每逢他人赞不绝口地夸奖时，他从未沾沾自喜、洋洋得意，他感恩于老师和同学们对他的信任，也感谢这份沉甸甸的信赖，因而总是一丝不苟地履行自己的职责，不让支持自己的人失望。

有一次，学校特意将解放军邀请到校园里，为学生们作辅导报告。作为少先队中队长的宗庆后，自然而然地接起了主持人的工作。在老师和同学们的印象中，宗庆后一直是最不善言辞的人，做事积极主动，却一向少言寡语，属于做得多说得少的类型。大家喜爱他，却担心他能否胜任主持人的工作。

周遭的同学们都替他捏着一把汗，他自是心知肚明，却没有解释太多。按照他的性格，自然不会草率地答应不能完成的事情。回到家，他便开始着手准备，不放过任何细枝末节，力求做到最好。

经过一夜的悉心准备，第二天，宗庆后带着满满的自信和些许紧张来到解放军部队。此次前来的目的是代表学校向解放军做出诚恳的邀请。他拿出学校的介绍函，等待部队首长的接见。

这期间，他亲眼目睹了解放军训练时的勇猛无畏，那是保卫祖国的信念。他们的口号喊得格外响亮，动作格外到位，男人的刚强不屈在他心中激起了强烈的共鸣。他忘我地注视着不远处的解放军战士们，觉得一举一动都是那么气势磅礴。

慢慢地，初来时的紧张消退了，只剩下满满的钦佩和尊敬。他眼中闪烁着光芒，他知道，内心深处一定有什么东西被点亮了。

部队首长对眼前这个落落大方的小同学印象颇好，连连称赞："不错，真是后生可畏，咱们俩的职位一样，都是队长呢！"

长辈的一席话，激励了宗庆后昂扬的斗志。

经过这次军队之行，信念在他的心中扎下了根，成为他毕生追求的信仰。

时间一转眼就过去了，小学毕业后，他升入杭州市第五中学，成为一名初中学生，开始接触更广阔的世界。也正是这个时候，他彻底迷上了阅读，常常手不释卷，读得津津有味。

由苏联作家尼古拉·奥斯特洛夫斯基于 1933 年完成的一部长篇小说——《钢铁是怎样炼成的》，曾一度成为他的掌中宝。

书中的金玉良言成为他汲取的养分。他从一页页纸张上，获取了登高远眺的机会。他不相信命运的安排，他只相信自己才是最强的主宰。他受梦想驱使，向命运挑战，同苦难决斗，势必要为人生讨个说法。

人的性格大多是后天形成的。几十年后统领娃哈哈的宗庆后，是一言九鼎的"国王"。他的霸气和决然，是幼年时就已经萌芽的火苗。在日积月累的生活里，越来越多的经历加深了他本身的性格。他的固执倔强催促着他前进，决不能庸俗地度过一生。

下乡历练

1961 年，宗庆后结束了充实宁静的初中生活，开始奔向下一个起点。当时考入师范学校是很吃香的，不仅免伙食费，还会有额外的生活补助，对于家庭困难的学子来说，是绝佳的去处。

宗庆后听说之后，盘算着未来的学习生活，满心欢喜地前去报名，谁知，父亲曾经经历过的悲剧又重演了。报考师范学校是有前提条件的，报名者必须是贫下中农身份，而他碍于家庭成分不好，与师范院校擦身而过，只得另辟蹊径，谋求一条别的出路。

不能如愿以偿地进入师范就读，宗庆后并没有低迷，既然学校有硬性的规定，他又无法改变现实，不如出去找份工作，一来可以分担母亲的辛苦，二来可以早点接触社会，一举两得。

做了这样的决定，他从来没有后悔过。还是未成年人的宗庆后，身板并不强壮，甚至有些瘦弱，比起虎背熊腰的大汉，他显得弱不经风。

先是做学徒，跟着师傅学习汽车维修。这是技术活，也是苦力活，又脏又累，宗庆后拿出上学时的刻苦认真，专心致志地学着。只是他之前从来没有接触过修车这一行，学起来很吃力，没有经验，再加上年纪尚小，学习的成果并不理想。

没办法，此路不通，只能继续寻找别的出路。他开始尝试各式各样的零工，只要有些工钱，他都不遗余力去努力，连爆米花他都卖过。在他那个年纪，可以吃下这等苦，就奠定了他以后的甜，先苦后甜，一切都如此顺理成章。

他自幼以先祖宗泽大将军为精神支柱，先祖一生驰骋疆场，杀敌卫国，戎装铁马，但也是经过了种种坎坷之后，才得以施展才华抱负，他如今的小挫败又算得了什么。

相信自己，相信天道酬勤。

宗庆后就在这样的劳累中积蓄着力量，他相信，前期的积蓄是为了给后期抓住机遇奠定坚实的基础。

1963 年，期盼已久的机会来到了宗庆后的身边。浙江舟山马木农场正在杭州招收知识青年，更诱人的是，不论家庭成份，有意向的人都可以报名参加。这对一直踌躇不得志的宗庆后来说，是天赐良机。

机会既然来了，就没有不抓牢的道理，宗庆后与母亲商量后，毅然决然地开始了十五年的"下放"生活。

母亲自然心疼自己的孩子，舍不得年仅十六岁的儿子独自去往他乡，可儿子做出的决定，是不会轻易更改的。这是他的人生，作为母亲只有默默支持，断然不会反对。

农场生活开始了，起初谁也没有把农场的情况说清楚，遮遮掩掩地一带而过，等宗庆后随大部队来到这里，才真切了解到这是怎样一个"虎穴"。

舟山马木农场的前身是关押犯人的劳改场，环境恶劣，素有舟山"西伯利亚"之称。

农场的环境艰苦，劳动量也大得惊人。一车货物千斤重，往返一次足足走三十里路，虎背熊腰的汉子也未必挺得住，更何况瘦弱矮小的宗庆后。他体力透支是家常便饭，一天的工作结束后，骨头架子都要散了，整个人瘫在床上，一动都不想动。

不仅如此，每天的工作单调至极，挖盐、挑盐、挖盐、挑盐，周而复始，一切都是固定的模式，日复一日，根本不用考虑和计划，只要木呆呆地跟着时间走就是了。

三十公里的路程，他拉着车来来回回不知道走了多少趟。他不是木头，不是石头，他也会痛会累，可农场书记的一句许诺，给了他对抗一切辛劳的理由，那就是只要表现出色，就有机会保送上大学。

信念的力量，不可估量。

为了光明的前途，他拼尽全力，咬紧牙关，即使再难熬，一想到可以上大学，疲惫的他就会一下子又充满了干劲儿。只要前方有希望，他就不能允许自己在这一刻止步。

旁人叫苦连天的时候，宗庆后没有吱声，也没有应和，扎堆抱怨的事情，他从来不参与，而是默默在心里盘算着未来。男人就需要历练，日子不是白过的，年龄不是白长的。

刚开始的时候，农场的领导也担心他承受不了，纯粹的体力劳动，不是嘴上逞强就能扛起来的，可谁也没想到，不被看好的宗庆后，硬是坚持了下来。

与宗庆后同一批来到这里的年轻人，心里都回响着同一个问题，当时是脑子进水了吗？竟然会选择来到农场。现在悔得肠子都青了，就算把牙齿咬碎也抗不过去了。

不出几天，抱怨加上现实，让人几乎接近崩溃的边缘。实在受不住的人，竟然壮着胆子想要偷偷溜回杭州，逃离这个"鬼地方"。

理想是丰满的，现实却是干瘪的。逃离的人被现实撞得头破血流后，不得不继续安分守己。宗庆后却从没有抱怨和逃离过，看得出来，他拼上了性命，不是不怕死，而是浑浑噩噩地过日子还不如死。

在先进评选中，他被选为农场的先进，并且是整个舟山地区的"上山下乡积极分子"，可以说，这个称号他当之无愧，甚至不足以说明他的努力和坚持。

压不垮的脊梁

其实，宗庆后在马木农场待的时间并不长，可他吃的苦却远远没有结束。

1964 年，他来到马木农场的第二年，农场因为种种原因停办了。大学梦破灭的宗庆后，被随机安排到了一个新环境——绍兴茶场。在这里，他种过茶、割过稻、烧过窑、喂过猪。这一干就是 14 年，在此期间，宗庆后尝遍了苦楚。

整整 15 年的农村劳作不知让多少"知青"放弃了当初的梦想，但宗庆后却坚持了下来，内心的小火苗一直燃烧着。

尽管每天都要超长时间劳作，但他依旧保持着看书、学习的习惯。《钢铁是怎样炼成的》已经被他翻烂了。闲暇之余，《毛泽东选集》成了宗庆后唯一的精神食粮，是他精神上的寄托。小米加步枪、农村包围城市，这些颇具中国特色的战术战略，为宗庆后日后的企业扩张战略埋下了伏笔。

绍兴离杭州虽比舟山近很多，可绍兴茶场却地处偏僻的丘陵山区，那里的工作主要就是种茶、割稻、烧窑，强度虽然并不会比马木农场大，但整天面对的是一望无际的茶山，生活同样枯燥乏味。茶场除了大片的茶山，还有自办的砖窑，采茶的活儿一般都是女工干，而砖窑的重活自然就落到了男劳力身上。

刚进茶场的宗庆后还不会烧砖，他的工作是沿着崎岖不平的山道，把砖坯和砖块从窑场拉到堆砖的地方，一个来回虽然也就5里多路，但一天来来回回不知要重复多少趟，自然就不轻松了。在绍兴农场，宗庆后也是天天加班，晚上吃完饭，推着钢丝车走5里路去拉砖头，一次至少拉100块，一个晚上一共要拉3次。

那时候他们每月的工资大约有20多块钱，14年的茶场劳动，宗庆后平均每月工资28元，但是他在安排好自己的生活之外，还能再省出一部分钱来。他首先会从省下的钱里拿出几元寄回杭州，给父母贴补家用，剩下的钱，他就全部用来买书。

茶场给他调整了工作，让他担任生产技术调度，工作清闲了下来，就有了更多可以自己支配的时间，读书的时间也就更加充裕了。在绍兴茶场的日子里，宗庆后读得最深、最透、最有收获的是《毛泽东选集》。是毛泽东的思想给了宗庆后无穷的精神动力，正是这种来自偶像的力量，支撑着他以平和的心态在那个艰苦的环境中蛰伏了十几个春秋。

农村的那段经历重重地烙在了宗庆后的性格里，难以磨灭。说起二十年如一日的辛苦工作，宗庆后微微一笑，云淡风轻地说："苦惯了。"

1977 年，宗庆后 33 岁，他的三个弟弟都从插队的农村回到了杭州，只有他还孤身一人在外生活。那时知识青年返城最难的是必须在杭州找到一个接收单位。宗庆后的父母没有办法，只好决定让 33 岁的宗庆后在绍兴娶妻安家，结束光棍无依无靠的生活，这样他至少可以有个人照顾，不用再过那种孤独寂寞的日子。

为了让儿子早日在绍兴体面地娶上一个媳妇，他们拿出了家里的全部积蓄买来木料，大弟做木工，二弟做油漆，一家人全部上阵，为宗庆后打制了一套崭新的家具，并赶紧寄给了他，希望他能在绍兴安家立户。可是宗庆后第二天便找了一辆车，原封不动地把家具运回了杭州，并捎回来一句话："人活着，必须干一番事业，不能碌碌无为过完此生。"他始终坚信自己能回到杭州，他不愿就这样在茶场里安家落户。

在海滩上挖盐、晒盐、挑盐，后来又到绍兴茶场种茶、割稻、烧窑，那时的宗庆后是一个郁郁寡欢的失落少年。在被命运之神遗忘的农村，宗庆后一待就是 15 年。逃避暗淡生活的唯一途径，就是四处找些书来看，透过书本，看一看外面与众不同的世界。

回顾自己青年时代的这 15 年，宗庆后颇为感慨："我在农场待了 15 年，从 17 岁就进了农场，在农村也是比较闭塞的地方，看起来是虚度光阴了，每天早上起来以后吃饭然后干活，干活吃饭然后睡觉。应该说这 15 年，是人生当中最年轻、最有成长希望的大好时光，看起来好像被荒废了，但我感到这 15 年，对我整个人生道路确实是有很大帮助的。至少这 15 年的艰苦生活，磨炼了我的斗志，同时也能吃得起苦，也练就了比较好的身体。所以为我 42 岁以后再重新创业，打下了比较雄厚的基础。这 15 年我没有白去。"

"没有白去"，看似平淡的话语中，隐含着多少凄风苦雨的岁月。

宗庆后曾这样描述自己的个性："我这个人一向主张稳妥，我的原则是：自己能力做不到的事情我不做。但是认准了的事，我这个人是不回头的，不管什么困难，我始终信心很足，勇往直前，办不到，转个弯再走，一定要达到目的。"

他认准了自己要回到城里，所以不需要后路，只需要前进，三十多岁又怎样，只要活着，就不会轻易向现实低头，他要做的是改变，而不是接受。

宗庆后后来这样解释"挫折"对于人生的意义："二三十岁的时候，我在修地球，应该说也在想怎么出人头地，怎么干一番自己的事业，也在拼命地动脑筋，怎样去发展自己的人生道路。年轻的时候挫折太多了，总想做点事情，而且总没有机会，十几年下来在这方面比较小心、谨慎。在创业以后挫折也很多，但是总的来讲也一个一个地把困难克服掉了，所以也没有太大的失误。"

生活中什么对你是最重要的？宗庆后曾经这样回答一位网友："我想事业是最重要的，人一生几十年，默默无闻地过一生也就过了。做一点事业能给后人留点东西，所以我认为事业比较重要。"

从一个农民变成一个跨国经营的企业家，宗庆后无疑是事业有成的，在解释一个成功人士应该具备的素质时，他说："我想这个人在事业上如果能成功的话，首先自己要有一个理想，有一个目标。什么梦想都没有的话，可能也不会去努力。第二个我认为是比较勤奋，有坚韧不拔的勇气和精神。人生道路上曲折很多，也很坎坷，不是你所想象的那么容易，所以做件事情可能会碰到很多挫折。在挫折面前，要想清楚用什么办法争取上进，这样才能够把事业做成功。第三，特别是年轻人创业的时候，不能太着急，要脚踏实地，一步一个脚印地开拓自己的事业。"

书籍，精神食粮

宗庆后在封闭落后的茶场里度过了十几年的光阴，换做其他人，再锋利的棱角也会被平淡的岁月磨平，再踌躇满志的理想也会被残忍的现实打碎，可是宗庆后却始终保持着顽强的战斗力。

宗庆后的努力和能力，茶场领导是看在眼里的，不久后便给他更换了工作岗位，让他担任生产技术的调度。这让他得以获得更多读书的时间。

不是所有人都能在超长的劳作时间之外，挤出时间来读书，身体的疲惫和生活的困苦早让人没了脾气。

一旦看书学习成为一个人的习惯，那么这个人就拥有比其他人更为广阔的视野和前程。他站在更高端的位置上，思索着世事变化，琢磨着自己的下一步该往哪走，又该怎么走。尤其是在宗庆后所处的那个时代，也许知识没能如约改变命运，可坚不可摧的精神堡垒却是一个人走向成功、改变命运的基石和保障。

在宗庆后所处的那个时代，书是稀有物品，好不容易借来一本《毛泽东选集》，便成了他的宝贝，用"如饥似渴""手不释卷"来形容一点不为过。厚厚的《毛泽东选集》，他不厌其烦地看了一遍又一遍，他看的不是书，是信仰。

物质匮乏且劳身劳力的年代，宗庆后有他独特的制胜法宝，那就是浓缩了毛泽东同志一生智慧的《毛泽东选集》，洋洋洒洒几十万字给了他最震撼人心的勇气和力量。

十几个春秋过后，当他开始积蓄能量，准备在商海打拼时，他把毛泽东的一些经典理论娴熟地运用到经商管理上，每一次进退都有理有据，又不乏新意。不得不说，宗庆后将毛泽东的精髓恰到好处地发挥到极致，他有着鹰一般的锐利目光，加上敏锐的思维，足以助他创造出几百亿的财富。

农村包围城市的革命战略道路，被宗庆后牢牢记在了脑海，而这也成为了日后娃哈哈攻城略地的精髓。

在宗庆后功成名就后，接受《中国慈善家》的采访时，说起看书，他说："我的确比较喜欢读历史书。通过读历史书，我知道了中华民族的整个发展史。历史上，中国在很多朝代都是世界强国。但鸦片战争以后，我们经历了近 100 年的半殖民半封建社会，受尽了欺凌。历史有时很奇怪，我们当时有 4 亿 5000 万人民，却打不过八国联军的 3 万人。其实，中国人的最大问题是不够团结，喜欢内斗。

"毛泽东看历史书，主要是为了维护政权，我看历史书，是有醒悟的因素在。清朝的帝王里面，雍正是我个人比较欣赏的一位。康熙后期，国家其实已经不行了，如果没有雍正时代前后 40 年对吏治的整顿，乾隆根本起不来。但历史对雍正的评价就是杀的人太多。"

以史为鉴，端正自己的品行，自省与自觉，是宗庆后从过去的历史中获得的启发。

42 岁才开始创业的宗庆后，用二十多年的时间打造出了一个遍布中国大街小巷的品牌，创造出了几百亿的财富，一跃成为中国内地首富，荣登中国福布斯榜首，成为无数人的新榜样，他本身就是励志的典范。

关于怎么看待自己前半生起伏更迭的问题，宗庆后这样回答："我年轻的时候，没什么机会，也不是太上进，理想和目标经常变。人还是需要有个信念的，一旦机会来了，就努力奋斗。现在来看，我感激那个时代，那时机会比较多，就是心态上要有所准备。现实一点来说，不管在哪个地方，只要做出成绩，就会获得别人的尊重。对于现在的年轻人来说，机会没有我那时候多，这是个现实的问题。所以，现在的年轻人，想要有机会，就得去创新，创新才有机会。首先要脚踏实地，实实在在地从小处做起。其次，心态一定要好，不能没有理想和目标。第三，要受得起挫折。当然，政府也要照顾一下年轻人，所以我在十八大上提出过一个建议，希望政府关注一下80后和90后的问题。80后的生活压力主要是房子，一辈子买不起一套房、建不起一个窝，90后的问题则是学杂费太高。政府应该帮助解决这些问题，因为中华民族的复兴就是在80后、90后主导的时代才能实现。"

宗庆后说："年轻人的发展空间是很大的。社会在不断进步，需要人才不断去创新。80后、90后基本上都受过高等教育，知识比我们这代人丰富，视野也比较开阔，但就是太急躁了。要知道，很多人过的苦日子比你更苦，经历的苦日子比你还长。当年，我在校办企业做业务员，到处跟人家谈生意，多次被别人看不起。所以，你不可能大学一毕业就拥有一切，这不符合社会发展的规律。我37岁从农村回城，42岁开始创业，用26年的时间，才把企业做成现在这个样子。因此，不要急躁，保持良好的心态，只要心中有切实的目标，机会还是有的。像我刚开始卖冰棒的时候，压根没想到会把企业做到这么大。

今后的年轻人，如果往职业经理人方向发展，会比较有前途。因为今后的企业肯定会交给职业经理人去打理，而中国的职业经理人还没有真正起来。一是职业道德有问题；二是业务水平不达标。未来，职业经理人将会获得很高的收入和期权。"

作为一名默默无闻的苦力，宗庆后将读书作为苦难人生的奖赏；作为一位声名显赫的企业家，他将读书作为人生的功课和乐趣。

宗庆后涉猎广泛，爱书成癖，甚至惜书如命，但凡有些空闲，都会手不释卷，沉浸其中。在宗庆后身边工作已有一段时间的总经理助理焦长勇博士曾透露："宗总有种能力，无论多厚的书他很快地翻翻就能把握住书中的核心内容。"

娃哈哈的党委副书记何东洁则见识到宗庆后读书之广泛，她说："有时我们跟宗总出差，候机时宗总第一个去的地方肯定是书摊，而且什么书都买都看。当然，宗总看得最多的还是广告、营销、市场和企业管理这方面的。"

书籍俨然成为宗庆后生命中不可或缺的一部分，死水般的农场生活中，他滴酒不沾，也从不抽烟，更没有赌博的嗜好，男人们喜爱扎堆吹牛打屁，他也从不参与，让他牵肠挂肚的唯有书籍。

读书是宗庆后自我修炼的一种方式，他正是靠着与书籍打交道的经历磨合着他的耐性和心态。蛰伏底层时，他不曾自轻自弃，高踞顶端时，他也不曾自骄自傲。书籍清扫着他的杂念，使他得以在阅读中自省和反思。

李嘉诚说过："（我）12 岁开始做学徒，不到 15 岁就挑起一家人生活的担子，再没有受过正规的教育。当时自己非常清楚，只有我努力工作和求取知识，才是我唯一的出路，我有一点钱都去买书，记在脑子里面，才去换另外一本。直到今天，每一个晚上，在我睡觉之前，我还是一定要看书，知识并不决定你一生财富的增加，但是你的机会更加多了，你创造机会，才是最好的途径。"

宗庆后与李嘉诚一样，笃信书本的力量，这是经过验证的客观真理。一本好书能够给予人们的东西，要远远超出人们的想象，这一点，唯有遍览群书的人最有切身的体会。

2

不甘沉浮的英雄梦

在偏僻的农村，宗庆后一待就是十几年，在日复一日中从事单调枯燥的体力活。有朝一日，他终于能够摆脱偏僻的农村，千辛万苦回到城里，接替母亲的岗位，然而他的文化程度限制了他的发展。四十多岁的宗庆后，决定要改变现状，哪怕四处借钱，也要开始创业，娃哈哈就此问世。

8 年蹉跎路

1978 年，改革开放的大潮开始席卷全国，这是中国商业发展黄金时期的开端，它为无数不甘平庸的人创造了绝佳的逆转机遇。与宗庆后同时期的开拓者，如浙江万向集团董事长鲁冠球、正泰集团董事长南存辉和德力西集团董事长胡成中等人，无一不是赶上改革开放的大潮，以乘风破浪之势开辟出一片新天地。

反观宗庆后，他比其他人不止慢了一点点。当鲁冠球等人在翻腾的商海已经小有成就的时候，宗庆后还在为生计奔波，岁月在脚尖和汗珠上荒芜。

1978 年，知青开始结束上山下乡的生活，大批人返回阔别已久的城市，33 岁的宗庆后也在其中，他回到家乡杭州，回到亲人的身边，结束了飘摇在外的生活。

本来，他有机会接替母亲小学教师的工作岗位，只可惜因为文化水平不高，没能如愿，回城后只好听从安排，来到了同属于教育系统的杭州上城区邮电路小学工农校办纸箱厂当工人。

发生变化的是时间和空间，不变的是雷同的体力活。

每天要做的就是糊纸箱，一叠叠的纸板，经过他的加工变成排列整齐的纸箱。当工作局限于重复相同的内容时，就看谁能在这不可更改的单调中创造出一些不同，来打破僵局。即使返乡后仍旧是体力活，这对于宗庆后而言，却有着无与伦比的意义。毕竟这里是繁华热闹的城市，与封闭落后的农村不同，在这里只要肯努力，遍地是黄金，想要出人头地就有机会。

三十多岁的宗庆后，算得上厂里的大龄男青年。糊了许久的纸箱后，厂领导看重他的才干，决定让他做供销员，为陷入困境的产品打开局面，对他也算是给予重托。

与简单地糊纸板箱相比，供销员是个苦差事，需要到处贩卖冰棍、作业本。大家都不喜欢吃苦受累的活，而且还得走街串巷地吆喝，可宗庆后却没那么挑剔，依旧起早贪黑，干得兢兢业业，没有半点懈怠，与人打交道总好过日夜面对不声不响的砖头瓦块。

宗庆后的搭档从板车变成了"黄鱼车"，他的任务是去学校推销课本和雪糕，一个学校接一个学校地转一遍，风吹算什么，日晒算什么，为了几分钱的薄利在所不惜，因为他清楚，再多的财富也是由几分钱慢慢积攒起来的，没有一口吃成的胖子，凡事都得慢慢积少成多。

改革开放时期，中国大兴土木建设，力图在最短的时间内造就一片繁华景象，国家的力量是巨大的，这就直接带动起与之相关的许多产品的销量，电度表就是当时紧缺的产品，正处在供不应求的时候。

眼睛雪亮的宗庆后认准了时机，理好思路，便向杭州光明电器仪表厂毛遂自荐，厂领导得知他曾经在校办厂做过供销员，有过业务的经验，便让他担任生产销售管理员。

市场的现状却远不如他预期的那般顺畅，上岗时还是满腔热血的宗庆后，不得不面对惨淡的现实。他清楚地认识到，坐以待毙就是自取灭亡，不作为自然是不可取的，既然没有客户主动前来咨询，不如卖家主动出击，去登门拜访客户，也许会有好结果。

外出推销产品的工作好比热脸贴冷屁股，上赶着的买卖是极其不易的，几十只电度表样品的重量有上百斤，宗庆后每次外出都要一个不落地背在身上，一家一家走访，详细耐心地向客户讲解产品的出众之处，无奈的是，尽管他磨破了嘴皮子，得到的依旧是冷冰冰的回绝。人的耐心是有限的，难免因为接二连三的拒绝而变得灰心丧气，不管是山西还是广州，结果都是一样的，最后他辗转千里来到海南，才勉强有所成效。

1981 年，为了重整旗鼓，宗庆后来到杭州胜利电气仪表厂，还是老掉牙的套路，陈旧又呆板，费了半天功夫，却没有什么好结果。可以想见一个男人抑郁不得志的模样,心灰意冷是最大的敌人,再多的精气神也会被现实磨个精光。可执拗的宗庆后不愿意认输,他耗费了十几年的宝贵时光,才得以"逃脱"农村,回到城市"重见天日",怎能在几次挫败之后就轻言放弃,灰心丧气可不是他的作风。

没有好结果的经历未必是无用功,经过两年销售工作的打磨,宗庆后俨然在残酷的市场竞争中有所收获。他在实战中积累了丰富的销售经验和教训,为他开创娃哈哈的神话打下了坚实可靠的基础。

在宗庆后的骨子里,有着一股子不认命的劲头儿,苦和累、困与乏,让他的刚毅和坚韧发挥到极致。不多言、不多语的宗庆后有自己的想法,沉闷并不代表呆板木讷,更不代表脑袋里空空如也,他坚信"自助者,天助也"。

斗转星移间,又过了八个春秋,此时他已经是42岁的中年男子,苦不堪言的底层生活使他更加寡言和沉默。孤独的岁月里,他习惯了将不如意压在心里,习惯了将一切慢慢消化,等到第二天太阳升起,又是崭新的一天。

一个15年,一个8年,累积了23年的能量就欠缺一个机会,一次破釜沉舟的突破。23年长不长,苦不苦?答案是肯定的,可熬过23年的无边黑暗之后,拥着自己的小火苗的宗庆后,等到了一团团火焰,一束束光明,这不是上天的赐予,而是他自己争取来的。

1986年,宗庆后已过不惑之年,42岁的他终于等来了创业的机会。

1986年4月6日,宗庆后被任命为杭州市城区校办企业经销部经理。不要小看这一纸委任状，它是宗庆后下半生的转折，他的人生早已开始，青年时期也已经过去，可他的雄心壮志才刚刚得到施展的机会。

一张薄纸，改写了宗庆后的人生，也使许多人与之相连。如今，在娃哈哈企业的陈列馆显眼的位置上，依旧可以看到这张委任状，他的宏图霸业和娃哈哈十几年的风云变幻，都要从这张纸说起。

宗庆后说："这个委任状应该是我人生的一个转折点，等于说是我们上城区教育局给了我机会。那么他给我任命了一个小小的上城区校办企业经销部的经理的头衔，也是就给了我一个平台，让我能够去施展自己的才能。"

虽然从普通员工一跃成为经理，宗庆后还是不顾风雨四处奔波，那个年代的学生用品是很廉价的，橡皮也就2分钱一块，作业薄也就6分钱一本，满打满算只有几厘钱的利润，可在宗庆后看来，积少成多，总有一天会有量变到质变的飞跃。赶上夏天，正是棒冰、汽水的销售旺季，上千瓶汽水也就几十元的利润，还要回收空瓶子，这钱赚得很是辛苦。

杭州的每一条道路，都留有宗庆后的足迹，他曾在这里走了一遍又一遍，对上城区的所有小学更是轻车熟路，那些路线比手掌心中的纹络还要清晰。

他的身体苦着，心里却乐着，几分几厘虽然不多，却是真真切切的收获，并且，他与打过交道的客户都建立了良好的合作关系，这些人只要需要进货，肯定首选宗庆后的经营部，买卖在，人情也在。

初涉营养液

1987 年，改革开放的步伐加快，在城市的企业中，承包责任制开始兴起。首当其冲的就是效益连年亏损的小企业，成为第一批以承包经营的形式交给个人经营的企业。

也是这一年，大好机遇在向宗庆后招手，杭州市上城区教育局决定以 2 万元的价格，将"杭州市上城区校办企业经销部"承包出去，实现经销部自营。艺高人胆大的宗庆后，经过一番深思熟虑后，决定放手一搏，最后竟然以 10 万元中标，从此开始了他的创业之路。

起初，他以小本经营为主，几分钱的橡皮和作业本，每件的利润只有几厘钱，在别人眼里，简直少得可怜，可对于宗庆后而言，这微薄的收益正是经营部安身立命的根本，也是经营部长久发展的根基，所以他乐得埋头苦干。

把小利当宝，宗庆后自然有他的考量。实力雄厚的企业不屑于小本买卖，可再小的买卖也有其生财之道，只要勤恳务实，也能聚沙成塔。

小小的经营部在宗庆后的带领下，干得风生水起，短短一个月的时间，就赢得了相当不错的口碑，甚至"宗庆后"三个字，就是这个经营部的活字招牌，老客户都认准了宗庆后，人实诚，买卖也实在，大家愿意与这样的人做生意。

20 世纪 70 年代，计划生育政策在中国全面推行，到了 80 年代，效果显著，独生子女的数量日益攀升，儿童更是成为一个家庭的绝对核心，一家老少都在围着孩子打转。一家生产花粉口服液的公司瞅准了中国家庭的这一特点，将广大儿童视为主要消费对象，力求在儿童营养品上下功夫。

此时，儿童营养品还没有兴起，市场也还没有打开，消费者对这种新产品完全没有兴趣，销量一直上不去，公司领导研究探讨后决定，从学校入手，慢慢接触目标人群，慢慢培养市场。于是，他们找到了宗庆后，想要与他达成合作，让他代理营养液产品，借用他的市场资源打开销路。

可以说，开拓儿童营养液的市场是独具慧眼的决策，在市场还处在空白期的时候，能够抓住时机，大胆突破，营造出天时地利的商机，可谓极具前瞻性。

这个不可多得的机遇，宗庆后看到了，也牢牢抓住了。

宗庆后审时度势，向主管部门提出成立儿童营养品厂的报告，紧紧围绕儿童的营养和体质两个方面，打出"改善儿童营养结构，增强儿童体质"的口号。

1987年7月4日，宗庆后关于建立"杭州保灵儿童营养食品厂"的提议，得到了杭州市计划委员会的赞同和支持。名正言顺后，宗庆后开始大规模招兵买马，网罗人才，组建自己的队伍，准备去商场正面拼杀。

在此之前，经过宗庆后多年的苦心经营，他与上城区的大部分小学和幼儿园建立了良好的供求关系，借助前期的客户积累，他用三个月的时间，迅速创造了120万盒花粉口服液的销量。一年之后，不可思议的事情发生了，全年销售总额达到436万元，远远超出预定的创利指标，厂家惊呆了，他们没有想到，宗庆后是个神人。

不用多言，傲人的成绩就是实力最好的证明。可宗庆后自己清楚，为了提高销售量，他付出了多少辛苦，做了多少努力，但是能创造出今天的业绩，一切都知足了。

时间一长，儿童营养液产品的国内市场已经接近饱和，而众多厂家贪恋市场，仍不遗余力地加工、生产。纵使市场是个胖子，也断然吃不下全部的"粮食"。更何况，市场上的产品鱼目混珠，质量参差不齐，好的坏的一起出现，负面新闻接连不断，在很大程度上破坏了儿童营养产品自身的形象，人们开始特意疏远这种产品，就怕上当受骗，损失点钱财没关系，关键是不能对孩子造成不良的影响。

宗庆后是明眼人，他对市场走势的把握相当敏锐，儿童营养液的由盛转衰自然逃不过他的法眼。冥思苦想后，他联系到浙江医科大学营养系的教授朱寿民，希望能够借助老教授丰富的科研经验和阅历，针对中国儿童营养不良的情况，重新研制一种有利于中国儿童消化的配方，解决孩子们厌食、挑食的问题。

朱寿民教授不负所托，带领团队悉心研制，最后成功研制出一种新配方。这种新的营养液由桂圆、红枣、山楂、莲子、胡桃、米仁和鸡肝作为主要原料，口感极佳，非常适合儿童饮用。一旦抓住孩子们的胃口，得到孩子们的喜爱，家长怎能不舍得掏钱。

十多年后，宗庆后回忆起当初，颇有一番感慨，"这东西其实是老少皆宜的，但觉得有那么一首娃哈哈的歌曲，小孩子很容易接受，所以就定位专门针对小孩子了！"

不管是改革开放，还是如今的时代，一个准确无误的产品定位是一个企业可以做大做强的基底，好的方向引领着企业的前进，目标越明确，步伐也就越铿锵有力。

名称："娃哈哈"

"娃哈哈"如今早已为众人所知，说起来，这个名字的由来，还有一段不得不说的故事。1988年6月16日的《杭州日报》上，出现了这么一条广告："一种高效能的儿童营养液，已在杭州保灵儿童食品厂试制成功，特向社会各界有奖征集产品名称及商标图案……"

对于20世纪80年代的人来说，有奖征名的活动着实新奇，宗庆后也许不是第一个吃螃蟹的人，但这种大手笔的投入，不是每个老板都舍得掏钱的。那时的宗庆后，纵然一贯节俭，却仍旧抱着奋力一搏的信念，毅然决然地开始大张旗鼓的宣传，卖产品就得让消费者知晓有这么一种产品，要不然卖给谁呢。

其实说心里话，宗庆后做决策时也不是十拿九稳，到底多少人会通过报纸上的启事主动参与进来，他的期望值并不敢定得太高，唯恐最后失望。一如既往追随着他的员工们，看着白花花的银子搭在了报纸上，一边心疼着，一边期待着，他们相信自己的领导不是胡来的主儿，做什么样的决策自有他的考量，既然钱都花了，就只有等待结果了。

煞费苦心研究出来的新产品，自然要起一个既贴近产品又能吸引人的名字，可翻来覆去想了许久，宗庆后也没能想出一个满意的名字，这样一来，在报纸上打广告做有偿征名，就很容易理解了。除此之外，就算没有如愿得到符合心意的名字，至少会有相应的广告效应，对新产品的宣传造势也有不容小觑的作用，横竖算下来，这笔买卖并不吃亏。

有偿征名的启事一经刊登，就得到了社会各界的广泛关注，人们不约而同地开始留意这次活动，随即开始关注这种尚未面世的新产品，新鲜感和好奇心牵引着人们的视线，甚至茶余饭后的时间里都在讨论，本身是一种广告，却在不知不觉间变成了一种全民热衷的活动。这样的宣传效应是惊人的，完全超乎宗庆后的预期。

就如同家长给自己的子女起名字一样，带着骄傲，带着祈盼。有机会以个人的名义来命名一种新产品，带给人们的自豪感被无限放大，更何况，名字一经采纳还能够获得一笔可观的奖金，动一动脑筋的事情，谁不愿意尝试一下呢？

一时间杭州城刮起了一股起名的旋风，人们争先恐后地参与进来，绞尽脑汁，也要想出一个力压群雄的好名字，做名利双收的胜利者。正是因为市民们的这股子热情，在截止的那一天，宗庆后共收到几百个风格各式各样的名字。

心花怒放的宗庆后没有沉浸在一时的愉悦中，他马不停蹄地请来众多专家组成评审小组，着手对应征作品进行删选工作。在并不宽敞的会议室里，专家们齐聚一堂，对每个应征的作品认真评论、权衡。每份作品都必然引起一番唇枪舌战，大家各抒己见，都试图说服其他人接受自己的意见，争论声此起彼伏，互不相让。

宗庆后并没有参与评选，他只是像个局外人一般，安静地坐在一旁，听着专家们的讨论，到了激烈处，他也没有发言，而是将沉默进行到底，只有青烟袅袅的香烟证明他的存在。

不是他在静观其变，而是他对前来应征的名字都不是非常满意，大家伙似乎对"精""灵"等格外钟情，除此之外就当属

"素""宝"的为数最多。其实大家都是思维定势，一想到保健品就是这样相对固定的名字，完全没有考虑新意，有些作品甚至颇具文采，却唯独缺乏个性，很难达到让人过目不忘的效果，这都不是宗庆后想要的。

几轮讨论下来，依旧没有什么值得关注的好名字，一直默默不语的宗庆后，面无表情地坐在一旁，看不出有什么情绪，只是这种没有情绪才是最折磨人的，让人完全猜不透他的心思。

时针走了一圈又一圈，时间已经耗费掉了，却没有取得丝毫进展，专家们也有些气馁了，谁也没想到几百份作品中竟然挑不出一个符合宗庆后心意的名字，没办法，评选还得继续，只好硬着头皮继续讨论，继续删选。

沉闷的会议室里，连空气都快要凝固了，比起刚开始的情绪高涨，专家们都消沉起来，都默默盼着快点结束，因为低气压的地带不适宜人生存。

工作人员继续宣读着名字，"娃哈哈"，话音刚落，大家哄的一声炸开了锅，哄笑声连绵不断，原本死气沉沉的会议室里恢复了热闹的场面。这些笑声是真的开心，但不是因为终于等到了绝佳的名字，而是感到可笑，市面上哪有营养液采用如此幼稚的名字，简直是开玩笑。

就在专家们一致否决的时候，宗庆后却兴奋起来，打破了之前的沉默，赶忙让工作人员调出这位应征者的背景资料，一丝不苟地翻阅起来，根本不在意完全愣在那里的专家们。好不容易热闹起来的会议室，又沉静了。学富五车又精通文墨的专家们不可思议地看着宗庆后，怎么也想不到打动老板的名字，竟然会是这样的一个，大家带着不解和疑惑静静等待着他揭晓答案。

"娃哈哈"的创作者是朱松龄，当时任上城区少年宫主任，与宗庆后早就相识，两人都属于杭州上城区的教育系统，可以说是同事关系，平常少不了见面联系，这次征名能收到这样有创意的名字，还真是让宗庆后对他有了全新的认识。

还没等大家回过神来，宗庆后一声令下，没有半点迟疑，当即确定了使用"娃哈哈"来命名这款新产品。

笑容满面的宗庆后没有注意满脸疑惑的专家们，他们都想不通为什么，"娃哈哈"到底有多大的魅力，能让他一锤定音。几位资深的专家向他提议，这个名字并没有任何特色，更谈不上能够树立企业形象，完全不够档次。

面对专家们的逆耳忠言，宗庆后不急不缓地说出了令反对者折服的理由。首先，新产品问世初期，必然要力求将知名度一炮打响，能够有如此号召力的名字固然需要具备新颖、奇特这样的特质，但能够吸引人们的注意力才是最主要的。

其次，"娃哈哈"最早来自新疆一首著名的儿歌，小学一年级的音乐教材中就收录了这首儿歌，其中歌词"我们的祖国是花园，花园里花朵真鲜艳，灿烂的阳光照耀着我们，每个人的脸上笑开颜。娃哈哈，娃哈哈，每个人的脸上笑开颜"，带着美好又质朴的愿望，也符合新产品面向儿童的定位，用孩子们熟悉的歌词来命名产品，无形之中就产生了亲和力。让孩子们感兴趣是成功的第一步，孩子们喜欢，还有什么不可能。

除了以上理性的分析，还有就是宗庆后对这个名字有着莫名的好感，对于"娃哈哈"这三个字，他可谓一见钟情，一入耳就能判断这是他最想要的好名字，踏破铁鞋无觅处，终于把它盼来了。

理性夹杂着感性，不管是什么样的过程，最终的结果是令人满意的。投入一份广告的费用，不仅收获了一个颇有新意的名字，还收获了人们对产品的关注，可谓一举两得。在娃哈哈几十年的风雨历程中，它的名字一直停留在人们的视线中，它也成长为中国最具影响力的民族品牌。

"娃哈哈"这个品牌，从进入人们视线的那天起，就注定带着欢乐融洽，伴随着一代代孩子的成长。曾经的小朋友们已经长大，各自成家立业，也有了自己的孩子，同样，作为家长，也会选择娃哈哈，这就是几十年来娃哈哈与消费者建立起来的信任和联系。

万事开头难

每个人都有自己的生日，娃哈哈也不例外。

1988 年 10 月 20 日，注定是意义非凡的一天。宗庆后不会忘记这一天，娃哈哈的职工也不会忘记。这天，宗庆后起了个大早，比以往还要早很多，他精神抖擞地站在熟悉的车间里，满怀期待地注视着生产线。

第一批娃哈哈儿童营养液通过传输带源源不断地被传送下来，宗庆后看着这些产品，犹如看着自己含辛茹苦拉扯大的孩子，内心的喜悦与满足都不用言说。

从此，这一天成为娃哈哈的厂庆日，也就是娃哈哈的生日。

娃哈哈可以稳坐儿童饮品的江山，肯定有其出类拔萃的一面，宗庆后就是娃哈哈永不止步的动力。如今年逾古稀的他，风采不减，魄力依旧。

娃哈哈的步伐强劲有力，每一步都稳扎稳打，求稳不求快，求实不求虚。从默默无闻的小商小贩，到名震一方的巨商大贾，宗庆后同娃哈哈一起打拼至今，并没有耗费太多时间。

可以说，宗庆后是娃哈哈的另一个名字，他与娃哈哈息息相关，荣辱与共，同进同退。没有宗庆后的运筹帷幄，就绝对不会有娃哈哈的出现和存活。将娃哈哈的胜利归功于宗庆后，无可厚非。公司上下，任何人都可以缺席，唯独少不了宗庆后。

创业的最开始，宗庆后承包的经营部又穷又小，谈不上什么规模，甚至是一穷二白的状况。狭小的空间，不多的员工，与娃哈哈的今日相比，简直寒酸至极。就是连午饭都格外凑合，总共十来个人，随便弄个煤球炉子，自己生火，自己动手，丰衣足食。悲凉的是，弄个炉子还要受人家的气，吃顿饭都吃不舒坦，心理上的失落是让人很受打击的。

自立、自强、自信，是宗庆后经常传达给员工的精神信号，尽管校办工厂在当时不被看好，但是宗庆后和其他员工相信，苦日子会过去的，咸鱼也有翻身的时候，何况是这么多四肢发达的大活人，心往一处想，劲儿往一处使，总会有守得云开见月明的一天。

现状总归是艰难的，没有人才，没有技术，·没有资金，一个企业想要发展壮大所需的几项基本条件，宗庆后的工厂都不具备，又何谈发家致富。所有人都对他投来不相信的眼神，甚至许多人都在等着看他该如何收场。

在社会底层蛰伏了十几个年头，辗转各地不得志，文化水平又不高，42岁才刚刚开始踏上创业之路的宗庆后，拼的不是实力，拼的是勇气和胆量。连这点苦都咽不下的话，怎么好意思说起十几年的农村生活，怎么对得起曾经挥洒掉的汗水，不屈不挠的毅力又岂是说说而已。

从古至今，行动比语言来得更具有说服力。他虽然名义上是一厂之主，是领导，可他和员工们一样，吃在厂里，住在厂里，完全是把厂子当成了家。每天早晨七点，准时上班，从不会有什么特殊情况，对自己不搞优待，能坚持继续工作就不会白白把时间浪费在娱乐休闲上面，每每熬到深夜，实在累了才去休息。

铁人般的干劲儿，不成功怎么可能。

宗庆后也常对员工们说：娃哈哈产业不是老辈人留下来的，是我们用自己的双手创造的，创业难，守业更难。勤俭创业，是娃哈哈成长的非常之本。即便是娃哈哈规模扩大后，买十个扫帚都要去批发，能节俭的地方必须节俭，杜绝铺张浪费的行为。钱是大家一点点积攒下来的，赚得不容易，怎能大手大脚地再花出去。

这并不是因为他小气，只是节俭是他长久以来养成的习惯，也正是这份从未改变的质朴和踏实，使得娃哈哈的路越走越宽，步子越迈越大，前景越来越好。

宗庆后曾表示邓小平是自己最崇拜的人。"应该说邓小平把我也解放了，没有邓小平，我绝对不会有今天。我创业的时候是代销冰棒，代销汽水，我记得有一天有个店要一箱冰棒，那时候一箱冰棒零售价只有4块钱，我一箱冰棒就赚几毛钱，我还是专门给人家送过去，现在创业跟我们那时候又不一样，现在你要靠几分钱创业，不太可能，我也很幸运当时有这么一个机遇。"

有了好的开头，走出了至关重要的一小步，接下来就是稳扎稳打地跨好每一步。有好的名字，好的质量，这些硬件条件具备之后，剩下的运作和谋划就交给"专家"宗庆后。如何做好品牌，如何经久不衰，如何将压力转化成取之不竭的动力，把一件产品推而广之，这就是宗庆后接下来要做的事情。

谁才是老大

谈到娃哈哈的成功，宗庆后表现得很是谦虚低调，但又不无骄傲地说："娃哈哈的成功不是偶然，这是全体员工努力的结果。借助国家政策给我的机会和环境，再一个通过自己的努力，才能够有了今天的事业。应该说我很幸运。我们那一代人实际上机会很好，因为机会太多了，几乎做什么都能成功。可是有很多人依然被淘汰了，现在留下来的不多。"

中国的市场可谓庞大，世界第一人口大国，在面临资源紧缺的另一面，是巨大的潜在商机。

如果每个中国人都曾经或者将要去买你的产品，那么就相当于把一座金山摆在了你的面前。有数据表明，在过去的20年里，每个中国人都曾购买过的产品品牌最多不超过三个，而娃哈哈很有可能占有其中一个名额，能在如此众多的同类商品中脱颖而出，并以如此强势的姿态一直领先，不是谁都能做到的。

宗庆后有过这样的豪言壮语："我们可以自豪地说，在中国的市场上，我们敢于和任何企业竞争。我们也想，通过几年的努力，真正成为世界的娃哈哈，积累完资金、实力后，再打到国际市场上，要把这个世界做足。"

中国的市场已经不能满足宗庆后的胃口，站在中国饮料界的巅峰，他多少有点高处不胜寒的姿态，娃哈哈需要从现有的地域走出去，赢得新的市场份额，从而完成迈向国际化的扩张步伐。

甚至有些时候，他表现出来的更是一个王者必须具备的霸气："跨国公司有的时候是狼，但有的时候他们是纸老虎！"放眼偌大的中国，还有谁人能有如此底气，敢如此狂妄。

底气之所以足，当然来源于超凡的实力，对于这一点，在商场上身经百战的宗庆后是心知肚明的。他在血腥风雨中捍卫着娃哈哈帝国，不允许任何人随意插手，更不会允许由自己一手缔造的神话更名换姓。

谈起娃哈哈，就不得不说一下乐百氏。灵魂人物何伯权经过12年的苦心经营，将一个默默无闻的地方小品牌，打造成中国著名的饮料品牌，并创造出许许多多专属于乐百氏的商业奇迹。

乐百氏集团公司曾是中国饮料工业的十强企业之一，更是食品界鲜有的中国驰名商标。并与法国达能正式签订合作发展协议，共同投资组建乐百氏食品饮料公司。在部分项目上，控股权在达能手中，经营管理权在乐百氏手中，二者互相取长补短，在合作的前期，带来的效应是巨大的。

娃哈哈与乐百氏一样，在企业发展的某个时期内，仰仗于外援——法国达能的支持，这是他们强有力的后盾。达能以其雄厚的资金保障和先进技术帮助娃哈哈和乐百氏渡过了许多难关，也创造了许多辉煌。

朋友并不是永久的朋友，乐百氏被达能控股，起初顺风顺水，随着企业不断优化，产业结构愈加合理，市场份额占有量日趋增长的同时，一场权力争夺战打响了。

2001年，风云突变，一向掌管乐百氏大权的何伯权被卸任总经理职务，离开手把手拉扯大的"孩子"，心酸之处可想而知，所以合资是把双刃剑。个中道理，何伯权不会不懂，只是在运作的过程中，许多事情无法按部就班地去进行。他的无奈，在宗庆后眼里，更多的是惋惜。

宗庆后说："他们连权力的把儿都没摸过。""他们"指的便是法国达能，同样掌握娃哈哈的控股权，却不得不老老实实地听凭宗庆后的调遣，哪敢肆意妄为。宗庆后对权力的把控，的确要技高一筹，全局的规划都装在他的心里，别人怎么说，怎么指挥，都动摇不了他的地位。

从法国大老远跑到中国地盘上来的达能，不是为了做慈善，扶持中国的企业，它的目的很明确，就是为了牟利，这是一个企业最根本的宗旨，只是听谁的话才能牟利，这是要弄清楚的。采用哪种方式才能让投资的回报达到最高，投资方心里有数，作为被投资方的宗庆后，更有这个自信。

将小钱变成大钱，这是富人秉持的原则，而宗庆后正是那个操控一切的人，娃哈哈不能没有他，达能也不能。

与生俱来的商业头脑，加上商人独有的激情，成就了娃哈哈，也成就了宗庆后。这么多年来，娃哈哈驰骋商场，触角遍及保健品市场、儿童果奶市场、纯净水市场、碳酸饮料市场，以及后来的童装市场、牛奶市场、功能饮料市场，最近，又在着手欧洲精品市场。

如果说果奶、纯净水、碳酸饮料等都还在娃哈哈的经营范围之内的话，那么欧洲精品这块领域说明，宗庆后开始跨向别的领域，开始尝试新的利润增长点。他并非一成不变的人，在巩固现有地位的同时，他在谋划娃哈哈帝国新的版图。有他在的一天，娃哈哈就不会停步不前，就会有新的生机和活力，挑战自我，挑战其他品牌，甚至走出国门，跟洋品牌一博雌雄。

国内的饮料品牌，如太阳神、乐百氏、健力宝、农夫山泉、旭日升、可口可乐、百事可乐、雀巢、康师傅、统一等等，都是老百姓耳熟能详的，多多少少都喝过，每个品牌也都有各自的拥护者，只是在几十年的变迁中，有的已经淡出人们的视线，再无踪迹，有的已然坚挺，甚至气势磅礴。失败或成功绝非几句话能够说清的，消失不见的品牌令人惋惜，依然挺立的品牌值得骄傲，而在同行们不断出现状况的时候，宗庆后正率领娃哈哈的员工们，稳扎稳打，夯实着自己的根基，为每一场战役蓄势待发。

娃哈哈是这个行业的领导，这一点毋庸置疑，它的实力和资历，它的管理模式和营销手段，是众多后来者竞相效仿的对象，大家紧紧盯着娃哈哈的一举一动，想要在它的引领下丰满羽翼，也许紧跟它的步伐，就相当于紧跟时代的步伐，它是这个行业的晴雨表，是小企业们的指南针，它的每一次策划、每一次变革，都带动着整个行业的更新换代。

也许，这就是宗庆后的老大风范，掷地有声的指令加上高效的执行力，成就了娃哈哈当今的霸主地位，无可撼动，无可取代。要做就做到第一，做到最好，没有话语权就不能形成凝聚力，就不能有效地调兵遣将。

人称宗庆后的宗庆后，继续着老大的威严，誓把娃哈哈的头把交椅坐到底。

3

筑建商业王国

提到娃哈哈，举国上下没有谁会不知道。以儿童营养口服液起家的娃哈哈，是宗庆后率领团队打下来的天下，也是中国食品饮料行业的霸主。凭借毛主席的经典著作，宗庆后结合自身实践，摸索出一套"宗氏兵法"，它并不复杂，也不深奥，却无往不胜，这也使得娃哈哈的疆场，从南到北，从东到西，遍布大江南北。

广告带来开门红

1988 年，第一批娃哈哈儿童营养液走下流水生产线，预示着娃哈哈的开端。紧随其后的工作便是如何将成品推广出去，让千家万户认可这个产品，购买这个产品，最后一而再、再而三地购买这个产品，稳固客户群。

宗庆后的为人处世一向低调，可在你死我亡的市场竞争中，他深知自己的产品不能低调，不仅不能低调，还一定要高调，高调到人尽皆知。

娃哈哈儿童营养液是经过专家团队苦心研制出的，不论是功效还是质量，他有一万个放心，加上千挑万选的名字、精美独特的包装，宗庆后此时的自信心爆棚。好产品不能只摆在厂房里独自欣赏，不能只自己自信，更重要的是走出去，走到消费者的身边，接受大众的点评。

通过在报纸上刊登有偿征名的启事，宗庆后不仅收获了中意的名字，还有不同凡响的关注度，从此他便深刻意识到媒体对于产品的推广宣传作用是何其巨大。尝到甜头的他，决定再次跟媒体合作，借势宣传新产品。这次除了报纸，他还瞄准了受众更广、信息传播更迅速的电视，在别人还没察觉到的时候，他迅速行动，完成了一次漂亮的亮相。

在今天看来，电视是很普遍的广告媒介，电视剧中要插播广告，电视节目也要插播，大家早已司空见惯。可在那个时候，做电视广告的想法是极为罕见的。电视就摆在那里，可很少会有人想到去利用它，更何况是借助它来为自己的产品做宣传、说好话。

有着雄鹰一般锐利眼光的宗庆后，在别人安于现状的时候，他正谋划着如何利用电视将娃哈哈营养液空降到人们的视线中。

首先他主动联系上了杭州本地的两家比较有知名度的电视台，开门见山，表明他的所想所需。对于如此感兴趣的客户，电视台还是头一次见到，也许作为电视台本身，他们也未曾意识到自己的作用会如此之大。双方经过多次磋商会谈，电视台同意合作，但开出的价格高达 21 万元。与现今动辄几百万，甚至几千万的广告投资商而言，区区 21 万何足挂齿，可回望二十多年前，这是多少人一辈子想都不敢想的巨款。

条件也谈了，价格也定了，宗庆后却犯了难。他在犹豫，在权衡，企业刚刚成型，为了开发研制新产品、建设新厂房已经投入了许多资金，大部分家当都花在了产品前期，还有一部分需要作为运转资金使用，真正可以使用的资金并不多，满打满算也不会超过 10 万元，与电视台要求的 21 万相差甚远，这可如何是好。

是举债继续，还是放弃？宗庆后在心里斗争了许久，他是一个企业的决策者，不仅要考量当下，也要预判未来，谨慎地分析利与弊，估测每一个决定背后的收益和风险。

如若继续，就意味着企业将会背上一笔不轻的债务，同时，电视的收益能否抵消这部分债务，他也需要盘算清楚；如若放弃，就意味着他先前的一切构思都将化作泡影，也许美好的光景就这么破灭了，又难免心有不甘。

拼死一搏还是安于现状？

愈是这种两难的时刻，愈是能够考验一个人的胆识和魄力。他要扛下眼前的压力，战胜对未来的恐惧，稳住内心的慌乱，保持清醒的头脑，在正确时刻做出正确选择。

为什么当代的企业家一直如此推崇宗庆后，除了他首富的地位，更来源于他自身的人格魅力，他举重若轻的决策，在关键时刻方显英雄本色，多少人举棋不定时，因为过度焦虑而错失良机时，宗庆后却不会，他有担忧，却敢于冲破担忧。

在电视台的会议室中，宗庆后平静淡然地在合同上签下了自己的名字，确定了这桩 21 万元的买卖。一同前往的公司财务人员忧心忡忡地看着老大，似乎想要在他的眼神中找到一份安心。他们一直笃信老大的判断，可这一次确实担心。公司的财务情况他们最清楚，签了这份合同就意味着公司不仅没有了存款，还会外欠十几万，这无疑是一个沉重的包袱。

员工的担心宗庆后不是不懂，只是他有更长远的打算，"箭已经在弦上，无论风险多大、代价多大，都不能不发，既然相信自己的产品，我们就要大胆地放手一博，这不是冲动，更不是蛮干"，想要成功，却不想付出代价，天下可没有坐享其成的美事。

鲜有人不佩服宗庆后的果敢，他不是无所畏惧，而是懂得何时该进、何时该退，他把以退为进、以进为退运用得出神入化。谋略得当，又能在合适的时机拼上勇气。宗庆后之所以能够成为中国内地的首富，靠的不是弄虚作假，而是作为一个企业家自身所具备的品质，这也就是寻常人年收益几万，而宗庆后年收益几十亿的差距所在。

宗庆后以他的霸气换来了丰厚的回报，沉重的债务却也给他带来了源源不断的商机。

人们通过电视荧幕第一次近距离接触到了娃哈哈儿童营养口服液，那句"喝了娃哈哈，吃饭就是香"的广告语深深留在了人们的脑海里，尤其是家长们，对这句话更是印象深刻。不是文采斐然才算作好的广告语，而是能够吸引人们眼球，能够契合人们的心理诉求。广告语不在长短，在于一字一句直抵人心，命中消费者最迫切的需要，从而达到吸引消费者欲购从速的目的。

从许多层面来说，娃哈哈的这次电视广告营销是相当成功的。宗庆后花费了21万元，得到了他期望中的一切。短短几天之内，娃哈哈儿童营养液从默默无闻，变成了市面上的畅销产品，上门求购的经销商和零售商店络绎不绝，他们同样看到了娃哈哈将会带来的可观收益，争先恐后地前来洽谈合作。

电视广告还没有结束，娃哈哈儿童营养液的订单就已翻了好几番。业绩扶摇直上，销量与日俱增，第一个月就突破了 15 万盒，第二个月不费吹灰之力突破 20 万盒，让销售部忙得不可开交，可大家累在身上，甜在心里，这证明宗庆后的决策没有错，当初他不是胆大妄为，而是具备了卓绝的睿智与胆识。

就在所有人都沉浸在满足的喜悦中时，宗庆后又开始有了新的惦念，心里又有了新的盘算。他并没有因为眼前突飞猛进的营业额满足，他懂得居安思危的道理，也就比旁人考虑得更为长远，在一番美景面前，他有新的顾虑，也有更宏伟的野心。

依靠电视广告，娃哈哈儿童营养液逐渐成为家喻户晓的产品，一部分人听闻它的功效便慕名前来购买，当然也有一部分人，他们有着高度的警惕性，对新产品有极强的戒备心，抱着疑惑的态度，还处在观望阶段。

怎样才能打消人们的顾虑，是宗庆后亟待解决的问题。

娃哈哈儿童营养液的受众群体是孩子，是一家之宝，父母宠着惯着，含在嘴里怕化了，恨不得把全天下最好的东西给孩子，只要孩子能够健康快乐地茁壮成长，不管花钱还是出力，做父母的都是任劳任怨，不喊苦不喊累。但对于孩子们的饮食更加谨慎，不明所以的产品自然不会轻易给孩子服用。

为了让家长们对产品有更加全面、直观的了解和认识，宗庆后决定用报纸进一步配合电视，全面解析娃哈哈儿童营养液，这也就是后来受到人们追捧的"实证广告"。

为了更具权威性，宗庆后特意邀请到朱寿民、沈治平、顾景范等教授专家，以科学严谨的态度撰文介绍营养液的功能特性、科学原理及原料配方，占用报纸大幅版面，并刊登在报纸最醒目的位置上，以营养专家们客观的解析来说服消费者，博得了他们最大限度的信赖，原本存在的疑虑也就烟消云散了。

不仅如此，宗庆后的此次出招带动了报纸软文的宣传效应，众多著名营养品和药品竞相效仿，不出意料，也都收到了不错的宣传效果。唯有走在时代前沿的人，才会是时代的引导者。透过电视和报纸的双重宣传，所产生的威力是震撼人心的，娃哈哈儿童营养液推出的当年，娃哈哈就实现销售收入488万元，创利税210万元。业绩是宗庆后实力的最有力的证明。

与此同时，让宗庆后感到欣慰的，是众多消费者寄来的感谢信和表扬信，每一封信都代表着一个温馨和美的家庭，有稳重的丈夫、贤惠的妻子、健康的孩子，每一封信背后都洋溢着幸福的笑脸。

来自消费者的认可，是一名企业家最值得骄傲和自豪的事情。一个企业不仅是在做产品，更是在做人。在兢兢业业的工作中树立品牌和信誉，良好的企业形象一旦在人们的心中扎根，日后所产生的附加值是不可估量的。

娃哈哈儿童营养液在杭州市场首战告捷，不甘平庸的宗庆后以此为武器，以迅雷不及掩耳之势迅速走向浙江各地、市、县、镇，无一不是大获全胜，他的触角已然延伸至全国，打破了地域的限制。

娃哈哈的业务员走南闯北，来到一个个陌生的城镇，携带大笔现金，与当地的电视台和报社洽谈合作，没有讨价还价，直接签下广告合同，随即奔向当地最大的糖烟酒食品公司，联系合作，说服他们加入娃哈哈的团队，成为娃哈哈"联军"的一部分。

产品能不能受市场欢迎，除了准确的定位和过硬的产品质量，后期的推广尤为重要，这就需要信息的全面传播，让人们对产品有所了解，从而形成良好的认知，只有消费者觉得好，才是产品真正的出头之日。

连战连捷

宗庆后扎根于浙江本土，以迅雷不及掩耳之势攻克了沪、津、京市场，动作连贯、一气呵成，没有一丝一毫的拖泥带水。雷厉风行是他的习惯，只要锁定一个目标，便会不惜代价去完成。当然，执着并不等同于盲目，所有决策都经过多番深思熟虑、反复论证可行性之后，才付诸实践。

务实是他的特质，不安于现状是他的风格，一切行动听从于内心最直白的决定，所以当娃哈哈在杭州夯实基础之后，他的眼光不再仅关注于浙江本地的市场，而是转向了繁荣的大都市——上海。

可以说，上海是宗庆后确定的全国目标中的第一个，选中上海，不是他随心所欲的想法。上海，有娃哈哈需要的展示平台，上海在当时已经是全国商业最为发达的大型城市，它引领着国内潮流，是国内商业的风向标，若是能与上海靠拢，将娃哈哈儿童营养液打入上海市场，无疑是拿到了全国市场的门票，对于娃哈哈来说，登陆上海非常有必要，也是非常关键的举措。

作为全国商业的绝对中心，上海素来以高门槛著称，高端的平台不是谁想进就能进的，哪怕是今天进来了，也许过不了几天就灰溜溜地撤走了，想要与本地的产品竞争，对外来企业的要求相当高，没胆量的干脆不要进来，没实力的也最好不要白费功夫，与其耽误时间、浪费资源，不如安分守己地在自己的小地盘上兴风作浪。

多少企业抱着必胜的信心来到上海，最后以失败告终。市场每天都在发生变化，能否让当地的消费者接受，意味着能否让这个市场接受，从产品质量、包装到宣传，不论软件和硬件，都要有真本事。

食品营养行业的同行，听闻宗庆后要率领娃哈哈大军进驻上海的消息，绝大部分人持观望的态度，说白了，看热闹的人居多，真正相信娃哈哈能在上海市场闯出一片天的人，少之又少。不是他们小看宗庆后和娃哈哈的实力，而是以往的事实证明，想要撬开上海的市场是一场难以胜利的战役，做再多努力也可能是白费，最后落个无功而返的结果。

质疑声此起彼伏，没有人看好娃哈哈进军上海市场，他们见惯了满腔热血转变成灰头土脸的情况，任凭宗庆后再厉害，娃哈哈再厉害，在大上海面前还是如此渺小。面对众人的不看好，宗庆后没有解释什么，或许他压根觉得没有解释的必要，到底能不能成功，不是靠别人的鼓励，而需要结果来证明。

在上海人眼里，杭州是个小城市，宗庆后也不过是个没见过什么世面的小老板，可他们忽略了小老板也有大魄力。

全方位广告轰炸的套路，宗庆后在浙江各地屡试不爽，销量告诉他，在广告上下足功夫，绝对有足够的把握去跟当地的产品一决高下。上海不同于杭州等地，寸土寸金的地方，广告费也不在一个层面上，到了大把大把烧钱的时候了。

宗庆后没有被巨额的广告费吓住，不付出怎么可能有回报，这个时候不跟上，还谈什么市场份额，当初决定来到上海，他就已经下定决心拼上一把。对于前期的投入，宗庆后没有什么好犹豫的，爽快地掏出了全部家当，狠下心砸给了上海最知名的报社和电视台。既然要做，就不能瞻前顾后，该花钱的时候就必须花，"舍不得孩子套不着狼"的古训，每个人都知道。

一轮又一轮猛烈的广告攻势开始了，偌大的上海滩刮起了娃哈哈的旋风，从被动接受，到主动接受，精明的上海人通过不间断的广告认识了娃哈哈儿童营养液，开始了解它的功效。大城市的孩子挑食更厉害，父母的心情都是一样的，只要对孩子有好处，还管它是本地的还是外地的，管用就行。

一批又一批的上海人来到娃哈哈的卖场，尝试性地买一些回去，孩子喝完之后，胃口确实好了起来，饭量一天比一天好，身体一天比一天棒，一批又一批的回头客产生了。最好的广告就是消费者的口口相传，口碑一旦树立起来，有了信誉度和知名度，剩下的就是迎接顾客临门了。

果然不出所料，娃哈哈儿童营养液来到上海的第一个月，销售量就超过了 20 万盒，取得了迈向全国市场的第一场胜利。平心而论，这场旗开得胜并没有想象的那么不易，并没有多么艰辛的过程，也没有多少兜兜转转的曲折。归根结底，这场战役讲究的是魄力和胆识，一般人不敢做的，宗庆后敢，所以他才是成功的那一个，才是让别人嫉妒的那一个。

成就感会让人上瘾，宗庆后没有将这一场小小的胜利看做全部，他想要的还有更多。从上海得胜归来后，他没有沾沾自喜，没有沉浸在喜悦中不可自拔，而是马不停蹄地奔向了下一个目标——北京。

北京是全国的政治、经济中心，是中国的心脏所在，它的地位不言而喻。宗庆后心知肚明，北京一战，势在必行，而且必须取胜，没有任何商量的余地，所以这次他决定奔赴前线，坐镇指挥，不容有半点闪失，志在将北京的市场拿下。

考虑到攻克北京市场的难度大大高于上海，而且要保证不能输、只能赢，宗庆后决定从长计议，不能硬碰硬，要采取迂回战术，稳妥地攻陷北京市场。

因此，在向北京市场发起进攻前，宗庆后绕路天津，随便找了家经济实惠的招待所便住了下来，房间的设施十分简陋，条件十分艰苦，他舍不得对自己好，却舍得砸广告费。

对自己抠门的宗庆后，谈起广告来，一掷千金。报纸、电视、车站站牌，凡能利用上的媒体资源，宗庆后一概不含糊，只要有价格，就不怕做不成买卖。霸气十足的广告投放量，让天津的父老乡亲领略到了娃哈哈儿童营养液的魅力，不多时，天津站以供不应求的局面结束了前期的预热阶段。

第一批产品销售一空，并不是宗庆后想要的终点，他这盘棋才刚刚开始，真正调兵遣将的时刻才刚刚来临。

欢欣不已的员工们以为可以松一口气的时候，宗庆后一声令下，召集大家着手筹备新闻发布会。不明所以的员工们都在纳闷，现在产品供不应求，还用得着新闻发布会吗？这不等于在白白浪费辛苦赚来的钱吗？无谓的付出到底图什么呢？

企业家之所以成为企业家，是因为这不单纯是一份工作，一个职业，而是涵盖着各种素质和素养，小商小贩不能称为企业家，小门小户不能称为企业家，除去一个企业的经营规模外，最重要的是企业经营者的眼光和胸怀，超于常人的头脑才能让他立于不败之地，否则何谈企业的壮大和发展。

召开新闻发布会的目的在于让娃哈哈的品牌在天津长久地树立下去，做到足够规模的企业或品牌，绝对不是依靠打枪换炮把市场做起来的。经营品牌如同经营人生，都需要付出心血和耐性，专注于一件事，才有机会成就一件事，浅尝辄止是没法把事情做到极致的。

新闻发布会一经召开，所产生的反响是正面积极的，一方面让娃哈哈的品牌形象深入人心，一方面又吸引来了大量的订单，让娃哈哈成了真正的赢家。之前还在担心白费功夫的员工们，这才明白到了宗庆后的用心，钱就是要花在刀刃上，该节俭的时候一分钱都不能浪费，该阔绰的时候几十万、几百万都不能眨眼。

有了天津市场的预热和铺垫，真正与北京市场对决的时候，宗庆后的信心更足了。他瞅准时机，不慌不忙地开始在北京亮相。

北京城的百姓们一觉醒来，像往常一样打开电视机，猛然发现各大电视台都在重复着娃哈哈的广告，一句"喝了娃哈哈，吃饭就是香"的广告语霸占了人们的生活。一天的不同时间段内，娃哈哈的广告就没有停歇过，连番轰炸，让老百姓在最短的时间内对娃哈哈儿童营养液有了最深的印象。

尤其是懵懵懂懂的无知顽童，有的说话还断断续续呢，竟然能将娃哈哈的广告语一字不落地说出来，这让家长们感到非常惊讶。这充分说明了一个问题，娃哈哈的广告语是精辟的，广告投放策略是正确的，娃哈哈的老大是机智的。

报纸配合着电视展开了激烈的广告宣传之战，大篇幅的版面被娃哈哈拿下，老百姓的生活中仿佛一下子多了一个娃哈哈，茶余饭后都能接触到娃哈哈，看到娃哈哈的影子。

先是知道了这个产品，然后就是在好奇心的驱使下渐渐关注，最后忍不住买几盒回家给孩子试试，一旦有了好的效果，就意味着攻破了家长们的防线。孩子是父母的心头宝，还有什么比让孩子健康更重要的事情。孩子健康有改善，家长们对娃哈哈的好感油然而生，对娃哈哈的信赖也就在不知不觉间建立了起来。同样是一个月的时间，娃哈哈在北京城的销量达到30万盒，比天津的20万还要多。

经过几个月的辛苦付出，宗庆后带领娃哈哈的员工们交出了可喜可贺的成绩。可以说是连战连捷，没有一场赢得不够漂亮，每一个细微之处都处理得天衣无缝。身先士卒的老板，加上斗志昂扬的员工，组成了所向披靡的战斗力，筑建起了娃哈哈的辉煌，成就了娃哈哈今后的丰功伟业。

一年的时间不算长，可就在这短短的时间内，宗庆后一鼓作气将京、津、沪三大市场收归所有，不断扩充着娃哈哈的领地，为进军全国、多面开花做好了准备。

只有宗庆后尚未计划的事情，没有宗庆后做不到的事情。企业家占领市场就如同打仗，先权衡利弊，再挑选猎物，胆要大，心要细，随后一鼓作气攻克难题，这就是宗庆后的兵法。

广东虎口夺食

1989年和1990年，对于娃哈哈来说，是至关重要的两年，就好比战士拥有了更坚硬的盔甲和更锋利的武器。

1989年4月17日，宗庆后将"保灵营养食品厂"正式更名为"杭州娃哈哈营养食品厂"，完成了娃哈哈第一次蜕变，开始以"娃哈哈"的名号摇旗呐喊。在进行工商登记时，将企业的注册资金变更为 200 万元，以恢弘的气势重新再出发。此时的娃哈哈，更有激情，更有实力，再也不是那个"弱不禁风"的小门小户了。

1990 年 1 月 30 日，宗庆后完成了"娃哈哈"商标的注册，从此以后，"娃哈哈"独属于宗庆后，独属于娃哈哈集团，并且，颇有远见的宗庆后还一口气注册了"哈娃娃""哈哈娃"等十多种与"娃哈哈"相近相似的文字和图形商标，在最大程度上杜绝了假冒、仿冒"娃哈哈"之名的产品出现，为企业的发展提前做好了防伪仿冒的预防措施。

在不断完善企业体系的同时，宗庆后率领团队北上征战，成功撬开沪、京、津三大市场，为娃哈哈日后面向全国市场奠定了坚实的基础，企业实力也在与日俱增，再也不是那个仅有一百多名职工、一千多平方米厂房的小企业了，声誉和实力不可同日而语，不容他人小觑。

从杭州出发，到席卷浙江，再到占领北方地区，从排不上名次的小企业，到全国最佳经济效益工业企业 500 强中第 85 位，每一步走来，都凝聚着宗庆后和娃哈哈职工的心血。作为娃哈哈的一份子，是骄傲自豪的，在这样一个集体中发光发热，毫无疑问是充满斗志和干劲儿的，每个人都在想着如何把工作做得更好，如何为企业贡献自己的一份力量，大家团结一心，朝着共同的目标走去，企业凝聚力就诞生了。

成就感是会让人上瘾的。宗庆后创业起步虽晚，可他的心却依旧年轻，充满蓬勃的张力，连续的胜利点燃了他的全部激情和斗志，仿佛又回到了二十几岁时的样子，不知疲惫，感觉浑身有使不完的劲儿，一伸手仿佛就可以触摸到梦想。

娃哈哈正如一个昂首阔步的巨人，迈着坚实的步伐走向一个又一个目的地，旧的终点就是新的起点，它会以崭新的姿态走下去，永不止步。成就百年老店是宗庆后的梦想，目前娃哈哈已经走过了二十多个年头，完成了四分之一的梦想，按照接下来的发展趋势，也许一百年并非没有可能。

1991年，在收获了北方地区的市场后，经过进一步的整顿和准备，宗庆后又打算南下，蓄势待发，去征服广东，去开阔新的市场，让娃哈哈的产品在新的土壤上扎根、蓬勃。

广东靠南，与北方差异明显，因此地域性的不同就引导着不同的决策。谋划只有具备针对性，才能做到有的放矢，确保不是无用功。

说起20世纪90年代的广东，在改革开放的浪潮中出尽了风头。改革开放的政策给了广东人天时，优越的地理位置给了广东人地利，一流的经商头脑和氛围给了广东人人和，具备了一切优良条件的广东，沐浴在改革开放的春风中，如鱼得水，成为全国经济增长最为迅速的地区。

全国各地的商人涌进广东，专门来淘物美价廉的广东货，不用提品牌，广东货本身就是品牌，这是往来此处的商人一致认可的，其他产品再能忽悠，都没人会在意。宗庆后正是看中了这里是掘金的风水宝地，所以不远千里挥军南下，调兵遣将，运筹帷幄。

与一马平川的京、津、沪相比，广东可不是集中火力就能一次搞定的，在这里，盘踞着一只威震四方的"华南虎"，也就是拥有"中国运动营养金奖"桂冠的太阳神营养口服液。该企业实力雄厚，绝对不在娃哈哈之下，全国保健品市场一大半的份额被

"太阳神"牢牢把握着，称得上是营养品行业的龙头老大。

想要虎口夺食，得看你是不是真的有这个胆量和本事。

明知前方有火力全开的敌人，若正面冲突，明摆着是一场殊死搏斗，胜算应该不会很大。这样不划算的买卖，宗庆后绝对不会参与，自投罗网的打法，宗庆后更不会采纳。

熟读《毛泽东选集》的宗庆后，对毛泽东的战略战术颇有研究。他秉承"保存自己，消灭敌人"的第一要义，在运用谋略上趋利避害、扬长避短，善于以我之长、击敌之短，并且奉行"知己知彼百战百胜"的原则，在每次出击前，综合比较敌我双方的强点和弱点，做到心中有数，攻其不备出其不意，以最有效的方法，取得最大的战略成果。

鉴于太阳神营养口服液的"虎威"，宗庆后选择低调行事，悄悄将一批娃哈哈儿童营养液连日运抵广东。按照计划，到达广东后娃哈哈按兵不动，在事先安排好的仓库中候命，等待时机成熟，再发起强攻，增大获胜的希望。

娃哈哈适时避开太阳神的锋芒，打算以静制动，瞒天过海。起初，太阳神压根就没有察觉到娃哈哈的进犯，得知娃哈哈已经进入仓库时，骄傲的太阳神也没有当回事，娃哈哈在他们的眼里，不过是不知天高地厚的无名小卒，来本土挑战太阳神的做法未免太过胆大妄为，随便一个招式过去，就可以让娃哈哈招架不住，变得毫无反击之力。

自信之人惯有的通病，就是容易过于自信，有时候会蒙蔽自己的眼睛，忽视许多可变的事实。太阳神有足够的资本骄傲，却错在小瞧了潜在的敌人，谁知道娃哈哈这个敌人如此善于伪装，让人措手不及。

几天过后，娃哈哈儿童营养液请来中华医学会广东分会、广东优生优育协会、广东省中医学研究所、广东省药物研究所四大权威机构的众多专家，召开了一场关于娃哈哈儿童营养液的座谈会。会上，各路专家通过分析娃哈哈儿童营养液的产品原理、配方，给出了权威的认证，并给予了很高的评价。

除此之外，娃哈哈还特意邀请来不少消费者，作为代表参加座谈会的讨论。因为在此之前，消费者代表已经尝试了娃哈哈儿童营养液，而且已经见到了它的功效，所以此次参加座谈会，更有说服力。

单凭一场座谈会就想撼动太阳神的地位，显然是痴人说梦。第二天，宗庆后的法宝又派上了用场，广州各大新闻媒体对这场座谈会的始末做了详细的报道，为娃哈哈做了正面积极的宣传，覆盖范围之广，可见一斑。

见到如此兴师动众的报道，太阳神的领导们才缓过神来，这次前来挑战的不是什么无名小辈，而是特意把实力隐藏起来的强劲对手，他们后悔当初掉以轻心，没有对娃哈哈加以重视，才会在它成功吸引人们眼球后，才反应过来。

其实，宗庆后导演的好戏才刚刚开始，真正的攻坚战才刚刚吹响冲锋号。几天之内，从报纸到电视，高强度、高密度的广告占据着最醒目的位置，瞬间成为了广州百姓生活中的一部分，走到哪都是娃哈哈的身影。它朗朗上口的广告语，座谈会上专家和消费者的一致推荐，都成为攻陷广州市场的武器。

如此气势汹汹的排场，让一向悠然自得的太阳神慌了手脚。他们痛定思痛，决定发起反击，毕竟是在自己的地盘上，现在定输赢未免早了一些。

　　然而，战争的主动权早就已经到了娃哈哈手里，太阳神奋起反抗稍有些迟钝。当他们联系新闻媒体，想要切断娃哈哈的广告资源，大打广告战的时候，各大新闻媒体近一周的档期都已经被娃哈哈预定了。宗庆后早就砸下了 80 多万元的广告费，包下了各大媒体的广告资源，让对手连喘息的机会都没有。太阳神想要反抗更是无从谈起，只能暗自遗恨最初错误的判断。

　　眼看着娃哈哈的势头愈演愈烈，第一个月竟然完成了 70 万盒的销量，比北京和上海的总和还要多。太阳神明白，若是放任娃哈哈，对太阳神今后的发展是极为不利的，市场份额一旦丢失，想要再夺回来，要付出的代价就太大了。

　　既然从正面突击没有效果，太阳神就选择从背后放冷箭。当娃哈哈的广告旺季逐渐散去的时候，各大媒体开始唱起了反调，针对娃哈哈"钙铁强化剂"的成分，加以大肆宣扬"不适用于南方儿童"，并提醒父母朋友在选择儿童补品的时候，要加强谨慎，不要盲目跟从社会风潮，而对孩子健康造成反作用。

　　由于娃哈哈儿童营养液采用玻璃瓶包装，媒体上便出现了"玻璃安瓿瓶装的营养液存在安全隐患，儿童很可能会吃进玻璃碎片"的提醒，乍一看客观公正，实则命中了娃哈哈的要害。

　　可不论反对的声音有多么猖獗，娃哈哈的大局已定，第二个月的销售额突破了 100 万盒。在这场虎口夺食的大战中，有惊心动魄，也有镇定自若，娃哈哈无疑成了绝对的赢家，在强悍的对手面前，招招致命，以高超的谋划能力擒住"华南虎"，从老虎口中硬生生地夺下了食物，战利品可谓丰厚。

　　虎口夺食的壮举，也就只有宗庆后敢冒险一试了，成功当然最好，一旦失败，他也做好了万全的打算，四平八稳的事情收益不会很大，得到与风险是成正比的。

没有过人的胆量，就没有非凡的成功。不是老天爷眷顾谁，而是成功青睐有勇有谋的人。

打破套路夺人心

轰炸式的广告投放模式是宗庆后的杀手锏，他在广告费用上从不会计较一分一毫，向来是大手笔，不鸣则已、一鸣惊人。每到一个新城市，宗庆后必然要先去了解当地的广告媒体，还没真正布阵，就已然开始盘算着广告怎么打出去，怎么花这笔钱了。

久经沙场的宗庆后，通常会有一套较为固定的战略战术，来作为行兵打仗的套路，即根据现实情况做出大大小小的变化，以适应战场的需要。

纵观连续的几场战役，不论是上海、天津、北京，还是广州，宗庆后惯用的手法就是广告，不遗余力地在广告上面下功夫、做文章，以广告做先锋，将市场打开缺口，一鼓作气俘获消费者。

连续的胜利开阔了宗庆后的眼界，大战之后，野心勃勃的宗庆后稍作整顿，便开始战略转移，积极备战广阔的中原和西部地区，开始部署新的市场争夺战。

论发达程度，中原和西部地区远比沿海城市落后，其实按照一般的理论，这些地区对于企业整体的发展没有绝对的影响，既不是必备，也不是必须，实在没有大费周章的必要。可宗庆后不这么认为，除了开拓市场外，向中西部地区迈进，是他作为企业家的梦想，越是不易攻占的城头，就越能勾起他的兴趣。

对于发展水平较高的城市，用大笔的钱砸下大量的广告，直接炮轰消费者的认知度，能够在最短的时间内搞定消费者。让产品进驻市场，一旦培养出了固定的消费群体，来日方长，只要不出大的乱子，这个品牌就等于做起来了。说到底，居高不下的销售额一部分是广告所赐，只要舍得砸钱，舍得投入，开阔市场是或早或晚的事情。

宗庆后不是只知道牟利的商人，他从内心深处有剪不断的英雄情结，他需要一次又一次的胜利来证明自己，来获得成就感，反而是太容易取得的胜利让他没了当初的冲动。推销产品一定不只有广告这一条路可走，而且广告也不是常胜将军，必然要谋划新的增长点。

相对滞后的中西部地区，没有完善的媒体资源，显然大批量的广告战术是行不通的，要想将胜利持续到底，靠的是他的智慧和魄力。若是在偏僻落后的地方开辟出一片市场，不论市场大小，都堪比在大城市中获得的胜利。

追随宗庆后南北征战的老员工们，在一气呵成的胜利中，找到了信心，每个人都无比憧憬娃哈哈更加美好光明的未来，大家的想法是一致的，只要安安分分、踏踏实实做产品，抓好现有的市场，那么企业以后就没有什么好愁的，也没有必要费尽心思地再去闯荡，如今的家业已经是梦想中的样子了。

宗庆后不是别人，是大将军的后代，在沙场厮杀是他的天性，平平淡淡过日子不是他想要的。在别人眼里的固执，在他那里是执着，永不放弃新的挑战，心心念念着的是大干一场。

很快，他便将郑州列为中原地区首先要占领的城市。又是一次风尘仆仆的旅途，吃住都没有什么讲究，全然没有腰缠万贯的派头，也没有挥霍无度的毛病，他还是他，还是当年那个蹬着三轮风里来雨里去的创业者。

来到郑州后，宗庆后第一次摆脱了奔向电视台和报社的习惯，而是安安静静地四处游逛。这看看，那瞅瞅，落后的城市与发达的城市，最为直观明显的区别就在于交通。宗庆后像是普通的市民一般，穿梭在郑州的大街小巷，看到新奇之处，就会停下脚步，仔细琢磨。

看似漫无目的，实则暗藏玄机。

表面的悠闲并不代表内心是平静的，此次郑州之行有着不同于以往的意义，他要改变惯用的伎俩，用出其不意的营销手段给消费者带来耳目一新的感觉。他的心情与一道而来的销售人员一样，都在忍受着煎熬，只是他这次下定决心，在没找到出奇制胜的点子前，不会轻举妄动。

好主意哪是随随便便就能想出来的，这需要灵感，需要时间的沉淀。苦思无果的宗庆后按捺住焦虑的情绪，继续在郑州城里找线索。只是绕了一圈又一圈，还是没有任何进展，市场就在眼前，却找不到很好的突破口，这让他很烦躁，眼看着时间一天天过去，再这样耽搁下去也不是办法，实在无可奈何的话，也就只好沿用以前的老路了。

说来也巧，就当他准备停止突破，向老思路投降的时候，新思路悄悄跳到了他的眼前，让他灵光一现，有了妙招。

傍晚路过报亭的时候，宗庆后顺手买了几份当地的报纸，要是依旧打广告，也要先了解一下当地的行情，寻觅一下可靠的合作伙伴。他认真翻看着每一页的内容，大字小字一概没有放过。

其中一条不显眼的报道偏偏引起了他的注意，大概说的是郑州城在一个月的时间内，交通事故接连发生，更可悲的是伤者多是孩子。脑子活络的宗庆后将交通、孩子、安全几个字随意排列，竟然一下子得到了几日来梦寐以求的灵感。

理好了思路，宗庆后立刻吩咐销售员去查找郑州市交通管理部门和教育局的地址，满头雾水的销售员看着兴奋的宗庆后，知道他肯定有了好主意，也顾不上详细询问，就赶紧办事去了。

来到教育主管部门，宗庆后开门见山，亮出此次拜访的目的，明确表示要免费向全市的小学生赠送一顶小黄帽，自然不是为了遮阳，而是鉴于郑州市交通杂乱，为了守护小学生的出行安全，用小黄帽作为警示，提醒司机注意避让。

这正是郑州市教育主管部门求之不得的好想法，此前为了孩子们的安全曾绞尽脑汁，却一直没有找到好的解决办法，如今竟然有人献计献策，还要免费提供物品，实在是值得大力表扬，值得社会各界学习。

基本不费吹灰之力，宗庆后得到了教育部门和交通管理部门的大力支持，他们不仅积极联系新闻媒体对娃哈哈的事迹加以报道宣传，还全力配合娃哈哈将 5 万顶小黄帽尽快分发到全市小学生的手中。

几天过后，在郑州街头便出现了有趣的场景，孩子们戴着印有娃哈哈形象的小黄帽来往于四处，全市 5 万个孩子全部成了娃哈哈的宣传者，他们活蹦乱跳的样子，与娃哈哈的形象不谋而合，如同一道风景，装点了郑州街头。

新闻媒体自然不会放过这样的好新闻，争先恐后地进行报道。不是广告，却胜似广告的效果。15 万元置办的小黄帽为孩子们带来了安全，也奠定了它在家长心目中的形象，娃哈哈还未开卖，已经积聚了众多的人气。

接下来的事情顺理成章，大批货物被运到郑州市的商店卖场，有了之前良好的口碑和正面的形象，一经面世，就销售一空，以至于需要不断地补货，才能满足消费者的需求。

用小钱办大事，这是郑州之行带给宗庆后的启发。不仅省下了巨额的广告费用，而且先入为主的良好品牌形象更深入人心，成为街头巷尾人人称赞的善举，赢了市场，更赢了人心。

与其说宗庆后有幸运之神眷顾，不如说他是自己眷顾自己，是那份不达目的不罢休的执着引领着他，向未知的明天走去，依旧坚定，一贯从容。

虽说常理是用来遵从的，可是没人规定不能另辟蹊径，而且套路这个东西，都是人们长时间以来自己摸索总结的，人人得知的东西还有什么新意，宗庆后要的就是与众不同，"出其不意、攻其不备"，方能握有主动权。

骄傲的烦恼

1988 年到 1991 年，娃哈哈高歌猛进，短短几年时间，企业生产能力扩大了整整 60 倍，飞跃式的发展带来的是暴涨 100 倍的年利润，无论是彼时还是此时，这都堪称企业发展史中的奇迹，再次印证了宗庆后作为企业家的雄才伟略。

光鲜的背后，是让宗庆后辗转反侧、夜不能寐的烦恼，也可以说是骄傲的烦恼。

宗庆后犯愁的事情，亟待解决，且必须解决，否则耽误工夫不说，还关乎娃哈哈的未来生计。

与许多企业面临的问题不同，伴随娃哈哈迅速崛起而来的首要问题，不是供大于求，急需开拓市场的问题，而是在第一时间解决有限产量与无限需求二者间的矛盾。产量上不去，需求量再大也是空谈，不能转化为效益的需求量，只能是水中月罢了。

在娃哈哈迅速打开销路，迎来一批又一批消费者的同时，宗庆后也愈发认识到现有生产能力的低下，广阔的市场就在眼前，可企业的胃口却太小，吃不下这么一块大蛋糕。一千多平方米的厂房加班加点，员工们拼死拼活也依旧无法满足消费市场。

当时娃哈哈在全国呈现热销的局面，形势一片大好，催货的电话和信函源源不断地从全国各地涌向娃哈哈的销售部，前来提货的车队更是络绎不绝，公司门口车水马龙，一派热闹非凡的景象。

娃哈哈给经销商定了进货的指标，并不是无限量的供给，甚至某段时间内，出现了倒卖进货指标的事情，可见娃哈哈俘获了多少经销商和消费者的心。

一时的畅销并不代表永远的畅销，在营养保健品市场起步之初，鱼龙混杂，各个企业之间处在无序的竞争状态，没有明文规定，也没有健全的审核制度，全凭企业自身的约束力很难保证市场长久的良性发展。

同时，若不及时抓住稍纵即逝的时机发展自己，积极主动地整合资源，形成企业自身的竞争优势，日后也就很难以领先的姿态占领潜在的市场份额。

借着东风顺势而上，更新换代生产设备迫在眉睫，筹划规模更大的厂房也是当务之急。思前想后的宗庆后这次没有犹豫，他确定未来的发展趋势将会淘汰落后的生产厂家，而即使娃哈哈不被淘汰，它的规模也会止步不前。

做好充足的准备，宗庆后以最快的速度形成书面报告，言语恳切，希望上级领导准许娃哈哈批地建厂的报告。报告递交上去之后，宗庆后一直焦急地等待答复。他知道，批准项目是要按照政府固定的程序来的，从立项到征地再到建设，每一个环节都不是轻而易举就能达成的事情，一切顺利的话两三年即可，稍有不妥也许就要推翻重来。

宗庆后是有耐心的人，可对于批地建厂这件事，他不能无止境地等下去，娃哈哈更不能。对于娃哈哈而言，每一天每一月的等待，都会造成损失。一年多的时间过后，递上去的报告依旧没有进展，再继续等下去，就相当于眼睁睁地看着千载难逢的机遇溜走。别说不批下来，就是批了下来，建设厂房又需要时间，等厂房建好，原本属于娃哈哈的市场，不知道何时就换了主人，没有了市场，要再大的厂房又有何用。

进退两难之际，转机出现了。

凭借傲人的业绩，娃哈哈营养食品厂是杭州有名的企业，宗庆后更是杭州颇有名望的人物，社会各界不仅开始关注着娃哈哈的一举一动，更在悉心留意娃哈哈背后执掌企业大权的宗庆后。

新华社浙江分社的两位记者傅上伦和朱国贤早就耳闻宗庆后的大名，此次慕名而来，是打算近距离接触宗庆后，以及进入娃哈哈企业内部一探究竟，解密娃哈哈如何在如此短的时间内一飞冲天。

宗庆后是性情中人，为人直爽，不喜欢拐弯抹角。面对两位记者，他将心事一吐为快，毫无保留，没有任何藏着掖着的秘密。娃哈哈正在遭遇规模限制的阻碍，不能前进即是倒退，此情此景怎能不让宗庆后心急如焚。他接受采访的目的也是希望记者能够帮忙呼吁政府，能否重视娃哈哈企业正面临的困难，及时提供帮助。

一向呼风唤雨的宗庆后，此时是无助的，土地的批复工作不是他能够操控的，他只能等待，可等待对于娃哈哈意味着什么，他比谁都清楚。

这时，宗庆后的个人魅力又发挥了作用，四十几岁的男人依旧充满创业的激情，他的眸子里闪烁着对成功的渴望，他不能就此打住，不能束手就擒，只有他最清楚这一路走来，到底付出了多少心血和辛劳，他要继续走下去，所以此刻他将焦虑和无奈告知两位记者，不是简单地诉苦，而是希望作为记者的二位帮上一把。

两个年轻人被深深地打动了，身体翻腾着热血，想要尽一己之力来支持娃哈哈的事业。事实证明，他们所做的一切，影响了娃哈哈的未来。

同年 7 月份，新华社内参《国内动态清样》上，刊发了一篇题为《发生在小学校里的经济奇迹》的调查报告，洋洋洒洒五千字，分为上下两期连发，如此篇幅，如此手笔，堪称史无前例。

文章以客观公正的口吻概述了娃哈哈的发展历程、娃哈哈儿童营养液的特质功能以及企业创始人宗庆后的创业事迹，文章用数据说话，概括了目前娃哈哈企业的四个特征：库存为零、定额流动资金回笼快、无任何借款欠债、有近 2000 万元的银行存款。

仅仅凭借这四个特征，娃哈哈企业已经打败了杭州甚至全国的许多企业，与库存积压多、流动资金回笼缓慢、欠下大量债务的企业相比，娃哈哈实属罕见，它的良性运作堪称企业的榜样。

除了企业盈利的天职外，娃哈哈在发展自我的同时，也不忘捐资助教。仅 1990 年，就上交教育局 612 万，而国家拨给的全年教育经费也不过是 500 余万。一家民营企业，能够对地区的教育事业起到如此之大的拉动作用，放眼全国，恐怕找不出第二家。

娃哈哈如何，宗庆后如何，通过这篇文章，足以了解个大概。就是这样一家贡献颇大的企业，正面临着规模局限的困境，因此文章呼吁政府以最快的速度加以重视，不要让好企业再次搁浅。

娃哈哈是幸运的，时任国务院副总理的邹家华看到了这篇文章。他认真读过文章后，沉思良久，最后提笔作出了批示："这篇报道很有启发，可印发各部门、各地方负责同志参阅，请罗干同志批示。"

罗干时任国务院秘书长，他接到指示后，立即要求办公厅将这篇文章印发，并送给国务院总理、副总理及各省、自治区、直辖市参阅。这下子娃哈哈可不得了了，整个中南海的领导们都开始关注这个叫做"娃哈哈"的企业。

消息传到宗庆后的耳朵，他大喜过望，起初他对自己的一通"牢骚"并没有多少把握，可没想到竟然让娃哈哈走到了中南海。

1991年8月初，杭州市委、市政府随即做出了安排。时任杭州市委常委、秘书长的沈者寿被确定为对口联系娃哈哈的主管领导。8月14日，他带领市委办公厅主任杨树荫和《浙江日报》报社杭州记者站站长杨新元一行来到娃哈哈开展调查研究，在详细了解了企业发展遇到的困难后，这几位思想敏锐、视野开阔的领导展开了热烈的讨论。

这时，杭州罐头厂映入了宗庆后的眼帘。杭州罐头厂是杭州市曾经的三大创汇基地之一，曾是杭州排名前三的企业，其生产的罐头闻名全国。只不过，随着改革开放的大潮席卷，计划经济逐渐被市场经济取代。杭州罐头厂的运作模式在计划经济下如鱼得水，但在市场经济下却无法及时调整产业机构，逐渐被市场淘汰。

1991 年初期，原本坐拥高额收益的杭州罐头厂，开始走下坡路，甚至濒临破产，企业负债高达 6700 多万元，人均欠债达 3 万多元。除了巨额外债，有 1700 多万元的产品大量积压在库房，找不到销路，只好任凭尘土盖了一层又一层，而 740 名退休工人还在指望着企业承担他们的养老费用。

严酷的现实让杭州罐头厂喘不过气来，背负着如此沉重的负担，想要在短时间内依靠自身找到出路，已经是不可能完成的事情，无能为力的杭罐人只好眼巴巴地坐吃山空。负债积累得越来越多，能够起死回生的希望也就越来越渺茫。

为什么陷入如此不堪境地的杭州罐头厂能够被宗庆后选中呢？难道兼并它不是在为娃哈哈平添负担吗？

其实刨去负债不说，杭州罐头厂并不是一无是处。所谓瘦死的骆驼比马大，连年亏损的杭州罐头厂，厂区占了整整 100 亩地，厂房就有 5 万平方米，与仅有 1000 平方米厂房的娃哈哈相比，宛若蝼蚁与大象。仅仅这面积广阔的厂区和厂房，就足以让宗庆后眼红心跳，纵然是如此沉重的包袱，宗庆后也乐得背在肩上。

此时，娃哈哈刚刚创办不过四年，纵然实力超群，若想兼并历史悠久的国营大企业，怕是也需要费一番周折。

兼并杭州罐头厂

兼并也要讲究你情我愿。

娃哈哈这边，宗庆后是举双手赞成的。杭州罐头厂除了外债、退休职工和 2200 名员工外，百余亩的厂区是娃哈哈迫在眉睫需要收归所有的。有了生产力，何愁还不清债务，有多少还多少，不在话下。

在兼并前，还有许多工作需要落实到位，毕竟不是一加一等于二那么简单，涉及杭州罐头厂资产的清算、产权的明确，只有把前期的准备工作做充足，后续工作才能顺利开展。

债务需要偿还，员工需要安置，这并不是轻易能够办到的事情，可宗庆后敢为人先，勇于承担风险，他知道此刻的犹豫会给娃哈哈带来长远的损失，哪怕是硬着头皮也要挺下来，不能在这个时候掉链子。

相关领导沈者寿通过综合考量，提出了一个对双方都有利的兼并方案：由娃哈哈出资 8411 万元整体收购杭州罐头厂，同时负责接收原企业的 500 名合同制工人。杭罐厂的其他员工解除劳动合同，通过提前退休、下岗等途径分流，退休人员由杭州市政府负责安置。为了减轻娃哈哈的负担，允许杭罐厂原有欠款由债权银行挂账停息，待企业扭亏为盈后再进行还款。

这个方案对娃哈哈的支持力度很大，以政府出面调节缓解娃哈哈此次兼并所背负的压力，宗庆后感谢市委领导的一番美意，却坚决予以拒绝，他不是拖别人后腿的人，既然兼并是娃哈哈必须要做的，那么所带来的一切后果，娃哈哈也必须扛下来。2200 多名员工，娃哈哈会接手，债务也会竭尽所能按期还清，并立下军令状，保证在半年之内转亏为盈，实现杭州罐头厂的再次复兴。

面对棘手的麻烦，好多人躲都躲不及，竟然还有人乐滋滋地主动往自己身上揽，这就是宗庆后，他不是为了逞能表现娃哈哈的实力，而是在兼并这个敏感的时刻，需要他代表娃哈哈做出表率，几千名杭罐人需要他的态度，他这是在为以后铺路。

前期的付出和后期的收益一定是要成正比的，宗庆后有这个信心，当年他以万丈豪情买下经销部的时候，他就知道，有朝一日他会让一切汗水有所回报。

市委领导点头同意了，娃哈哈方面也不成问题，只剩下被动接受兼并的杭州罐头厂的员工们，要让他们心甘情愿地接受兼并，而不是怨声载道。

兼并的消息一经传出，杭州罐头厂就炸开了锅，从厂领导到基层员工，对娃哈哈大举兼并的举措有着强烈的反应，他们对即将展开的兼并工作颇为不安，他们有许多方面的担忧，也有许多解不开的心结。

杭州市委、市政府派出的工作小组如期来到杭州罐头厂，召开全体职工大会，就是为了全面传达市委、市政府做出的兼并决策。大会从一开始就弥漫着悲凉的气息，员工们的表情是凝重的，兼并的决定书像是死亡的宣判，让他们透不过气来，他们不愿意接受这样的安排，自己工作了这么久的厂子怎么能说兼并就兼并呢？

员工们的担心是人之常情，工厂不景气是事实，可好歹有份工作，若是兼并的话，怕是连份工作都没法保证，一家老少要如何度日呢？摆在职工眼前的是关乎生计的大问题，怎能没有反对的声音。

会场里从安静转向喧闹，有的员工干脆放声大哭，有的直接破口大骂，还有的人板着脸退了场。大家都无法接受，他们本身生活在社会的底层，靠着厂里微薄的工资过生活，这个厂是他们的全部希望，厂在他们在，厂若不在，他们都不知道该如何是好。

员工们也是有血有肉的人，这个厂凝聚着他们的血汗，他们的青春，甚至是人生的整个阶段，对于是否同意兼并的议题，连续几次开会都是一样的结果，他们保持否定的态度。

实际上，死守国营企业的员工们不知道，改革的春风已经吹遍了九州大地，兼并没有人们想象中那般可怕，国营企业也不再是从前的铁饭碗，纵然规模再大、员工众多，可没有销路，守着一堆设备、一片厂房又有什么用处呢？固步自封是注定要被淘汰的。国营与否也不再是一个企业实力的象征，相反，它也许意味着陈旧、老套、落伍。

杭州罐头厂的员工们不愿意接受兼并的原因还在于，娃哈哈企业只有区区160余名职工，一千多平方米的厂房，到底是什么样的自信能让他们大着胆子前来兼并自己的企业呢？他们想不通，小鱼怎么会有如此大的胃口，想要吃下比自己大数倍的大鱼。

抵抗情绪在无限制蔓延，他们有组织地表达不满，在厂区最显眼的地方悬挂着"誓与企业共存亡"的巨幅标语，这是杭罐人的决心和态度，不会轻易妥协，不会轻易让步，势必要斗争到底。他们从心里认为自己的企业被出卖了，这是不正义、不道德的行为，他们呼吁员工们团结起来，一致对外，守护自己的企业免遭兼并。

而娃哈哈企业内部，职工们的态度虽比杭州罐头厂的员工平和，却也充斥着诸多不满。外来员工势必会与本地员工争抢利益，自然谁都不愿意。

员工们的不满促使杭州市委、市政府尽快做出对策，否则这样下去，大好的改革措施就会付诸东流，一去不复返了。

市领导见到员工们如此抵触，一时间没了办法。他们既要照顾员工们的情绪，又要积极推进兼并的进程，正是两难的境地。迫不得已，只好请宗庆后出马，奔赴杭州罐头厂，亲自向杭罐员工作出解释。

这天下午，宗庆后来到了杭州罐头厂的礼堂，全场 300 多名党员和班组长以上干部早早在礼堂等候他的到来，不论怎样，他们需要一个交代。

台下是窃窃私语、议论纷纷的杭罐员工，他们在猜测"外来入侵者"到底会说些什么来"哄骗"员工们同意兼并，他们对宗庆后的敌视毫不掩饰，眼神、表情、动作都透着不耐烦和不愿意。

宗庆后没有在意那些闲言碎语，他清了清嗓子，在一片哄闹声中开始了自己的演讲。他不是出口成章的文人大家，可他说的每一句话都深深烙印在杭罐人的心坎上。他体谅他们的难处，懂得他们的固执，甚至理解他们的不配合，可他此次前来，不单单是为了安抚他们的情绪，更是为了让他们认识到与娃哈哈携手，未来的路会更加平坦、宽广，要比现在的情形好上许多。

他没有向大家承诺太多，也没有不吝言语地去描绘未来，只是立足于当下，立足于实际，给大家讲了讲娃哈哈的现状。146名职工实现年产值 1 个亿，创下 2000 多万元利润，经济效益在杭州市名列第 2 位，在浙江省位列第 6 位，这是娃哈哈实打实的业绩和能力。

娃哈哈的职工人数虽少，厂房面积虽小，可谁人敢说娃哈哈的实力不强？娃哈哈不是小企业，它是真正的强者，比起毫无生气的杭州罐头厂，娃哈哈甩掉它几十条街。无外债、无积压的现状就足以让杭罐人另眼相看，一连串的数字摆在眼前，实力高低自然就不难看出来了。

宗庆后抑扬顿挫地讲完一席话后，会场的气氛悄悄有了转变，剑拔弩张的敌意不见了，取而代之的是羡慕和向往。若是能在这样的企业工作，何愁过不上好日子。骚动的会场渐渐安静了下来，员工们开始不由自主地聆听宗庆后的演讲，带着些许期望，去了解这个野心勃勃的兼并者。

有些时候，宗庆后是铁骨铮铮的汉子，他不轻易悲、不轻易喜，在商场上摸爬滚打要的就是稳如山的定力和气魄；有些时候，宗庆后也有绵绵柔情的一面，他也是性情中人，与人打交道他奉行以心交心。

娃哈哈所面临的困难，他也没有避讳，企业正在迅速发展的大好时期，可生产场地的限制严重制约着娃哈哈的发展，像是枷锁，牢牢套住了娃哈哈的翅膀。作为创立者，作为领导者，为了场地的问题夜不能寐、食不下咽，如今一条光明大道摆在眼前，说什么也不能错过。

说到此处，他的声音有些哽咽，这是他难言的痛处，一日不解决，他的心就痛上一日，眉头就没法平展。自助者，天助也。娃哈哈想要发展，就必须冲破阻碍，不论是多么苛刻的条件，娃哈哈也勇于承担。对于兼并之后的职工安排，宗庆后更是显示了他坦荡、率真的胸怀。

人尽其用，不会亏待任何一位努力奋进的员工，一视同仁，妥善安排。进了娃哈哈的大门，就是娃哈哈的一份子，娃哈哈有义务照顾好自己的员工，竭尽所能给予员工最好的待遇。

试问谁听了宗庆后这一番肺腑之言之后，还会依旧无动于衷呢？会场里雷鸣般的掌声，代替杭罐人作出了最后的决定。

娃哈哈身板虽小，但胃口却不小，它以小博大、兼并杭州罐头厂的举动，是双方的共赢。杭州罐头厂的厂房设备、娃哈哈的市场和营销策略，之间能够互相扶持、彼此扬长补短，可以说，这场兼并战，是各取所需、双赢之举，根本不用去考虑大小的问题。

4

在危机中崛起

宗庆后始终秉持守信的原则，不论娃哈哈走到哪一步，他从始至终爱惜名誉，积极树立自己的品牌，老实本分地经营企业。不与人为敌，却有人故意找茬刁难。若是良性竞争，宗庆后非常愿意与其拼实力，可若是有意为难娃哈哈，宗庆后可不是甘愿任人欺凌的主儿，少不了要会一会对手。

诚信经营

娃哈哈大费周章地将杭州罐头厂兼并之后，一夜之间多出来2000多名员工，以及翻倍的生产能力。当他想要得到的一切都如愿以偿后，问题也就随之而来。娃哈哈目前仅有儿童营养液一个产品，若想安置下如此众多的员工，让他们各司其职，安分守己地工作，显然很吃力，摆在眼前的事实让宗庆后开始考虑改变靠单一产品争抢市场的模式。

计划经济体制下，以一个产品供养一个企业始末的案例比比皆是，人们在计划经济的模式下，习惯了守着一种产品过活，压根没有考虑过研制新产品，更没有想过要形成产品集群，去占领全国更广阔的市场，让企业走得更远，站得更高。

让人们产生惰性思想，是计划经济体制长久以来形成的一个弊端。宗庆后在娃哈哈锋芒毕露的时候，看到了娃哈哈单一产品所产生的不足，他在积极转变思路，在问题还只是小问题的时候，及时改正，引导企业往光明大道上走去。

想到了，就要去实践。

在娃哈哈儿童营养液销售最火爆，人气急剧攀升的时候，宗庆后却选择将精力集中到新产品的研发上，争分夺秒，想要在短时间内完成新产品的研发，以便适时接替儿童营养液的热潮。宗庆后心里清楚，单一的产品构成能够昌盛一时，却不能保证长久，尤其是在改革开放的大潮中，每天都有新鲜事物产生，食品饮料行业更是如此，所以今天必须为明天着想。

在对市场进行了精心的调查分析后，娃哈哈连续推出果奶、八宝粥和绿豆沙等新产品。在保证娃哈哈儿童营养液供求关系平衡的基础上，着重推出新产品，目的就是为了带动后续市场，维护好娃哈哈好不容易才占领的阵地。

与儿童营养液一样，新产品的目标群体同样锁定在儿童身上。同时，娃哈哈果奶也向少女群体延伸，以酸甜的口感、新颖的包装，来博得她们的青睐，扩展娃哈哈的消费群，以此获得发展契机，延伸娃哈哈的触角。

千辛万苦过后，娃哈哈果奶正式准备亮相，若是想一炮打响，必然需要前期的高调造势，宣传要跟得上，新产品才会聚集大量人气。宗庆后苦思冥想，发动娃哈哈策划团队的集体智慧，打算策划一场不负众望的开场。

如果说是完全新颖的产品，那么在面向市场的初期时，可以借助史无前例的产品本身来作为卖点吸引顾客；但如果市场已有同类产品，想要从众多竞争者中脱颖而出，就需要一些新意来完成产品的前期推广，以达到冲击消费者心理的作用。

如何让消费者真正体会到娃哈哈果奶的与众不同，如何让娃哈哈果奶以最快的速度被人们接受、认可，在选择果奶时就认准娃哈哈而非其他同类呢？

娃哈哈的精英们赶紧出谋划策，一番讨论后，有一个方案得到大家一致通过，那就是免费赠送。新的产品，让消费者主动花钱购买，怎比得上直接赠给免费品尝来得爽快。主意是好主意，就是前期的成本投入肯定会比较大，但是为了好的效果，一切都值得。

不久后，在年末的一天，杭州城的《钱江晚报》和《杭州日报》上，赫然刊登着一则广告：杭州市民可凭 12 月 26 日和 12 月 31 日刊登在《钱江晚报》上的剪报标识，或者 12 月 29 日至 1992 年 1 月 1 日刊登在《杭州日报》上的剪报标识，到杭城的 40 余家商店免费领取娃哈哈果奶。

不得不说，这算是一个小小的惊喜，眼看着接近年关，能够免费领到一些果奶品尝，对老百姓而言，无疑是件好事。白给的东西总是很有吸引力，能够得到一些实惠的杭州百姓，兴致勃勃地参与了进来。

也许在营销手段令人眼花缭乱的今天，免费赠送的把戏早已屡见不鲜，大多数消费者都曾对"免费"二字心动。可在 1991 年，能够有如此大手笔的"不要白不要"的诱惑，是很时髦的。

只是这一次，宗庆后琢磨对了消费者的心理，却低估了消费者们的热情。按照原定计划，以《钱江晚报》和《杭州日报》几十万份的发行量来估算，两份报纸在促销期间的总发行量在 100 万份左右，不算外地的读者，能够带着剪报前来领取果奶的人数大概在 30 万左右，因此娃哈哈为此次赠送活动准备了相应份数的果奶数量，原本以为绰绰有余，谁想竟然失算了。

当 1992 年的元旦到来之际，第一批用来赠送的 14 万瓶果奶按时配送到各个发送站点，恭候消费者前来领取。一切准备就绪后，当作为发送点的商家早早开门迎客时，小心脏不由得颤了一颤，谁也没能想到，门外乌压压全是来领果奶的消费者，瞧这架势，准备的果奶根本不够分。

如此人潮汹涌，发放点有点挺不住了，分发到 22 个发放点的 14 万瓶果奶，分分钟就被认领一空，而且前来领果奶的人络绎不绝。各个报亭的《钱江晚报》和《杭州日报》卖得出奇地好，连同看完的废旧报纸都有了新的待遇，往常看完之后就不知道被扔到哪里去了，现在却格外引人注目。

原本预定两天内发放 30 万瓶果奶，可许多拿了剪报前来领取果奶的市民，因为来得晚了些，无奈空手而归，抱怨声此起彼伏，说好的凭剪报免费领取，现在大老远的把剪报拿来了，果奶却没有了，这不是和大家开玩笑嘛，这让没能领到果奶的消费者很不舒服，由此引发的不满情绪也在迅速蔓延。

设想中的广告效应还没建立起来，负面影响却先来一步。用心良苦的宗庆后给自己设了个陷阱。这件事可大可小，但处理不好的话，带来的损失不仅是资金浪费，更主要的是娃哈哈品牌和宗庆后的信誉将遭到人们的质疑。若是在消费者心中留下不讲诚信的影子，今后的生意恐怕困难重重。

负责市场运作的同事第一时间将赠品告急的情况反馈到宗庆后那里，向他说明现有的尴尬境地，请示他如何进行下一步的工作安排。在员工看来，这次活动搞得实在是费力不讨好，明明出于一片好意，最后却落个不讲诚信的骂名，与当初预想中的结果相差甚远，不得不反思一下到底是哪里出了问题。

了解了大体的情况后，宗庆后却没有着急，他并没有将现在的情况当做一种危机，相反，他看到了其中颇为利好的一面。活动本身的目的很明确，就是为了引起消费者兴趣，让大家关注新产品，从而吸引大家纷纷购买，现在初衷已经达到，甚至关注度要远超预期，这难道不是值得高兴的事情吗？至于目前所产生的信任危机，实在用不着惧怕，反而越是这个时候，越要体现出娃哈哈的诚信精神，趁此时机，大打诚信牌。

不论要付出什么样的代价，造成多么大的损失，娃哈哈的诚信一定要保住。代价是一时的，但诚信是永远的，它将始终伴随一个企业。有了好的口碑，有了消费者的信任，还愁产品没有市场，企业没有收益吗？

出了状况，宗庆后即刻着手解决，召开紧急会议，部署应对方案。鉴于已经产生的不良影响，宗庆后第一时间在报纸上致歉消费者，承诺凡是有剪报的消费者均可领取果奶，同时抓紧时间调派人手，争分夺秒地生产果奶，供应赠送工作，保证兑现承诺，绝不让任何一个前来领取果奶的消费者再次失望而归。

截止到 2 月 10 日，从最初的 30 万瓶，增加到 50 多万瓶，一共付出 60 多万元的费用。就这次发送果奶所带来的额外工作量，也是不小的负担，工作人员忙里忙外，一边要安抚经销商的情绪，一边要四处增派产品，不敢有丝毫懈怠。

随着果奶免费赠送的活动结束，娃哈哈转危为安，及时挽救了企业形象，不至于赔了夫人又折兵。相反，正是由于这次由喜到悲，才有了最后的大喜。娃哈哈果奶经过这次风波，顺利抢得消费者的瞩目，即便是超出预算许多，结果却是值得的，钱没有白花，果奶没有白送，大家没有白忙活。

"甜甜的、酸酸的，有营养、味道好，天天喝，真快乐，娃哈哈果奶！"欢快连贯的广告语深入人心，之前树立起来的信誉，在此后派上了用场，消费者对产品的好感已经形成，当产品面向市场时，也就受到了一致好评。

人都是感性的动物，在选择产品的时候，不仅注重产品的物美价廉，还注重产品所传达出来的企业信号。在物与情上，做足文章，是有益无害的事情，值得企业去探索，去实践。

受消费者欢迎的产品，自然是经销商追捧的对象，娃哈哈果奶的订单从全国各地飞到杭州，可见其火热程度。赠奶风波所产生的 60 多万元开销，很快便从利润中收回，这很大程度上要归功于宗庆后用守信力挽狂澜，才没让喜剧变悲剧。

多年来，不管处在什么样的境地，娃哈哈始终坚持诚信的底线。宗庆后相信，产品卖的就是口碑，品质信得过，老百姓才会来购买，觉得好才会自发做宣传。一传十，十传百，消费者的赞誉比任何广告的效果都要好。

无需忍的挑衅

毋庸置疑，娃哈哈这一路走来，顺畅也伴着艰辛。站在今天的位置上回望过去，有太多值得回味的经典之作。一一细数，每一次逢凶化吉都是如此不易。宗庆后凭借着多年的磨砺，早已达到了处事不惊、宠辱不惊的境界。

然而有些时候，不得不针锋相对，才能保全自身，不至于因为他人的不负责任而断送娃哈哈辛苦打拼下来的似锦前程。

娃哈哈果奶刚问世的时候，宗庆后用一招免费赠送打开了市场。争先恐后前来领果奶的消费者在门外挤成一团，甚至还发生了"赠奶风波"，差点引起信任危机，好在他及时补救，不但转危为安，还达到了意想不到的效果。

到了南京，娃哈哈果奶一路畅销，势不可挡，一时间风靡全城。就在娃哈哈享受着胜利的喜悦时，热闹的场景下竟然掩藏着新的危机，有人居然在背后捅刀子。

1992 年 6 月 5 日，南京一家报纸的一条报道让娃哈哈炸开了锅，报道称娃哈哈果奶不符合 1989 年国家制定的对含乳 30% 以上饮料规定的标准，已经被当地食品卫生行政监督部门列为不合格产品，因此勒令停止销售，违者将被没收产品并处以重罚。

权威认证，措辞严厉，不容置疑，篇幅虽小，却像一颗炸弹，瞬间引起了轩然大波。报道一出，各地报纸未经确认就纷纷转载，覆盖面越来越广，从南京持续延伸到江、浙、沪等多个地区。不明真相的果奶消费者，顿时慌了手脚，担心身体会出现不良的反应，甚至奔走相告，唯恐身边的人不知道此事。

短短几天的时间，娃哈哈果奶从门庭若市到门可罗雀，在南京的销售竟然接近停滞状态，每天所产生的经济损失在 50 万元以上，负面影响带来的损失更是不可估量，千辛万苦树立起来的品牌形象，此时此刻，正面临着巨大的挑战，如若补救不及时，娃哈哈怕是再难有出头之日。

在这危急关头，宗庆后并不在国内，他正远赴国外参观考察，从千里之外听闻报道的事情，便匆忙动身，赶回国内。他比谁都清楚，自己的产品没有任何质量问题，而且果奶是新产品，国家根本还未制定相关的质量标准，不合格一说又从何谈起。简直是子虚乌有，这是对娃哈哈的侮辱和诽谤。

现行的常规做法是先有企业自己制定相应的标准，然后由当地省级卫生部门和标准技术监督部门联合审定后，方可依照执行。娃哈哈果奶绝对严格按照审定好的标准生产，完全是合格产品。现在报道娃哈哈果奶不合格的依据是3年前的标准，与娃哈哈果奶的检验标准并不配套，由此便断定娃哈哈果奶为不合格产品，并在没有任何征兆的情况下公布于众，对于娃哈哈而言，无疑是当头一棒。

在关乎声誉、关乎气节的问题上，宗庆后决不含糊，决不让步，势必要捍卫娃哈哈的名声，与蓄意破坏娃哈哈形象的人斗争到底。

宗庆后在此之前，便听说南京某食品监管部门中有人执法不公。另一家来自广东的企业，同样生产果奶，同样遭到了不公正的评判，同样是被认定为不合格产品，却依旧在市面上销售，如此一来，其中隐情，不言自明。

只是明白隐情又能如何，娃哈哈果奶所面临的灾难亟待解决，一个解决不当就有可能葬送娃哈哈几年来的苦心经营。宗庆后向来以冷静著称，在此生死关头，他立即派人主动上门沟通，希望尽快解释清楚，消除误会，还娃哈哈一个清白。

娃哈哈的工作人员接到宗庆后的指令，马不停蹄赶往南京，放低姿态，诚恳地进行协调，原以为并不复杂的事情，处理起来却如此棘手。南京有关部门并不认可娃哈哈所作出的解释，一再坚持，既然国家还未有相应的评判标准，娃哈哈果奶自然也就不能销售。

协商无果后，娃哈哈工作人员无奈地向宗庆后禀明情况。简直欺人太甚，一向主张息事宁人的宗庆后再也按捺不住心中的愤懑，从国外回来后，还没稍作休息，便向浙江省标准计量局等有关部门的领导汇报了这件事的前因后果，希望有人能够主持公道，洗刷娃哈哈所蒙受的冤屈。

事发第二天，浙江省计量局致函江苏省标准计量局，指出此次评判有失公准，同时，已向国家技术监督局和卫生部提交了书面请示。

迫在眉睫的时刻，每一分每一秒都是宝贵的，这是娃哈哈在与时间赛跑，跑得慢了，就会让娃哈哈的处境更加艰难。为了尽快解决矛盾分歧，宗庆后一方面对外作出合理的解释，一方面主动出击，由娃哈哈的工作人员进京与各部门协调，以争取最大的支持。陪着笑脸，与各个部门挨个进行协调，一遍又一遍地解释，每一次申辩都是娃哈哈的希望。

日子一如往常，继续往前走，可对于宗庆后来说，每一天都是痛苦的煎熬，事情一天不能得到解决，娃哈哈就要承担一天的损耗。由于这次负面报道，娃哈哈在全国各地的销售量大幅度下滑，眼看着打下的江山正在一点点消失，怎能不心急如焚，忧心忡忡的宗庆后期盼着转机。

几天后，国家技术监督局以书面形式就娃哈哈产品不合格的问题作了批复，同意浙江省标准计量局关于认定娃哈哈果奶有质量问题依据不妥的意见，并将批复意见转告给了南京方面。稍后，好消息再度传来，国家卫生部卫生监督司也专门发文，同意娃哈哈果奶生产销售。

十几天以来的艰苦等待，终于有了公正的回复，不枉费大家的一番辛苦奔波，宗庆后心头的阴霾终于迎来了灿烂的阳光，一直揪着心的娃哈哈员工们，也看到了重生的希望。正当全部人都沉浸在片刻的轻松中时，南京有关部门再次向娃哈哈发难，要求娃哈哈果奶必须改换新标签才能上市，否则立即拉回。

如此一而再、再而三的蓄意挑衅，彻底激怒了宗庆后，他的忍耐力度是有限的，一再退让却一再受辱，处处受人责难不是他的作风，到了忍无可忍的地步，他便毅然决然地放弃隐忍，娃哈哈的尊严不容许他人肆意践踏。一贯好脾气的人，一旦被触及底线，等来的就是一场暴风雨。

当事情发展到这个地步的时候，宗庆后决定亲自赶往南京，与那些迟迟不肯放过娃哈哈的人见上一面，不能惯着他们耀武扬威。娃哈哈是有原则，有底线的。

在谈判席上，宗庆后一改谦逊温和的态度，面对主管部门的强势压迫，他坚决不肯妥协，在娃哈哈这件事情上，他一定要讨回一个公道。他义正言辞地将事实摆在对方面前，毫不避讳地指责相关执法人员不负责任，国家的公仆不为企业办实事，却给企业平添阻碍，实在是有违人民公仆的基本原则和信念，企业缴纳的税收难道是为了给自己出难题的吗？

宗庆后强烈要求相关部门向百姓作出解释，澄清事实，挽回娃哈哈的形象，不能让娃哈哈的声誉在消费者心中打了折扣，这可是关系到一个企业的荣辱存亡，关系到几千名员工的生计。

坐在对面的是主管部门的代表，听完宗庆后的一席话，态度不仅没有缓和，反而更加强硬起来，一再声称验查处的结果符合国家标准，绝对没有冤枉娃哈哈果奶，随即拿出许多非常专业的数据，一口咬定娃哈哈果奶就是不合格产品，有理有据，容不得娃哈哈"狡辩"，并且坚持要求娃哈哈改换新标签，试图说服宗庆后接受现实，不要再做无用功，继续抗争也是徒劳，根本改变不了什么。

沉默未必是金

宗庆后见双方依旧争执不下，想为娃哈哈正名的希望在这里根本无从实现，深感多说无益，与其在这里浪费宝贵的时间，不如再寻找新的突破口。

摊上质量问题，尤其是对于食品企业来说，打击无疑是沉重的，入口的东西都不让人放心，谁还敢来买娃哈哈果奶，谁还敢来买娃哈哈的产品。一旦臭名远扬，想要再次翻身如同上天摘星、下海捞月，除非改名换姓，重新开张。这不仅会让多年来的积蓄努力付诸东流，更重要的是，心里背负的阴影，一时半会很难消除。

如果说罪该至此，那么宗庆后无话可说，自作孽不可活，任何处罚和后果，他都一并接受，绝对不会有半句怨言。可若是情况相反，明明是清白无辜的人，却要承受这样不公正的待遇，便是让几千名娃哈哈人心寒、心碎。

娃哈哈若是从此一蹶不振，若是从此走下坡路直至消亡，这样的责任该由谁来承担，谁又承担得起呢？究其原因，不是因为质量不过关，不是因为没有拥护者，而是因为一次误判引发的悲剧，这样的结果实在是令人难以接受。

回到杭州，气愤难平的宗庆后向杭州市委、市政府汇报了连日来娃哈哈所经历的一切不公正待遇，由于娃哈哈的表现一贯良好，甚至堪称优秀，如今在其他城市竟然遇到这样的阻碍，不由得引起了市委书记和市长的关注。为自己的企业排忧解难是政府部门义不容辞的义务和责任，于是杭州市政府很快便派出一个考察团奔赴南京，这个考察团由一名副市长亲自带队，主要负责与南京方面协调娃哈哈继续销售的事宜。从杭州政府方面不难看出，对于娃哈哈受到的不公，市领导是非常重视的，他们相信本市的检查标准，更相信娃哈哈。

由市政府出面，为一家企业奔波到另一个城市，与当地市政府共同探讨娃哈哈果奶的销售问题，实属罕见。本身就是没有任何质量问题的产品，市政府也是深明大义，在会上当即表示确定娃哈哈果奶可以在南京继续销售，不会再有任何困扰，并且会由当初处罚娃哈哈的有关部门在《南京日报》上发布通告，为娃哈哈正名。

按理说这下子应该算是彻底把问题解决了，娃哈哈也没有任何后顾之忧，又可以安心在南京继续销售娃哈哈果奶，可惜的是，不如意又出现了。

原本去南京市卫生局拿来盖好公章的通告就算完成任务，可前去拿通告的娃哈哈员工上午去了一趟，无功而返，下午又去了一趟，依然是无功而返，这样拖沓办事，实在让人心烦。正准备返回杭州的杭州市副市长了解情况后，马上与南京市政府领导取得联系，催促有关部门及时将公章盖好，交给娃哈哈的办事人员，并要求必须在第二天的报纸上刊登通告。

可谁承想，市领导的话都没能奏效，第二天的《南京日报》上，没看见任何通告的影子，这样一再失信，不知道到底是谁在动手脚。

又过了两天，在《南京日报》一个不起眼的位置上，有关娃哈哈的通告蜷缩在角落，可仔细一看，让满心欢喜的宗庆后瞬间皱起了眉头，出具通告的具名单位不仅由那个主管部门变成了卫生局，而且在原先商定好的通告内容后面，又添加了一句"并于8月15日后使用新的标签和说明书"。

杭州市领导辛苦一趟的成果，竟然还是被破坏了。通告具名单位的改变，冲淡了判决的错误性，最后加上的那句更换新标签和说明书，更是让通告澄清的作用减到最弱，给消费者的感觉依旧是娃哈哈存在问题，需要做出改正，接受处罚。

连续耗费了一个多月的时间，娃哈哈承受着人力、物力的多重损失，奔走呼号，力争到底换来的结果却是如此，设身处地的想一想，谁会心平气和地接受？

一直以来，专门负责协调的娃哈哈员工孙经理，在看到这则通告后，想了许多。惭愧、内疚之感将他推向了无助的深渊，几千名员工正在焦急地等待着娃哈哈胜利的好消息，等来的却是模棱两可的结局。他深深感觉辜负了宗庆后的信任，愧对娃哈哈的同事们，他把全部的责任背在自己身上，巨大的压力终于压垮了他。

一个年轻人，他临危受任，在娃哈哈最紧要的关头扛下重担，连日来不停奔走于各个部门之间，为的就是早日还娃哈哈清白，让广大消费者了解真相，可反复折腾了这么久，时间耽搁掉不说，结果却依旧差强人意。无奈之下，他只好献上自己的生命，以此向世人证明，娃哈哈的清白。

他试图用一整瓶安眠药结束自己的生命，是现实的残忍让他毅然决然地选择了死亡。如果以此能唤醒世人对娃哈哈的同情，那么他死而无憾，能为挚爱的娃哈哈贡献最后一份力量，也许在他心中就是最好的结局。

好在，他命不该绝。若不是另一名娃哈哈员工无意间发现了他奇怪的举动，及时叫来宾馆保安破门而入，及时将已经陷入昏迷状态的他送到医院进行急救，恐怕一条年轻的生命就真的要在此画上句号了。

正是青春的大好年华，年纪轻轻便已是娃哈哈的公关部经理，可谓年少有为。可如今，他为了挽回娃哈哈的声誉，不惜走上死亡的道路，这其中的委屈和酸楚、不甘和无助，相信鲜有人能够体会到。

一波未平一波又起，娃哈哈公关部经理在宾馆服安眠药自杀的消息，如一道晴天霹雳，响彻全国。茶余饭后，人们都在讨论这件事的来龙去脉，可毕竟不是所有人都了解真相，也不是所有人都知道娃哈哈所经历的一切，一时间掀起了猜测的热潮，有好有坏，众说纷纭，甚至有人传言，娃哈哈公关部经理是畏罪自杀。

娃哈哈果奶不合格的舆论压力还未平息，更大的舆论压力紧随其后。如果说在此前，宗庆后还试图大事化小、小事化了的话，如今必须以更加强硬、更加高调的姿态面向公众，娃哈哈也要借助媒体发声，也要向大众百姓一诉衷肠，有必要让消费者知道其中的来龙去脉，公道自在人心，让消费者去评判是非对错。

宗庆后大笔一挥，"娃哈哈果奶痛别南京"几个大字赫然出现在纸上。他痛下决心，既然南京城"不欢迎"娃哈哈果奶，那么娃哈哈果奶也就没有在此久留的必要，与其在这里低声下气地恳求收留，不如昂首挺胸地去开拓别的市场，去收获其他城市的喜爱。

当南京的几家报社和电视台收到娃哈哈这条悲壮的广告语后时，简直不可置信，竟然有企业会打出这样的广告语，未免有些意气用事，而且让他们刊登这样的广告语，势必会对报社和电台自身造成影响，毕竟是本地的媒体，夹在中间实在不好办事，不如用其他温和的方式代替。

宗庆后知道媒体的一番好意，也懂得他们的为难之处，只是这一次，他绝对不会善罢甘休。既然此路不通，就通过别的路达到目的。随后，他亲手起草了一份《我们的声明》，准备以大字报的形式在南京城四处张贴，并配合50辆大客车上街游行，让广大市民知道，娃哈哈果奶准备告别南京城。

可是认真分析后就不难发现，这个办法算不上是好办法，义无反顾的决心和勇气值得称赞，但是游行过后，留给南京市民的是娃哈哈灰色的背影，如此退出南京市的舞台，未免让人灰心丧气。

反复斟酌后，宗庆后决定采纳召开媒体见面会的方法，在广大媒体面前，详细地将娃哈哈遭受的不公正待遇，以及娃哈哈因此面临的困境一一诉说。说到动情处，他难掩激动的心情，语调抑扬顿挫，铿锵有力，直击人心。

来自中央和省、市各级的媒体记者，面对真情流露的宗庆后，面对遭受不公的娃哈哈，正义之感油然而生，作为记者，向公众传达真相是他们的职责所在，无助的企业需要他们的力量，需要他们为企业伸张正义。

媒体见面会结束后，《人民日报》、中央电视台和中央人民广播电台不负众望，以客观公正的视角报道了娃哈哈果奶在南京城的一切遭遇，其中发表在《人民日报》头版的文章《石头城里的"果奶风波"》，更是极具震撼力。

真相终于大白于天下，消费者终于在眼花缭乱的报道中，看到了可以信任的事实，也认识到娃哈哈的不易。在舆论的压力下，南京市有关部门也终于停止了对娃哈哈的苛刻态度，对娃哈哈在南京城的销售顺利放行。

好汉不吃哑巴亏

1996 年，经过几年的苦心经营，娃哈哈已然从弱不禁风成长为庞然大物，在中国的饮料市场上，娃哈哈称第二，就没有人敢妄称第一。不论是质量还是口感，包装还是服务，娃哈哈都以其上乘的品质赢得了消费者的喜爱。人们对非生活必备品的热衷程度，能如此之高，实在是娃哈哈有其独到之处。同时期的乐百氏，也正处于如日中天的时期，只是论综合竞争力，还是娃哈哈更为强劲。

只是如此顺风顺水，差一点就被突如其来的报道毁于一旦，险些让娃哈哈身败名裂。比起娃哈哈走过的这几年艰苦岁月，这次危机的严重性非同一般。

1996 年 6 月 5 日，《北京青年报》上出现了一篇震惊全国的报道，"安徽 3 名儿童饮用娃哈哈果奶中毒身亡"。消息一经见报，举国上下一片惊呼，娃哈哈果奶竟然堪比毒药，让无辜的孩子白白殒命，让三个美满幸福的家庭支离破碎。一时间，娃哈哈成了歹毒的恶魔，以卑劣的手段夺取了三个孩子的性命，夺取了三个家庭的安稳。

一向受小朋友喜爱的娃哈哈果奶，竟然摇身一变，成为杀人于无形的杀手，如此强烈的反差，让广大消费者失望之极，甚至许多给孩子喝过娃哈哈果奶的家长，都在为孩子的健康担忧。

试问如此一来，谁还会跑去买娃哈哈果奶？谁还会去光顾娃哈哈的其他产品？谁还会傻愣愣地支持娃哈哈？人民群众的眼睛有时候并没有那么雪亮，大家相信权威的报道，谁也不会拿着自己的生命去为一个产品作证，他们看到报道，就如同看到了"真相"，至于报道是否属实，在老百姓眼里，既然已经上了报纸，那就是确切的，用不着怀疑。

人命关天的大事，安徽省工商行政管理部门第一时间做出行动，下令禁止娃哈哈果奶在安徽省的一切销售行为。这就意味着娃哈哈果奶在安徽省已然没有了存在下去的希望，就相当于将娃哈哈果奶驱逐出安徽省境内。

一个产品，一个品牌，在自己运势正旺的关头，遭遇如此变故，其损失可想而知，加上全国范围内的报道，娃哈哈果奶的销售顷刻间坠入深渊。一篇报道给娃哈哈带来的伤害，是无法用语言来形容的，这次打击是毁灭性的，毫不夸张的说，娃哈哈的形象在这篇报道之后，从光明璀璨的繁星，变成泥土。

事情发展到如此地步，超乎宗庆后的想象，他的愤怒堆积在胸口中，他想要爆发，理智却告诉他，要镇定，事情在没有调查清楚之前，最关键的还是要理智应对。按照以往的经验，宗庆后赶忙派人快马加鞭地赶往北京，进行公关活动，同时，向公安部门报案，要相关部门作出进一步调查，让真相大白天下。

按照常规的逻辑推论，若是娃哈哈果奶确实存在致人非命的问题，那么购买娃哈哈果奶的消费者如此众多，为何只有 3 个孩子遭此劫难呢？同一批产品不会只有 3 瓶，不可能是其他人都幸免于难，唯独这 3 个可怜的孩子丢了性命。

若硬说罪魁祸首是娃哈哈果奶，那不免有些牵强，在事情没有水落石出之前，《北京青年报》便白纸黑字地报道了出来，对于娃哈哈而言是不公平的，对于广大人民群众也是有误导性的，引起了大家的恐慌。

如此不分青红皂白，随意报道的行为，实在让人心寒，如此莽撞，不考虑后果，也实在是让人气愤。这么大的冤屈，任谁也接受不了。

部署完大局，宗庆后拿起电话，拨通了乐百氏老总何伯权的电话，目的很明确，希望他正确认识这件事，不要想借用这件事搞出些名堂。话里话外，无非是不想让何伯权参战，在娃哈哈危难时刻再雪上加霜，这对娃哈哈没有好处，对乐百氏也不见得有好处。

昔日崇拜娃哈哈的果奶小企业们，看到娃哈哈正遭遇如此大的危机，幸灾乐祸是肯定的，趁此时机落井下石者也不在少数。他们有的将报纸复印出多份，像发小广告似的，四处散发，恨不得人人都知道这件事情，让娃哈哈彻底垮台，这样一来，他们便有可乘之机，占领娃哈哈曾经拥有的市场，他们一边偷笑着，一边行动着。

好在何伯权不是那种趁火打劫的卑鄙小人，他与宗庆后，是水火不相容的对手，也是亦师亦友的伙伴，在经营企业上，两个人有许多不谋而合的地方，在饮料市场的拓展上，两个人也有志同道合的地方。对于娃哈哈遭遇的此次危机，若是乐百氏趁机下黑手，那么无疑也是伤敌一千、自损八百的买卖。

来自对手的隐患，宗庆后通过一个电话便解决了，关于来自报纸的危害，也正在按部就班地进行着。他找到时任《经济日报》的总编艾丰，再由艾丰引荐，宗庆后得以有机会向中宣部相关领导直接反映《北京青年报》报道失实的情况，同时，一份"关于娃哈哈果奶中毒事件真相的紧急报告"递送到中宣部、公安部等相关职能部门。

在了解了事情的前因后果之后，相关部门明令禁止国内全部媒体继续刊登娃哈哈果奶中毒事件的报道，并命令要求北京青年报社就此事说明情况，得出的结论是确实有 3 名女童在喝下娃哈哈果奶后不幸遇难，报道属实，没有任何虚假情报。

然而，至关重要的一点是，导致孩子丧命的元凶确定是娃哈哈果奶吗？是或者不是，都要拿出确凿无误的证据来，否则口说无凭，还是没办法将事情真正解决。

就在双方僵持不下的时候，公安部门的侦查有了结论，3 名儿童死亡的原因并非娃哈哈果奶，而是有人为了敲诈勒索，在娃哈哈果奶中投毒，最后导致无辜的小生命就此结束。

事情至此，总算有了明确的说法。娃哈哈是被冤枉的，从始至终也是其中的受害者，它遭受的损失，又怎么弥补呢？

在宗庆后看来，北京青年报社的行为是难以原谅的，因为它草率的行为，使娃哈哈蒙受如此沉重的冤屈，经济损失怎么算，声誉损失怎么算，这绝对不是一个道歉就能够解决的事情。素以开明大度著称的宗庆后，在这件事上，似乎铁了心要斗争到底，不把心中的这口气吐出来，绝对不会收手。

宗庆后不是软柿子，娃哈哈也不是，所以别想着随便欺负，想要欺负，也要看看自己有没有承担后果的能力。

他联系上一位新华社记者，由记者主笔的《北青报失实报道，娃哈哈无辜受牵连》的内参递到了国务院领导的手中，以坚定的语气陈述了《北京青年报》因不实报道差点断送一个大企业的前程。面对3个孩子的死亡，如此轻率做出结论，也是不负责任的表现。一字一句，铿锵有力，沉重地呼吁上级领导的重视。

意料之中的是，国务院领导在得知全部情况之后，对《北京青年报》作出了严厉的批评，并要求其停刊整顿。这是来自国务院的指令，威力自然不用多说，北京市委接到批示后，严肃认真地彻查此事，发现《北京青年报》难辞其咎。随后，《北京青年报》社长崔恩卿被调离报社，总编辑和副总编辑也分别被给予了"记过"和"记大过"的纪律处分。

至此，闹得沸沸扬扬的《北京青年报》事件，终于有了最终结果，致使3名儿童丧命的凶手得到了应有的制裁，致使娃哈哈大受损失的《北京青年报》也得到了应有的惩罚。蒙在鼓里的老百姓们，终于重新认识到娃哈哈同样也是受害者，娃哈哈果奶没有任何质量问题，它依旧是消费者可以信赖的产品。

为了扭转僵局，宗庆后可以说是操碎了心，他要的是公正，绝对不能容许任何人，以任何方式，在任何时间地点，给娃哈哈安上莫须有的罪名。若是真的有问题，娃哈哈敢于承担，但是没有问题却偏偏有人制造问题的话，那么娃哈哈也不会沉默下去，也会拿出全部力量作抗衡。

对于别人的滴水之恩，宗庆后必当涌泉相报；对于别人的恶意诽谤，宗庆后也必当还以颜色。娃哈哈做的是品牌，讲究的是人心，可当它受人欺负的时候，它也不会逆来顺受，吃哑巴亏。

5

神来之笔拓江河

势如破竹的娃哈哈在宗庆后的带领下，走出杭州市，迈向了涪陵，娃哈哈的第一个分身在此安家落户，成为娃哈哈扩展地盘的先行者；拉众多经销商入伙，荣辱与共；与竞争对手展开"价格战"，赢得干净利索；果断推陈出新，娃哈哈纯净水闪亮登场。这些，都是一介草根企业家的神来之笔……

与经销商荣辱与共

娃哈哈之所以能够发展壮大到今天的水平，靠的是宗庆后的睿智精明。将娃哈哈的辉煌归功于宗庆后，这一点毫不夸张，若说娃哈哈每个员工都是船上的一颗螺丝钉，那么宗庆后无疑就是总舵手。凭借着他亲手编织的营销网络，娃哈哈的每一件产品都被送到销售终端，送到消费者的家门口，让消费者在第一时间触手可得。

从产品出厂，到下发给各个经销商，再到铺货、上货架，需要漫长的过程。一环套一环，一步接一步，每个环节都需要细心的把关，也需要足够的时间。一旦哪个步骤出了问题，也许就会破坏大好的布局，耽误最佳时机，让对手洞悉战术，从而有所防备，甚至暗中调兵遣将，阻击娃哈哈的攻略。

然而，在娃哈哈的营销网络建立之初，并非一帆风顺，甚至有些曲折。

1996 年，像往常一样，在春节之后，娃哈哈会举行全国经销商会议。与会者是来自全国四面八方的经销商们，大家带着对新一年的热切憧憬，欢天喜地地聚在娃哈哈，等待着娃哈哈公布新一年的促销政策。

好的促销政策就意味着好的收益，能多赚钱自然是经销商们最关心的问题。往年娃哈哈都没有让他们失望，他们赚得盆满钵满，相信跟着娃哈哈绝对是条光明大道，所以按照惯例，今年的促销政策也绝对是他们赚钱的保证。

期待着，盼望着，焦急地等待着，可是兴奋喜悦的心情很快便被宗庆后宣布的政策给泼了一盆冷水，浇灭了大家的热情，到底是什么样的政策，能让经销商有冰火两重天的感受呢？

这一年，不仅没有任何促销政策，反而，从今年起，经销商必须按照年度交纳保证金，可以交，可以不交，结果很简单，交的人继续经营，不交的人自行取消经销商的资格。

娃哈哈一反常态的政策，让全国各地的经销商们一时难以接受，这简直就是霸王条款，如此不公，如此霸道，甚至有些不讲情理。娃哈哈自己制定的规则，自然是对自己更有利，而让经销商们被动接受，必然会引起大家的抵触情绪，一年的销售工作还未开展，还没有任何进展的情况下，竟然需要交纳保证金，未免有些强人所难。

真的是宗庆后店大欺客吗？

当然不是。

深谋远虑的宗庆后岂会不知道，制定如此政策会存在多大的风险，会引起怎样的骚动，他翻来覆去想了很多遍，可是在反复权衡比较之后，当眼前的利弊与长远的利弊摆在眼前的时候，他就确定，这个政策必须执行。

娃哈哈是由宗庆后拉扯大的，在市场经济还处在起步状态时，只有依靠国有的糖烟酒副食品公司这一条销售渠道。当时的市场与现今的市场比起来，销售渠道的多样化，是当时所不能想象的，所以，想要让产品畅销无阻，是非常不易的事情。随后，农贸市场和专业批发市场的兴起，为产品打开了广阔的销路，批发模式已经僵化的国有糖烟酒副食品公司，逐渐无法适应新形势下的市场需要，被淘汰出局也是或早或晚的事情。

大的形势发生了变化，宗庆后随即调整了销售手段，从国营销售渠道转战批发市场，摒弃了计划经济的滞后性，借助批发市场的新脉络，建立起娃哈哈铺天盖地的销售网络。新的模式产生了新的效益，娃哈哈在前进中不断摸索，不断总结经验与教训，其中喜忧参半，许多方面也让宗庆后不得不多加考虑。

在批发市场的模式下，经销商在同一时期代理多个同类产品的销售，这期间，自然是哪个品牌卖得好、赚得多，经销商就多在哪个品牌上下功夫，卖得不好的品牌就成了附属。这对于经销商来说没有什么损失，而对于厂家来说，当然是不利的局面，完全处于被动的位置，依靠经销商来把控产品，成为厂家最为难言的隐痛。

厂家需要经销商一心一意，可经销商做不到这一点，厂家也无可奈何，只得由着经销商。当经销商之间产生竞争时，降价就成了争抢客户的最好手段，客户最希望看到的就是经销商之间打起价格战，最大的实惠便落在了客户手上，只是远在天边的厂家却吃了大亏。

除此之外，厂家对经销商的过度依赖，直接造成的后果就是受制于人，经销商直接跟进市场，对于市场的控制力远超过厂家，这个货卖不卖，卖得多与少，很大程度上取决于经销商的实力，更取决于他们的态度。而拖欠货款的现象更是层出不穷，几万、几十万、几百万，最多的时候可达1个多亿。这是什么概念？经销商暂时免费用着厂家的货，赚钱或者不赚钱，这部分成本要由厂家承担，巨额的欠款成了厂家身上沉重的压力和负担。

这种情况，宗庆后不得不面对，也不得不改变。

让别人牵着鼻子走的感觉，的确是很不舒服，怎么样可以反守为攻，变被动为主动，宗庆后思量再三。当娃哈哈有足够的资本跟经销商谈判的时候，"联销体模式"便应运而生，首先最主要的一步，就是向经销商收取一定数额的保证金。

宗庆后想要达到一个目的，就是将经销商和娃哈哈牢牢绑在一起，二者是荣辱与共、共甘共苦的关系。聪明的经销商就要明白一损俱损、一荣俱荣的道理，收起那些花花心肠，老实本分地跟着娃哈哈共谋利益，不要总想着充大爷，端架子，要知道大家都是一条绳上的蚂蚱，要互相团结，而不是互相算计。

让经销商们接受交纳保证金的政策，宗庆后有十足的把握。经销商之所以选择代理娃哈哈的产品，无非是因为娃哈哈能够让大家有钱赚，绝对不会是亏本的买卖，而且在产品宣传上，娃哈哈比任何一个厂家都舍得投入，这就为下面的经销商省了不少心思，完全可以依赖娃哈哈的广告力度吸引消费者。

宗庆后还向经销商们保证，交纳保证金的人，可以拿到不低于银行的利息，经销商把钱放在娃哈哈这里，绝不是白放，有利息可以拿，还可以享受特别的优惠待遇。

如此诱人的条件，即便是起初不大愿意的经销商们，了解到其中的好处后，也就很自然地放下心中的戒备，接纳了交纳保证金的政策。

不论从哪个方面看，经销商是没有吃亏的，而且大家心知肚明，自从代理娃哈哈产品以来，收益颇为可观，要是因为一点保证金而耽误了合作，那就得不偿失了，不如痛痛快快地接受。

编织联销体网络

宗庆后正在试图建立的，绝不是单纯的合作模式、销售体系，而是厂家与经销商之间牢固、可靠的信用体系。唯有互相配合，才会有稳定长久的合作关系，唯有源源不断的利益，才会有忠心耿耿的销售团队。

人都是感性的动物，只要耐心地晓之以理、动之以情，让一时没有反应过来的经销商们了解宗庆后的实际打算，让大家看到长远的发展，起初颇为气愤的经销商们也就会细细体会新政策所能够带来的优势。

姜还是老的辣，宗庆后运筹帷幄的大局观，让每一个决策都透着前瞻性，绝对不是以眼前的利益为起点，而是站在更高的位置，总揽全局，细细谋划，让现在为以后服务，让以后为长远服务，步步为营。别人可以看到五年以后，宗庆后可以看到十年，甚至二十年。

厂家也好，经销商也罢，投入大量的人力、物力、财力，不是为了搞慈善事业，一毛钱不赚的生意谁也不会去耗费心血。与娃哈哈的关联就在于娃哈哈可以让下面的经销商有利可图，但是对厂家来说，让经销商赚钱没问题，关键还要考虑自身的发展需要。

厂商之间的关系，就目前的销售网络而言，是相互制约，相互防备的。明明是抱着同样的目标，却在相同的道路上暗中厮杀，就像是原本可以一条心的两个人，因为各怀心思，让可以更高效的事情变得越来越受阻碍。既然是体制内部的隐患，在还没有形成桎梏前，及时解决，若是真要等到限制了企业的发展再作打算，于企业，于个体，都是麻烦。

经销商在挑选合作厂家的时候，必然精挑细选，产品实力、企业口碑都要细细斟酌，而且如此众多的企业中，经销商可以同时选择若干家，哪家的产品更为盈利，哪家自然可以得到经销商更多的优待，厂家无法左右经销商的销售情况，只能用力度一次比一次大的优惠政策来拉拢经销商的心，这对厂家的确不公。

可不公又能怎样？目前市场形势下，厂家需要经销商，想要扩展市场就需要经销商不遗余力，厂家唯有把产品做好，把销量搞上去，这个企业才能持久存在，否则效益不好，倒闭还不是迟早的事。

宗庆后向经销商收取保证金，并非贪图一时，而是为了建立独属于娃哈哈的联销模式：在完整的体系中，由娃哈哈统一划分明确的销售区域，同时，娃哈哈总部下属的各省、市、自治区的分公司会与一级批发商保持密切的联系，并且可以向经销商保证，特定的区域内只设立一家一级批发商，从而在体系上保证一级批发商的利益。

特约一级批发商之下，是特约二级批发商和普通二级批发商，娃哈哈会帮助特约一级批发商去发展特约二级批发商和普通二级批发商，以此为基础，形成等级分明的联销体系。在此之中，每个与娃哈哈有关联的经销商，都会有自己的利益点，跨越地域去争夺客源的现象是不允许出现的，一旦有经销商跨出了总部划定的势力范围，一经发现，就会被取消经销资格。

体制内的有序运作，带动起市场的有序开展。无论是哪一个等级，只要本分经营，剔除恶性竞争的行为，娃哈哈可以保证有钱大家一起赚，不会偏袒某个经销商，而冷落另一个经销商。加入娃哈哈，就等于加入了一个大家庭，娃哈哈赚来的蛋糕，会合理公正地分配给每一个伙伴，不会厚此薄彼，失了最起码的原则。

至于体系内部，特约一级经销商、特约二级经销商和普通经销商如何界定，也有明确的条件。

首要一点，也是娃哈哈最希望看到的一种情形，便是经销商发自肺腑地希望与娃哈哈一同成长壮大，将经营娃哈哈作为自己的事业，一心一意拥护这个品牌，而不是朝三暮四，总想着脚踏好几条船。

其次，必须具备夯实的经济实力、良好的经营信誉和先进的营销理念，愿意跟随时代的发展潮流，敢于跟随时代的前进脚步，在发展中革新自我，放弃僵化固定的思维模式。在日新月异的今天，有新想法才能有新亮点，顽固不化的人极易跟不上社会发展的节奏。

那么如何判定一个经销商具备以上的条件呢？就靠宗庆后提出的"保证金制度"，即愿意交纳保证金与否，能交多少钱，直接体现出一个经销商的忠诚度和经济实力。不愿意交纳保证金的一部分人，说明对娃哈哈的信任度有限；愿意交，但是又实在拿不出太多钱的一部分人，说明经济实力确实有限。至于怎样具体划分，还是要具体问题具体分析。

宗庆后将未来展现在经销商们的眼前，让他们对以后的前景有了详实的了解，打消了他们的顾虑，从而心甘情愿地交纳保证金，跟娃哈哈的盛衰兴亡绑在一起，一心一意地跟着宗庆后打天下，不再去想些旁门左道，也再也不用跟厂家勾心斗角。

痛快地交纳了保证金，从此与娃哈哈就有了维系。虽然用钱感觉很俗气，可是保证金是后续一切体系的开端。若是没有开始，哪会有后来的长久合作，哪能形成牢不可破的信任。

除了按照规定交纳保证金，在经销商经营的过程中，凡是有货物往来，所有款项必须在当月结清，可以分两次补交，但绝对不允许拖欠，这是娃哈哈的硬性规定，一举解决了往年拖欠巨款的问题，所以娃哈哈至今为止，从未向银行贷过款，赊过账，因为娃哈哈足够有钱。

在制度管理上，宗庆后也对具体的步骤做了明确的要求，对于娃哈哈不同阶段的不同政策，经销商要完全服从、彻底执行，同时，可以得到让利价格；对于经销商的具体销售环节，也有相应的规定，要求经销商遵循公司的销售计划和进度，每天必须有当天的统计，每周必须如实公布，与公司保持最紧密的消息互通，让公司掌握货物的销售情况。

在宗庆后的谋划下，保证金制度顺利实施。执行的过程中，虽然免不了许多琐碎的小事，但是其收益远远超出预计。合理的价差方案让各级经销商都有自己的一份收益。如何定价，如何走货，都有相应的政策和制度，加之完善的奖励政策，让肯听话、肯做事的经销商大大获益。

娃哈哈使出浑身解数，为经销商提供一切有可能的扶持。不论是供货还是广告，促销还是奖励，都在不断地给经销商提供实实在在的好处，让他们看得见、摸得着。最初为他们规划的美景就在眼前，唯一前提就是认真严肃地遵循娃哈哈规定的各项制度，让保证金制度形成长久的有效机制，使其彻底发挥出作用，带动娃哈哈全国范围内的大联合。

在队伍不断壮大的过程中，肆意违反制度，无视规定的经销商，都会被慢慢清除出娃哈哈的销售队伍。业绩差又不知进取的一部分经销商，也会在竞争中逐渐被淘汰。

没有规矩，不成方圆。这是千古不变的道理。乱七八糟的混乱场面，在一时间产生的问题可能不明显，长此以往，总有一天会成为致企业于死地的隐患，所以不能不防，也不能不更正。而改变就意味着新生，就有新的活力和商机。

理论源于实践。保证金制度的兴起并非宗庆后凭空捏造的产物，而是基于他长年累月的实践经验。往销售的第一线跑得多了，看得多了，就会准确了解到消费者需要什么，经销商需要什么，从而制定出相对应的策略。出发点是实际的需要，而非纸上谈兵，空口无凭。

有了现实情况做依托，宗庆后制定出来的政策，完全适用于娃哈哈的经销商们。大家的积极性最大程度上被调动起来，多劳多得、能者多劳，尤其是特约一级批发商，更是瞄准目标发展自己的二级、三级经销商，不断让自己的队伍扩大，让连成一片的销售网络覆盖自己的势力范围，得以避免重复交叉，又能够在最大限度内利用好一切资源，掌控一切能够掌控的客户源。

这就足够了吗？宗庆后的答案是不。

既然制度已经制定了，各级经销商也已经接受，此时宗庆后最关心的问题是所制定的政策是否能够真正得到贯彻落实。为此，他特意为制度配备了相辅相成的销售人员网络，从各省到各区域，再到最基层，都有专门的经理负责跟进销售过程中的所有环节，他们为经销商出谋划策，是作为军师的角色而存在，顺理成章地融入到经销商的日常销售中去，又将第一手市场咨询及时反馈给公司，公司再及时对政策作出调整，经销商根据新的销售策略补货、供货，形成良性循环。

娃哈哈正是通过联销体的网络，将生意做到全国各地的数十万家零售终端，不管是超级卖场，还是村头的小卖部，都能看到娃哈哈的产品。让更新的产品以最快的速度在全国市场铺展开来，是联销体的又一大优势，当地的经销商成为娃哈哈真正的"自己人"，人尽其用、物尽其才，也是宗庆后的高明之处。

将分散的利益个体，整合起来，变成利益共同体，将四下蹦跶的蚂蚱都拴在了一根绳子上，心往一处走，劲往一处使，有钱大家一起赚，有风险大家一起承担，这就是联销体的大网。

宗庆后正是用这张铺天盖地的营销大网，网住了源源不断的消费者，满足了各级经销商的利益需求，手下的大兵大将们有了动力，有了盼头，更是卖力气干活，因此，娃哈哈销售额迅速上升，也就在情理之中了。

第一个分身

当娃哈哈凭借联销体将企业触角伸向全国后，娃哈哈显然已经成为家喻户晓的品牌，拥有数以万计的拥护者，在饮料行业中独领风骚。全国市场的占有份额与日俱增，奠定了娃哈哈无可匹敌的老大地位，广大员工以自己是娃哈哈的一份子而感到无比的骄傲自豪，与娃哈哈合作的经销商们更是竭尽全力追随娃哈哈，巩固根基的同时，不断向更大的目标进发。

俗话说不想当将军的士兵，不是好士兵。同理，不想把企业做大做强的企业也不是好企业，有了这个野心和抱负，才有接下来的对外扩张和产业膨胀。

宗庆后是想当将军的人，他最崇拜的人是毛泽东，是那个指挥千军万马、挥斥方遒的伟人。

杭州是娃哈哈发迹的地方，钟灵毓秀之地，养育着一方儿女，宗庆后就是在这里，蹚出一条血路，从无到有、从小到大，一步一个脚印直至将产品辐射全国。可是，眼瞅着产品走到了全国各地，走进了千家万户，娃哈哈的公司和厂房仍然守候在杭州，没有向外踏出一步。

地域限制了娃哈哈的发展规模，它霸占了广阔的市场，企业实体却依旧"势单力薄"。参天大树的高耸入云，在于发达的根部扎入土壤深处，四处寻找水分，为其不眠不休地供给养分，娃哈哈的家业大了，也需要重新排兵布阵，在最有利的地方安插最有力的兵。

起初琢磨着抢占市场，稍后琢磨着创新产品。而在别的地方选址建厂的事，宗庆后绝不是没有想过，兼并杭州罐头厂那次，他就知道，这是第一次，但不会是最后一次。想要扩张，就需要不断占领地盘，不管是自创还是兼并，都是前进道路上必备的步骤。

企业的实力不只体现在市场占有量上，还有就是企业实体的数量。大江南北有几家实体店，有多大的产量，直接关乎企业的未来发展，所以对娃哈哈来说，扩张疆域是重中之重，提升生产规模更是迫在眉睫。

娃哈哈向外供给的货物越多，所产生的运输费用越惊人，企业成本也就随之翻倍增长。一面是喜，一面是忧，这不得不让宗庆后考虑节省运输成本的办法。最直接也最容易想到的，当然就是在本地生产，在本地销售，从根本上减免运输的成本，整合资源，避免不必要的浪费。

有了思路，宗庆后开始付诸行动，积极寻觅杭州以外第一个企业分身。既然是"第一个"，就有不同寻常的意义，就不能马虎随便，"万事开头难"，第一步走得扎实，以后才会顺利。

20世纪90年代，中国实施西部大开发战略。西部地区有着丰富的自然资源，潜力巨大的市场，以及重要的战略位置。但是，长久以来，综合自然、历史和社会多种因素，西部地区的重要性一直被忽略，很少有人能够发现西部的优势，从而造成西部地区的经济发展与中西部地区存在很大差距。

横亘在东西部地区之间的鸿沟，随着改革开放的大潮袭来，越发难以跨越，这也就成为困扰中国经济和社会良性发展的关键问题。从大局来看，东西部地区的差距如若不尽快缩短，将会影响中国全局的发展。

就在西部大开发如火如荼地开展时，三峡水利工程也同期正式启动。建设祖国大好河山的热情充斥在宗庆后心中，能够有幸参与其中的话，是一个企业家的荣幸，是足以列入史册的情怀和壮举。娃哈哈有这个实力，宗庆后有这个想法，一切具备，只欠东风来袭。

1994 年 8 月，宗庆后作为企业代表，参加了浙江省考察对口支援地区的代表团。此次目的地是四川涪陵。它位于长江、乌江交汇处，有川东南门户之称，承东启西的战略地位。

涪陵是一座古城。悠悠河水载着千年的情愫，群山环绕，郁郁葱葱的树木相互掩映，房屋整齐洁净、错落有致，别有一番情调。历史的厚重感夹杂着山水的空灵轻澈，萦绕在它的周围，身处其中，有说不出的恬静、淡然。

四川涪陵与宗庆后也有着浓浓的情份，这里是他祖母的老家。在感情上，他对这里有与生俱来的情感依托，那是剪不断的血脉相连。宗庆后向往在这里投资建厂，作为东部数一数二的优势企业，在这里开天辟地、拓展疆土，绝对是一件令人热血沸腾的事情。他的每一条神经都在叫嚣着、喧闹着：就是这里，就在这里，就属于这里。

作为巴蜀重镇，又承接着库区的建设，这里受到了党中央的高度重视，甚至全国人民的目光都集中在这里，试问这样轰动的机会能有几次？

先前娃哈哈在杭州政府的引导下顺利兼并杭州罐头厂，让坐吃山空的国有企业起死回生，转亏为盈，不仅得到了市政府的大力称赞，更是赢得了一片喝彩声。政府所表现出来的诚意，宗庆后也都看在眼里，而他能做的，就是不辜负上级领导的厚望。他说到了，也做到了。

娃哈哈和宗庆后名声在外，四川涪陵的当地政府，得到娃哈哈正在筹备在涪陵投资建厂的消息后，一致决定，一定要为他提供最优惠的政策，而且不管怎么谈，一定要把娃哈哈留住。对地处山区，经济又落后的涪陵来说，留住了娃哈哈，就等同于留住了希望。为此，当地政府积极献言献策，并把涪陵糖果厂、涪陵罐头食品厂和涪陵百花潞酒厂推荐给宗庆后，希望他可以作为备选。

这三家企业都是特困国有企业，曾经在计划经济下顺风顺水，也曾风光一时，只是时代变迁，市场经济冲淡了计划经济带来的安稳，也带来了更多的机遇，习惯了按着计划走的国有企业，一时无法适应大环境的节奏，终于没能挡住淘汰的浪潮。

与同样由盛转衰的杭州罐头厂不同的是，这三家特困国有企业几乎没有任何值得兼并的理由。本身地处山区，交通比不上城市，气候条件也不适宜饮料的生产，加上破铜烂铁一样的厂房设施，混乱无序的管理机制，实在让人难以接受。

面对这样的调查结果，似乎不难做出选择，直接否定就可以了，还需要浪费时间去考虑吗？显然，宗庆后的眼光没有局限在这些客观条件上，他看得更为长远，是暂时还没有发生、却注定会发生的以后。要照顾眼前的得失，虽然没有什么错，但是企业的长足发展就不能仅仅局限在眼前。

东西部地区日渐明显的差距，需要有人能够站出来，用可以支配的力量来做平衡，调节西部地区的落后，相信今日的改变必然会带来明日的收获，更何况，这是一个企业的社会责任，是一个企业的担当，牟利是一方面，扶贫是另一方面，都是企业不能推脱的责任和义务。

同一件事，不同的人有迥然不同的看法。即便他人都否定了涪陵，可宗庆后认定了这个地方，再多说无用，要的是以后的结果。

反击价格战

企业长久存在的根基是什么？

管理、技术、服务、团队？

在宗庆后的眼里，维持一个企业内在生机活力的是产品，生产什么样的产品，直接决定着这个企业的方向、道路和未来，产品如何关乎企业的盛衰成败。管理水平、技术水平、服务水平都在为产品服务，而好的团队能让产品如虎添翼，所以核心点在于产品。

认准了这一点，随后有条不紊地攻城略地，让一个又一个地区的市场沦陷，这是宗庆后的拿手绝活。他有鹰一样锐利的眼睛，看得到潜在的商机。按兵不动时养精蓄锐，调兵遣将时雷厉风行，再广袤的市场，也逃不过他的掌控。

谈起娃哈哈的产品，质量是首要前提，质量不过关，骗得了消费者一时，却骗不了一世，产品值得信赖是宗庆后最大的自信。产品质量有了保证，再下来就是价格问题了。在娃哈哈拓宽市场的过程中，就曾遇到过价格战。

面对对手突然以价格施压，娃哈哈果奶的一线销售人员赶忙向宗庆后汇报，可得到的却是云淡风轻的回复，"没事"。沉淀着多少年的修为，看着对手疯狂的架势，他其实自有主张，只是不急于一时公布。员工们可不知道宗庆后葫芦里卖的是什么药，看着竞争对手如此嚣张地抢占市场，怎么能不着急，可是宗庆后不发话，谁敢擅自做主。

　　着急归着急，大家心里也清楚宗庆后的高深莫测，再大的风险都可以在他的谋划下化险为夷，他们只要各司其职，干好自己的工作就行了。所以把情况讲明白后，大家就等着宗庆后下命令了。

　　价格战从来都是弊大于利的竞争方法，绝对是伤敌一千、自损八百的结果，造福百姓倒也没什么不好，只是无休止的价格战只会扰乱正常的市场秩序，造成更大的混乱，久而久之，伤及一大片范围，实在是不可取。但是，放弃价格战并不意味着无计可施，宗庆后将目标指向娃哈哈推出的其他产品，加大其他产品的宣传力度，巧妙地避开价格战的炮火，看似不应战，其实是在为下一步的反攻做铺垫。

　　对方不惜血本，在价格上做文章，一时风光无限。老百姓居家过日子，柴米油盐都是精打细算，能买到价格稍低的同类产品，自然是喜上眉梢。将娃哈哈晾在一边也很正常，谁叫人家价格优惠，娃哈哈价格没有变动呢。

　　可以想见，娃哈哈果奶的销售额在这一时期同比下降很快，究其原因，自然是对手的打压，然而可喜的是，经过强有力的广告推广，娃哈哈推出的其他产品销量喜人，也算是让大家心里的焦虑有所缓解。在娃哈哈员工的眼里，不论是娃哈哈的哪一种产品，拿到市面上，绝对是可圈可点，可以拍着胸脯说，与任何一款同类产品相比，在各个方面都占有优势，如今却让对手用一些小伎俩占了便宜，实在是不甘心。

　　况且，娃哈哈不是打不起价格战，只要宗庆后想出手，绝对让对手吃不了兜着走，可是他没有，只是像个局外人似的，默默关注着市场的变化。

　　应对价格战的最好办法，就一定是以更低的价格反击吗？宗庆后可不会支持这个理论。以价格碰价格，是无奈之举，是别人想不出其他好方法的被动方法。他不是别人，他是有着千百种花样的宗庆后，对付这样的对手，可以有更妙的战术。

对手热热闹闹地搞了一阵子降价之后，收获颇丰，不过没几天还是原封不动地把价格抬了回去。眼疾手快的宗庆后立刻下达指令，娃哈哈果奶将推出优惠大促销活动，而且力度之大也很少见。目的就是将之前被抢走的市场，再一下子给夺过来，而且还得让对手连反击的力气都没有，让对手之前的付出化作泡影。

这就是宗庆后，不动声色间早就把形势分析得滴水不漏，他在等机会，等一个关键点，正面起冲突只会耗费自身的资源，忙活半天也可能得不到多少好处，不如错开针尖对麦芒的尖锐，伺机而动。

对于何时促销，以何种力度促销，宗庆后是专家。当娃哈哈推出新产品——娃哈哈纯净水的时候，除了高密度的广告轰炸以外，促销的手段自然也颇受企业的青睐，毕竟是新产品推广初期，促销最能吸引商家订货，而如何制定促销政策，宗庆后动了一番脑筋。既要让商家看到甜头，又不能把自身的利润压得太低，权衡之下，宗庆后决定"买一百送五"。

效果如何呢？在娃哈哈的订货会上，销售总额超过600万。而老对手健力宝和康师傅，看到娃哈哈的促销政策如此火爆，赶忙照搬照抄。健力宝"买百送八"，订货总量260万。康师傅"买百送六"，订货总量220万。虽然纷纷加大促销力度，可实际效果却远不如娃哈哈奏效。

纵观古今中外，在战场之上，延误战机是大忌，一旦错过最佳的时机，全局就会发生重大的变化，也许就白白葬送了本来利好的形势，其中所蕴藏着的军事思想，宗庆后早已融会贯通，排兵布阵是他的强项，抢占先机更是他的得意之作。

看他行事，似乎感觉成功并不难，娃哈哈一路高歌猛进，对手却连连退败，毫无招架之力，可难就难在这个时机怎么去把握，没有深厚的道行怎会有如此轻车熟路的手法。

商场上没有固定的进退策略，与宗庆后同时代的企业家，大多是依靠在实践中的摸索。与商学院的高材生们相比，宗庆后缺少正规系统的理论学习，可恰恰是没有学校里的条条框框束缚，他糅杂着毛主席的军事理论，随机应变，反击战也好，攻坚战也好，场场精彩。

赢在推陈出新

毋庸置疑的是，宗庆后是非常值得琢磨的人物。他的一举一动，一言一行，都隐藏着"宗氏兵法"的精髓。有《毛泽东选集》的理论支持，加上他在商场摸爬滚打的实战经验，锤炼出了一位足智多谋的企业家。他频频完胜对手的不败战绩，更是吸引了无数人去探究他的经商脉络。每一个大的举动，都可以被视为好的案例。

秉承务实的态度，又不忘创新的精神，是宗庆后在商场上始终坚持的准则。务实，也就是实事求是，高度契合实际，这一点许多人不难做到。创新，要求有别于常规，唯有与众不同，才能求一个"新"字。这一点说来简单，实则最为不易。

宗庆后也是凡人，没有三头六臂，可他却在与对手一次又一次的较量中力挫对手的气焰，赢得最后的胜利。

为什么成功的人是他，为什么胜利总是属于他？

胜利的秘诀有很多，可宗庆后赢就赢在推陈出新，他做到了最为不易的创新，总是快人一步，总是让消费者耳目一新，总是让对手措手不及。别人还没有想到的事情，宗庆后已经开始着手进行了，大获成功的那一刻，别人才恍然大悟，原来还可以这样……

1996 年 4 月，娃哈哈纯净水隆重登场，一向在广告上不惜金的宗庆后，自然投入了大量的广告费用。可是，与其他瓶装纯净水"健康、纯净、卫生"的诉求点不同，娃哈哈纯净水独具创意，抛弃烂大街的口号，以情感诉求为主线，打造深情款款的品牌形象，如此独树一帜，令它在众多瓶装纯净水中脱颖而出。

当红歌星景岗山是娃哈哈的第一位产品形象代言人，他念出的那句"我的眼里只有你"，含情脉脉，一经推出，就俘获了众多青少年的心。蠢蠢欲动的爱意在耳边蔓延，成为男男女女表达爱意的一种方式。一瓶普通的瓶装纯净水竟然被赋予如此深意，怎能不感叹宗庆后的独具匠心。

当一个产品超出了自身的意义时，附加值就是它最成功的地方。同样是瓶装纯净水，当包装、价格、质量所差无几时，换做是你，你会选择哪个品牌的水？

毫无疑问，"我的眼里只有你"更能打动人心，无意间就触碰到了内心的柔软。一瓶水带来一阵感动，这是前所未有的，而娃哈哈做到了。娃哈哈纯净水散发着浓厚的浪漫气息，不再仅仅是一瓶水而已，而是转换成一种表达，一种暗示，一种感情的流露。相比较市面上的其他纯净水，就冲这一句歌词，消费者的心理就已经开始发生偏移，而且众多消费者心中更是形成了对娃哈哈纯净水的情有独钟。

聘请歌星做食品、饮料产品的广告代言人，在当时的中国，可以说是首例，娃哈哈开创了明星广告效应的先河。别人没想到，宗庆后想到了，别人想到了不敢做的，宗庆后却在做，别人眼红他的成功，却没反思一下自己的胆量和魄力与成功是否相称。

五个月内，景岗山作为娃哈哈的形象代言人，在 22 个省级城市进行了纯净水与磁带的连环签售活动，可想而知场面是何等火爆。前来观看的群众人头涌动，一首经典的《我的眼中只有你》再次唱红了景岗山，也给娃哈哈纯净水带来了大量人气。

1998 年，娃哈哈纯净水问世的第三年，继续沿用聘请形象代言人的路子。这次选定了著名歌星毛宁。他与景岗山是不同风格的歌手，各有特色，当然共同点就是同样深受大众喜爱，形象好，气质佳，让人看着就赏心悦目，有好心情。毛宁所带来的广告语略有不同，升级为"心中只有你"。从眼睛到心的转变，让感情又上升了一个高度，正如恋爱时的小鹿乱撞，甜蜜的感觉随着广告语呼之欲出。这一年，娃哈哈纯净水的销量比 1996 年多了 10 倍。

1999 年，台湾歌星王力宏接替毛宁，成为娃哈哈纯净水新的代言人，"爱你就等于爱自己"的广告歌曲走红一时，直到如今，也仍然被无数歌迷传唱。想当年，王力宏还只是刚出道不久的新星，在大陆并没有太大的知名度，甚至许多人不晓得有这么一个人，然而明朗阳光的形象，充满魅力的歌声，让他成为代言娃哈哈的不二人选。在宗庆后的操刀下，很快，王力宏与娃哈哈一起，又创造了新的热潮。

瓶装纯净水必然要讲究"健康、纯净"，然而在大同小异的诉求点中，怎样能让消费者认准自己的产品，这是厂家最费脑筋的地方。翻来覆去说再多遍的健康和纯净，产品也就仅局限于此，没有亮点，没有突破口。当瓶装纯净水还只是个新鲜事物时，这样引导消费者很正确，然而当满大街都是纯净水的时候，市场对纯净水的要求，已经不再是过去的标准了。这个时候就要看谁能求变、求新。在一片雷同中，做与众不同的一个，只有如此，才能无可替代。

虽然几年来，娃哈哈的代言人一直在变，从景岗山到毛宁，从毛宁再到王力宏，可万变不离其宗，那就是娃哈哈纯净水内在蕴含的东西一直未变。"健康、青春、活力、纯净"，是娃哈哈一直以来的追求。在此基础上，去拓展思路，提升内涵，让纯净水不只是纯净水，而没有生命的产品也有了自己的灵魂，这就是消费者选择娃哈哈纯净水的理由。

娃哈哈用几年时间，将自身的产品核心内涵传达给消费者，并在日积月累中，在消费者心中形成了娃哈哈特有的形象，树立起娃哈哈的品牌。这也是在市场中，娃哈哈与其他产品的区别所在，如此鲜明，让人过目不忘，难以忘怀。

如此连贯流畅的广告推广，没有长远眼光的人是做不到的。在时间的一点一滴中，它积累起娃哈哈的感情脉络。消费者在理智消费的同时，也是感性动物，唯有抓住他们的内心深处敏感的一点，才能抓住他们的心，从而引导他们成为顾客，与娃哈哈产生联系，并在今后的岁月中，任凭其他品牌吹锣打鼓，他们依旧偏爱娃哈哈。

在进军纯净水之前，果奶是娃哈哈的主打产品，而在娃哈哈果奶面世之前，乐百氏领跑全国的果奶市场，也曾称霸一时。

执掌乐百氏大权的是何伯权，与大器晚成的宗庆后不同，他28 岁时开始创业，年轻气盛，血气方刚。二者也有相同之处，何伯权曾做过 3 年下乡知青，从事过的职业也五花八门，从教师、商店售货员、镇团委书记到药厂副厂长，一一亲历。

当何伯权与乐百氏这个牌子不期而遇后，他就确定，这是他甘愿为之奋斗一生的事业。随即，他快马加鞭，与4个志同道合的小伙伴组建起中山乐百氏保健品有限公司。一群朝气蓬勃的年轻人，白手起家，将默默无闻的小品牌打造成为驰名中国的食品饮料品牌。

在与乐百氏共荣辱的8年之中，乐百氏达到了巅峰状态。家底从薄到厚，知名度从弱到强，从全国市场占有率排行榜上无名到连续5年全国市场占有率第一，这一切只用了咫尺光阴。

宗庆后与何伯权，两个在年龄上有所差距的人，在商场上棋逢对手。在同一片领域中，宗庆后难得遇到如此强劲的竞争对手，怀着英雄惺惺相惜的心情，娃哈哈与乐百氏的每一场对决，不论大小，宗庆后事必躬亲，力求在每一点上克敌制胜，不给对手赶超的机会。

在娃哈哈推出果奶之初，宗庆后心知肚明，若想真正将果奶市场收入囊中，必须与乐百氏一决高下，否则有乐百氏挡在前面，总归会影响娃哈哈的前程。

在出招前，宗庆后首先深入了解了一下乐百氏果奶，所谓"知己知彼方可百战不殆"。

畅销全国的乐百氏果奶，算来算去，只有两种口味，消费者选择的空间比较小，经过可行性研究，娃哈哈一举推出菠萝、荔枝、哈密瓜、苹果、草莓和葡萄六种口味，并且推出六种口味的组合装，为消费者提供了多种选择，以口味征服消费者，以多变征服对手。同样是卖产品，大家都是果奶，怎样卖出新意，吸引消费者争先购买？宗庆后用这个小案例给出了最好的诠释。

先抓住消费者的胃口，然后是消费者的心，如何俘获挑剔判官的口碑，唯有不断更新、不断更新，再不断更新。

1988 年，娃哈哈儿童营养液横空出世；1991 年，娃哈哈果奶隆重登场；随后，绿豆沙、八宝粥蔚然成风；1996 年，开发的含氧活性水"娃哈哈纯净水"走向市场前端……

2004 年以来，娃哈哈实施"全面创新"战略，在产品、设备、管理等方面进行全方位创新，进一步提升了核心竞争力，促进企业经济又好又快发展。在产品创新方面，营养快线、爽歪歪等新产品不断推出，使企业摆脱了同质化竞争，引领了行业发展。为打破国外技术垄断，娃哈哈成立精密机械制造公司，培养技术人才，对引进设备进行吸收再创新，实现了模具自制和成套设备国产化，大大降低了成本，缩短了供货周期。通过信息化工作，娃哈哈实现了杭州总部与全国分公司、销售办事处的高速互联，实现了产供销流程的高效集成，以管理创新为企业发展增添了助推力。

推陈出新是娃哈哈一向坚持的原则。不管付出怎样的代价，消耗多大的成本，宗庆后认为这一切都值得。眼前只看到了付出，未来就会见证收获。

推陈出新，用新花样编织娃哈哈的王国梦，让消费者永远保持对娃哈哈的期待，在每一次创新的过程中，娃哈哈就积累起比对手多一点的竞争力，娃哈哈用创新前进五步，而对手则是用陈旧的方法往前费力地挪了一步，短时间看不出差距，时间一长，高低自现。

6

巅峰对决，谁与争锋

强中自有强中手，中国食品饮料界也不是只有"娃哈哈"一个品牌。众多品牌中，不乏娃哈哈的老对手。宗庆后素来以老谋深算著称，在众多阻力下，强势上马非常可乐；与乐百氏展开龙争虎斗，宗庆后快人一步赢得先机；面对养生堂的咄咄逼人之势，娃哈哈坚决予以回击，上演了一出商业大战的好戏……

非常精神，非常可乐

可以借助统计数据来了解一下非常可乐的非常之处。

1998 年，以非常可乐为主体的娃哈哈非常系列碳酸饮料销售38 万吨。同年，可口可乐系列碳酸饮料销售 194 万吨，百事可乐系列碳酸饮料销售 76 万吨；1999 年，非常可乐销售 39 万吨，可口可乐 204 万吨，百事可乐 91 万吨；2000 年，非常可乐销售 48 万吨，可口可乐 218 万吨，百事可乐 109 万吨；2001 年，非常可乐销售 62 万吨，与百事可乐日趋持平。

2001 年是娃哈哈非常可乐开始转折的一年，包括非常可乐在内的娃哈哈系列饮料总产量达 250 万吨。不会说话的数字却表明了一个振奋人心的事实，娃哈哈通过几年的追逐，第一次在中国市场总量上，与"不可战胜"的可口可乐并驾齐驱。不再是仰望，是平视。

宗庆后就是有这么一股子不畏天、不畏地的倔劲儿，别人反对他，他却可以坚持自己。若不是他的百般坚持，娃哈哈非常可乐在创想之初就可能被一致否决了，也就不会有"中国人自己的可乐"，不会打破洋可乐不可战胜的神话，成为扛起民族振兴大旗的开拓者。

当宗庆后力排众议让非常可乐上马时，反对声、质疑声，不绝于耳。持反对意见的同事们，试图用各种充分的理由说服宗庆后回心转意。他们当然相信宗庆后的实力，可他们更相信挑战可口可乐的结局注定是凄凉的。他们看来，"明知山有虎偏向虎山行"纵然勇气可嘉，却有失稳妥。结果是可以预见的，又为何非要"不撞南墙不回头"呢？

换做旁人，也许会在犹犹豫豫中草草结束这一场"痴心妄想"。

没有人能够想象的到，娃哈哈非常可乐在四年之后，没有按照他们的预期销声匿迹。相反，它以强者之姿捍卫着娃哈哈的荣耀，支撑着宗庆后的梦想，成为中国食品饮料行业不折不扣的霸主。

这样的转变得之不易，在挤破脑袋也挤不进去的可乐市场，娃哈哈非常可乐以不可抵挡的气势冲破层层束缚，从可口可乐和百事可乐手中，夺回了属于中国人的市场。

2002 年起，娃哈哈非常可乐经过几年的积淀，开始异军突起，非常系列碳酸饮料的销售大幅上涨，引爆了消费热潮。在湖南、新疆、江西、东北三省等地，更是一举成为畅销产品，比雄霸冠军的可口可乐，更胜一筹。

那时的非常可乐，没有辜负宗庆后当初的信誓旦旦。他此时享有的荣耀是彼时扛下的压力换来的，艰辛、不易，都散落在他的笑谈之中。

"我呢，反正议论也比较多，争议也比较多，我认为什么事情是正确的就要坚持干下去。我这个人也不是很固执的，我也经常在听别人的意见，包括员工有什么意见、建议，我认为对的我就吸收了，甚至我说过的话也可以改变，但是我认为是对的我肯定坚持，我会不理你的，我按照我的想法，我认为正确的我就做到底，给它做好。"

对反对声一概不予理睬，不是傲慢狂妄，而是他心中有坚信的东西。哪怕别人都跑过来横加干涉，都来给他摆道理，他都不会改变自己的主张。不是不相信别人，而是更相信自己的判断。与其让别人束缚了手脚，不如干脆自己说了算。别人再发表长篇大论，也没法阻止他。

碳酸饮料在中国有着广阔的市场，而这份大蛋糕被可口可乐和百事可乐分食，其他品牌根本没有张嘴的机会，只能眼巴巴地瞅着人家风生水起，赚着中国消费者的钱，昂扬着外国人的气势。娃哈哈推出非常可乐的意义，就在于向洋品牌发起挑战，向世界证明中国品牌在中国的地界上，完全可以战胜外来产品。

可乐在中国有长达 70 余年的历史，显然并不是新鲜事物，就是在这几十年的岁月中，中国人的自创品牌有近 10 个，却经历了一次又一次的挫败，连战连败，最后一一被洋品牌或收购或兼并，无一生还，可乐战场上，弥漫着悲凉的气息。此后，再无企业敢迎战，他们丧失了收复河山的斗志，因为残酷的事实告诉大家，跟可口可乐对着干没有好下场，既然早知今日，怎敢想当初。

众多企业选择退缩也是有理由的，或许认真了解过可口可乐之后，你也会加入到反对娃哈哈推出非常可乐的阵营中去。不是大家胆量小，是敌人实在太强大。

1886 年，可口可乐在美国乔治亚州的亚特兰大市横空出世。从诞生的第一天起，可口可乐就成为社会发展的一份子。追随社会的变迁、时光的流逝，不断以此为创作灵感，丰富可口可乐的内涵与外在。无数堪称经典的瞬间时刻成就了可口可乐的百年传奇，并成为闻名全世界的顶尖品牌。

时至今日，全球每天有 17 亿次消费者光顾可口可乐公司的产品，大约每秒钟就有 19400 瓶饮料被售出，这是什么样的概念？可口可乐长期占据着全球销量排行榜的首位，是全球最大的饮料厂商，是全球最著名的软饮料品牌，拥有全球 48% 的市场占有率。

进入中国市场早期，可口可乐的译名为"蝌蝌啃蜡"。怪异的名字没能给它带来好运，大家普遍没能接受这个新鲜事物。开始的销量并不理想，随后改名为"可口可乐"，再随后的一百多年中，其销量远远超越其主要竞争对手百事可乐，甚至被列入吉尼斯世界纪录，成为后人惊叹的杰作。

1927 年，可口可乐正式入驻中国，在上海成立了中国第一家装瓶厂，并在极短的时间内，成为美国境外最大的生产厂。此后，在北京、天津、青岛等多地开设分厂，为可口可乐第一时间占领中国市场打下了牢靠的基础。稀奇的瓶身，怪异的颜色，喝起来特别的口感，以及瓶盖开启后充盈着的气泡，迅速征服了中国的年轻人，成为一种时尚。

新鲜事物给中国本地带来的冲击，震撼着国内的饮料企业，在惊叹可口可乐扩张如此迅猛之外，他们也在筹备抵御可口可乐的工作。

20世纪80年代中期，以北京北冰洋、上海正广为代表的八家饮料厂，不遗余力地与可口可乐竞争。当时重庆的天府可乐、山东崂山可乐、河南少林可乐、上海幸福可乐、北京的昌平可乐、杭州的中国可乐等，成为中外可乐之争的首场战役。

结局颇有悲壮色彩，一年之内，中国饮料业遭遇了有史以来最惨烈的溃败，不是某几家企业，而是一个行业。曾经出现在人民大会堂国宴席上的重庆天府可乐，不敌市场残酷的竞争，最后忍痛被百事可乐收编。当初应战的中国八大饮料厂，除了上海正广通过合资侥幸逃过一劫外，其他七家企业全部崩溃，成为可口可乐和百事可乐的囊中之物。此次会战，称之为"两乐水淹七军"。

至此，中国饮料业的领头羊悉数退出历史舞台，可口可乐和百事可乐开始掌控中国的碳酸饮料市场，放眼全中国，再也没有能与两乐抗衡的企业，明明是中国市场，却长期被外国产品霸占，甚至国内都没有可以稍作抗衡的力量。

如此实情，谁还敢去霸王头上耀武扬威？一不小心就有被巨鳄蚕食的危险，只能小心翼翼，亦步亦趋，老实本分地过日子，哪还敢有任何妄想？

别人不敢，宗庆后敢。哪怕实力悬殊，他也要背水一战。

1998 年 6 月 10 日，是全世界球迷欢呼的日子，法国世界杯首场比赛正式拉开序幕，迎接球迷们的掌声。历来中央台转播世界杯实况，几秒钟的广告费用自然惊为天价，即便如此，还是有众多企业围着中央台扎推。在转播进入倒计时的时候，"中国人自己的可乐"先声夺人，铿锵有力地向世人宣布"非常可乐，非常选择"。

宗庆后说："我们要以非常可乐向世人证明，外国人能做的，中国人也一定能做到，而且我们有理由、有信心做得更好。我们可以在生产技术和产品质量方面不逊于对手，同时我们有丰富的本土操作经验和健全的市场营销网络。我们是中国人，我们充分熟悉这里的文化，我们相信积淀深厚的中国大地可以为中国企业提供广阔的发展空间。"

之所以会坚定不移地推出非常可乐，不是宗庆后财大气粗地逞能，他了解自己的企业，娃哈哈用 11 年的时间成为国内最大的食品饮料企业，在中国最大规模经营和最大利税企业中名列前茅，在全国工业企业综合评价 500 强中，娃哈哈跻身前 20 位。

除了娃哈哈，还有谁能担起"中国人自己的可乐"这面旗帜。没有人去践行，就不会有希望。中国的可乐市场就一直受制于人，中国人的衣食住行都可以本土化，为什么可乐不行？

外界的种种质疑，没能打消宗庆后进军可乐市场的决心，天时地利人和都已经具备，唯独欠缺一个信心，那么他就撑起这个信心，与两乐一决雌雄。若是没有他当初的坚持，也就不会有后来的非常可乐，更不会有曾经非常可乐、可口可乐和百事可乐三足鼎立的局面。

虽然最后非常可乐因为其"中国人自己的可乐"的品牌定位，及农村包围城市的市场战略，限制了自身发展，最终不敌可口可乐和百事可乐，但娃哈哈的创新精神和敢于挑战的勇气，却一直激励着后来人。

快人一步，抢占商机

抢占先机，就等同于抢占商机。总是慢人一步，就只好跟着别人屁股后面一通猛追；总是快人一步，就可以昂首阔步去开创无人企及的天地。一慢一快中，就是差距。

要说娃哈哈"横行"中国食品饮料界二十多年中，大大小小、强强弱弱的对手数不胜数。但凡跟娃哈哈交过手的企业都知道，宗庆后可不是好惹的，一招一式都透着宗氏兵法的犀利，轻易不出手，出手就招招制敌。不过对于威名远扬的娃哈哈来说，也有一个对手是难缠的主儿，那就是来自广东的乐百氏，让娃哈哈打心眼里觉得不好对付。

从 1992 年起到 2001 年止的 10 个年头，娃哈哈和乐百氏相伴相争，在每一个关头争锋相对，谁也不肯放弃打压对手的机会。从乳酸奶市场，到瓶装水市场，再到功能饮料市场，双方斗得难解难分，虽互有胜负、各有亮点，可无论是进攻还是退守，主动权更多时候是掌握在娃哈哈的手中。不是宗庆后神机妙算，是他总能把稳市场的脉络，抢在对手前面，拿出更强大的武器冲击市场，让对手不停追赶和效仿。

相互斗了 10 年，各自绞尽脑汁，想要在角逐中拔得头筹，企业之间的较量，是方方面面的战争。单靠一点很难说明问题，谁胜谁负也不是一两次的较量就能分出来的。中国两大饮料品牌的竞赛，在 2001 年暂时告一段落，缘于乐百氏的大当家何伯权带领精英团队集体辞职，企业的大换血带来无数问题，娃哈哈从此失去了昔日的王牌敌手。

回望 10 年的斗争史，细数一下宗庆后可圈可点的招数。

1989 年，中山市乐百氏保健制品公司，即乐百氏的前身，同多家单位的专家展开合作，开发出新一代人体高级天然保健饮品——乐百氏乳酸奶。产品一经推出，便受到了消费者的一致好评，销路由此打开，甚至到了供不应求的地步。到了 1993 年，更是成为全国上千个乳酸奶市场的第一品牌。从 1993 年到 1998 年，乐百氏独占鳌头保持全国市场占有率六连冠，荣列"中国最具竞争力民族品牌"阵营。

与之相对应的，1992 年元旦，娃哈哈率先推出新产品"酸酸的，甜甜的"果奶，以此阻击乐百氏的乳酸奶。两军对垒，靠的是气势，凭借宗庆后出神入化的广告运作，以及经营重心的转移，力推娃哈哈果奶，由此战果累累，与乐百氏不分上下，双方都有一定数量的消费者，而且忠心耿耿。

在乳酸奶饮料竞争白热化的阶段，除了巩固基础，娃哈哈还不忘开发新的领域。因为宗庆后意识到，软酸奶市场已经达到上限，很难再有大的作为，所以转战新兴产品——瓶装纯净水，一句"我的眼里只有你"融化了众多年轻人的心，一举攻下大半个中国的纯净水市场。眼瞅着娃哈哈纯净水旗开得胜，乐百氏坐不住了，抓紧时间推出"27 层过滤"纯净水，紧随其后，用健康、纯净的诉求赢得消费者的青睐，也同样取得不俗的成绩。

市场在娃哈哈和乐百氏的引导下，瓶装纯净水成为一种流行趋势，二者也重新定位了各自产品的消费群体，从儿童向年轻人及成年人转变，双方的产品不断升级，竞争也在朝着更高层次的方向发展。

不得不说，年轻有为的何伯权纵使竭尽全力为每一次对战做谋划，尽力确保每一次战略做到滴水不漏，然而在老谋深算的宗庆后面前，他还是稍欠火候。

比如1994年，是娃哈哈大举西进北上的一年，果敢地踏出根据地，向四周辐射，建立新的据点，由点到线，由线到面，打造一条庞大的生产链，从而衍生出巨大的规模效益，降低了先前高额的运费成本，将劣势变成优势。经过几年的精心规划，娃哈哈的生产基地遍布全国，完成了娃哈哈多点开花的生产布局。

这是宗庆后苦心布局的一盘棋，每个棋子落地都蕴含着进攻的目的。当娃哈哈排兵布阵的时候，乐百氏还没有任何动静。在1997年以前，何伯权还未认识到宗庆后西进北上的真正企图，而在他明白时，他已经比宗庆后晚了3年。

1995年至1998年间，何伯权一鼓作气，奋起直追。不惜人力物力财力打造中山总部，投资2亿元扩展规模，引进最先进的生产设备，并围绕中山总部建立上海、宁夏、黑龙江、湖北、四川、江苏和河北七大区域生产基地，基本覆盖了中国的各大区域。然而即便如此费心费力，乐百氏在总体规模上仍落后于娃哈哈。

真正的高低还未得出结论，1996年才是决一胜负的转折点。

一切来得并不突然，娃哈哈与法国达能合资。这是一家年销售额达1000亿元的世界食品业第五大跨国集团，对娃哈哈的首期注资就达到4500万美元，并在后续中不断增加。有了国际资本的大力支持，娃哈哈如虎添翼。俗话说有钱好办事，对于企业更是如此。雄厚的经济实力保证了娃哈哈的快速运作，不费吹灰之力，销售额冲破 60 亿元。

乐百氏的情况如何？只能说不容乐观。

与娃哈哈 60 亿元的销售额相比，乐百氏仅有 10 亿元左右。这已经不是从前微小到不易察觉的差距了。无论再如何追赶，怕是很难再回到最初的平衡状态了。

迫于形势，2000 年，何伯权决定和娃哈哈走上同样的路，与达能合资，然而由此也埋下了日后的隐患。二者合资的前提条件是达能购买乐百氏母公司的股份，从而达能控股 92%，中山市小榄镇地方政府占 5%，何伯权等 5 名创业元老仅占 3%。如此一来，达能成为乐百氏真正的东家，何伯权由拥有绝对话语权变成受人支配的角色。

与达能合作后，娃哈哈还是原来的娃哈哈，乐百氏却早已"更名改姓"，曾经比肩的两个品牌也渐渐开始分出胜负。

1998 年，宗庆后的日子有些煎熬，在是否推出娃哈哈非常可乐这个议题上，他决定孤注一掷，迎难而上。仔细分析过可口可乐和百事可乐的市场现状后，宗庆后主攻两乐并不在意的乡镇市场，取得意想不到的累累战果，娃哈哈由此迈向了全新的高度。对战两乐的意义不仅在于丰富了娃哈哈的产品种类，占领了可乐的部分市场，更在于娃哈哈已经有能力与世界顶尖品牌分庭抗礼，虽然差距仍然存在，不过对于中国的可乐品牌，娃哈哈做出了超出企业盈利的意义。

同一年，何伯权花 1200 万元请来国际咨询界的翘楚麦肯锡做战略咨询，试图对企业内部做全面的改革。在 1997 年，其销售额增长速度达到了 85.3%，风头正劲，何伯权开始着眼未来，为乐百氏寻求新的道路。

何伯权和宗庆后英雄所见略同，齐刷刷地瞄准了碳酸饮料的项目。何伯权为自己的可乐起名为"今日可乐"，满怀憧憬，但其最终没能如娃哈哈一样进入实战阶段。

理由简单又充分，因为可口可乐和百事可乐两大霸主的存在。这样的理由让乐百氏的高层决策者紧张又茫然，到底该不该去碰碳酸饮料呢？

犹豫不决之际，麦肯锡的专家们给了乐百氏斩钉截铁放弃碳酸饮料的数据支持。数据来源于四名专家深入乐百氏后，耗时4个月，总结出约300页的报告，结论就是放弃碳酸饮料，转战非碳酸饮料。

白纸黑字就是强有力的说服者，轻而易举地让"今日可乐"流产，开始了非碳酸饮料的探索之路。可惜天不遂人愿，费尽心思搞出来的报告和结论没能让乐百氏看到新的希望，反而今日可乐成了何伯权"最懊悔的一件事"。

当初挺不错的一个想法，却在别人的指手画脚下破灭，到底是应该责怪别人太多嘴，还是应该怪自己没勇气？

上一年度还是85.3%的增长速度，到了下一年就直线下滑到33.3%，此后，乐百氏再也没能缓过劲儿来，一直徘徊在25%左右，让一直看好乐百氏的人们大跌眼镜。与娃哈哈欣欣向荣的景象相比，乐百氏显得有些落魄，天壤之别让人惋惜。

究其原因，可谓错综复杂，然而在布局谋划上，不是乐百氏做得不够精准，而是娃哈哈总是快人一步，冒着别人不敢冒的风险，享受着别人享受不起的享受。

就拿广告媒体的选择来说，同样是大笔大笔的广告投入，娃哈哈选定中央电视台作为主打媒体，乐百氏则注重地方台。自以为广东人不看中央电台，就推而广之，认为全国人民都不看，小看了中央电视台的威力。等乐百氏发现自己的误解，想要更正的时候，娃哈哈早已在中央台尝尽了甜头。

同样搞合资，娃哈哈比乐百氏先一步；搞中央电视台的广告投放，娃哈哈比乐百氏先一步；搞地盘扩张，娃哈哈比乐百氏先一步；搞新产品的开发，娃哈哈还是比乐百氏先一步。不要小看这一步的距离，没有这一小步的积累，就没有日后难以赶超的距离。

快与慢，直接关乎一个企业的生存状态，是遥遥领先，还是落后挨打，实在是值得深思的地方。"先下手为强，后下手遭殃"的道理，虽然俗气，可事实如此，怎能一笑了之。

振臂高呼，号令群雄

任何行业，群龙无首就会乱哄哄闹成一片，纯净水行业亦是如此。海南养生堂曾就纯净水叫板过娃哈哈，甚至挑战整个纯净水行业，这样的举动，自然象征着一场好戏。当时的娃哈哈已经是行业老大，受到挑战自然要振臂高呼。

养生堂并不是无名小卒，敢弄出如此大的动静，也的确是有几分实力。它的创始人钟目炎一直行踪低调，常常神龙不见首尾，媒体也鲜有他的报道，所以公众对他的了解知之甚少。20世纪80年代初期，他成为《浙江日报》农村部的一名记者，不久后离开报社，辗转到距浙江几千公里的海南谋求发展，这一年海南刚刚建省，一切都如新生般充满活力。

1993年，是钟目炎来到海南的第五个年头，养生堂药业有限公司正式成立。这个坐落在海南海口市金盘工业开发区的公司，拥有朵儿胶囊、农夫山泉、清嘴含片、成长快乐儿童维生素咀嚼片等知名产品。几年的时间里，推出了不少脍炙人口的经典策划，让大家想不记住都难。

正是因为有了实力，所以才有了挑战娃哈哈的底气，而且不是随意斗一斗。

上世纪90年代中期，养生堂悄然把总部搬到了杭州，地点就选在美丽的西子湖畔，更重要的是，跟娃哈哈总部仅有几公里之隔，火药味不由得浓了起来。此次大费周章地迁回杭州，很明显，钟目炎是奔着饮用水行业来的，杭州水是消费者最为认可的优质水源，想要进入纯净水市场，跟杭州沾上边是很好的开端，于是养生堂就在杭州黄龙体育中心侧楼安家落户了。

不久的将来，这个后来者在营销策划上独树一帜，甚至超越老大娃哈哈和老二乐百氏，以其充满人文关怀的广告博得了满堂喝彩，这一点不得不叫人佩服。

1993年，养生堂推出龟鳖丸，一句"养育之恩，何以回报"奏响了它的营销之路，随后举行的"十大类病症千名病友"与"百名抗病勇士"大寻访、"100%野生龟鳖海南寻真"纪行活动产生了非同凡响的效果；1995年，推出朵儿胶囊，一句"由内而外的美丽"让无数爱美女性为之欣喜，"我心目中的好妻子"征文大奖赛、"女人什么时候美"设问征答活动受到女同胞们的追捧。

每个活动都不是孤立的存在，环环相扣，有主有次，共同为产品摇旗呐喊，而且选定的每一个主题都十分抢眼，让人蠢蠢欲动，抓住了消费者的兴趣所在，也就获得了巨大的成功，这是养生堂产品能够迅速打开市场的重要原因。这一点，与娃哈哈倒有异曲同工的地方，碰上了同样心思细腻的对手，就看谁更胜一筹了。

养生堂真正进军纯净水行业是在 1997 年，推出农夫山泉纯净水。"农夫山泉有点甜"的广告语久久萦绕在耳边，那个"甜"字成为农夫山泉最直接的特征，甜在口中，甜在心里。围绕其展开的活动有"喝一瓶农夫山泉，你为申奥捐一分钱"大行动、"一分钱一个心愿，一分钱一份力量"关爱贫困孩子的阳光工程等，每一个活动都为农夫山泉带来好的反馈。消费者热热闹闹地参与其中，同农夫山泉一起，做好事献爱心。

养生堂将诉求点提升到人文情怀的高度，可谓是新颖别致，人们看惯了"健康、纯净"的字样，耳朵常听到雷同的广告语，时间长了，消费者都麻木了，再也没什么感觉，而养生堂另辟出一条道路，让浓厚的温情包裹在产品四周，而且条条广告语都堪称经典之作，绝对值得细细品味。

可以说，养生堂找到了一条适合自己的道路，这样的营销策划方案既突破传统，又能收到实质性的效果，消费者更倾向于这种宣传方式。

养生堂的繁荣景象让它在纯净水市场分得一杯羹，但是这并不能令它满足。只是在获得市场份额的竞争中，养生堂做了一个错误的决策。它以一个否定者的姿态搅浑了纯净水市场，想要通过否定他人来成全自己，这多少有些莽撞，不仅没能达到自己的预期效果，反而引来公愤，成为众矢之的，得不偿失。

2000 年 4 月，原本平静的局面被养生堂打破了。养生堂生产纯净水也不是一天两天的事了，可突然公开宣称"纯净水对健康无益，农夫山泉不再生产纯净水，而只生产天然水"，此番言论立刻引起了轩然大波，而养生堂为了印证此话属实，先后在全国范围内的小学校园中举行纯净水与天然水的比较实验。

养生堂深谙口说无凭的道理，特意推出"小小科学家活动"，让纯净水不利于人体健康的问题暴露在众目睽睽之下，引起广大消费者的关注和思考。接下来，在渲染好的气氛下，养生堂宣布农夫山泉将停止生产纯净水，转而生产天然水，此举无疑成为八方热议的焦点，人们在关注纯净水是否健康的同时，也顺理成章开始去了解天然水，起到了很好的宣传推广作用。

尤其是在悉尼奥运会即将开幕的前段时间，中央台的黄金时段被养生堂的"农夫山泉，中国奥运代表团专用水"的广告语占领，暗示消费者奥运代表团的专用水肯定健康，农夫山泉肯定健康。

养生堂一边打击纯净水，一边宣扬天然水，让其他生产纯净水的商家实在看不过去了。你可以宣扬自己的水好，但是不能任意贬低别人家的水不好。如此明目张胆地损人利己，让娃哈哈领衔的纯净水企业很是气愤。别人都来"砸场子"了，说什么也不能再等下去了。

2000 年 4 月份，在养生堂公开宣布纯净水不利于人体健康后，四川蓝光、怡宝、天河等 10 个品牌的纯净水企业在成都结成同盟，发表"联合声明"，严厉谴责农夫山泉，并表示必要时将诉诸法律。

5 月份，广东纯净水品牌，包括景田、达能益力、永隆、鼎湖山泉在内的 16 家瓶装水生产企业以及有关专家、行业协会负责人在广州天河宏城广场集会，借举办"饮水与健康"宣传活动之机，全力声讨农夫山泉。

6 月份，娃哈哈振臂一呼，向各地纯净水协会及生产厂家发出关于召开维护纯净水行业健康发展研讨会的邀请函。目的很明确，"为了捍卫中国纯净水行业的健康发展，我们呼吁所有从事纯净水行业的同仁团结起来，行动起来，用法律手段捍卫自己的利益，让'农夫山泉'的不法行为受到应有的惩罚"。

纯净水行业的大哥大既然发了话，又是为了自家的生意，中国饮料工业协会及全国 18 个省市的 69 家纯净水企业齐聚杭州，在杭州西郊的浙江宾馆内召开会议，最后通过了《关于呼吁国家有关部门迅速制止养生堂不正当竞争、损害消费者、危害饮用水行业健康发展行为的联合声明》。

就在娃哈哈携领众多同仁讨伐养生堂的同一天，养生堂也没闲着，在杭州《都市快报》头版下方刊登通栏广告，称"有朋自远方来不亦乐乎——欢迎各地来杭记者访问'农夫山泉天然水'千岛湖两大水厂"，并于当晚在杭州西子国宾馆召开记者恳谈会，与浙江宾馆遥遥相对，火药味甚浓。

当一切准备就绪，杭州会议的纯净水企业代表正式向国家工商局、卫生部等五个部门提交了对农夫山泉的申诉，可眼看着要摊上了官司的养生堂依旧淡定自若，甚至放出狂言，"事情闹得越大越好"，并在 7 月份向北京市高级法院起诉娃哈哈公司，理由是娃哈哈"散布大量虚假事实，给农夫山泉生产者的正常生产、经营活动带来极大冲击"，并提出要娃哈哈赔偿 3000 万元的要求。

你告完我，我再继续告你，一来二去没完没了，看似没有尽头的口水战，却在 12 条蛆虫出现后，让局面急转直下。

6 月份，据南京媒体报道，南京市一位杨先生在买了一瓶农夫山泉后，竟然莫名其妙地喝出了 12 条蛆虫，简直令人作呕，当事人心情是如何糟糕透顶可想而知，随后杨先生向南京市建邺区法院起诉养生堂公司，要求赔偿精神损失费，并作出相应的解释。养生堂公司副总裁江民繁立即在南京举行新闻发布会，并十分肯定地说"这里面大有名堂"，"这绝对是一场阴谋"。

至于是否有名堂，有阴谋，任何一方都没有给出确凿的证据。但是 11 月份，相互僵持不下几个月后，养生堂撤回了对娃哈哈的起诉，一场轰轰烈烈的纯净水之战落下帷幕。养生堂有得有失，一方面让农夫山泉人尽皆知，一方面没能达到挤垮娃哈哈的目的，甚至亲手将宗庆后推上了"江湖老大"的宝座，随后各路纯净水企业都要敬畏宗庆后三分。

经历过这场对决后，宗庆后颇有感触地说："现代企业无神化，我们现在已经远离了靠一个点子、一次运作就能成功的时代，企业的竞争现在比的是综合实力，综合战略优势。在一个神话衰落的时代做企业，需要非常道和平常心。"

"非常道"和"平常心"，看似简单，实则不易。做品牌也好，做企业也好，靠的不是一时的炒作，更不是为了谋求暴利，企业想要做长久，要有自己的节奏和大局观，一时的得失容易，一世的得到太难，这就需要决策者统领全局，看得长久才能做出相应的计划。守住自己的频率，按部就班去积累和建设，总有一天会有意想不到的效果，绝对不是逞一时之勇能办到的。

一个品牌的优劣，最有发言权的人还是消费者，若一个产品脱离消费者的需要，那么这件产品是失败的，更不会有多大的发展。娃哈哈纯净水一直以来，走的都是实实在在的路线，对得起消费者的信赖，也就赢得了消费者的厚爱。

强敌环伺

近年来，瓶装水市场的竞争趋于白热化。中国市场的瓶装水主要包括纯净水、矿物质水和天然泉水等，娃哈哈和乐百氏主打纯净水，屈臣氏主打蒸馏水，农夫山泉则侧重天然泉水，康师傅是矿物质水的代表。经过多年演变，市场格局早已形成，各个品牌在开拓新市场的同时，牢牢占据着原有的份额。

宗庆后带领娃哈哈在水市场拼杀，经历了一场又一场的硬仗。在同农夫山泉的竞争中，娃哈哈精准地抓住了"纯净水"的概念，并以完美的广告效应打动了消费者的芳心，迅速在市场中站稳脚跟，并逐步扩大。随后，农夫山泉不甘示弱，通过灵活多变的营销策略夺走娃哈哈不小的市场份额。

在娃哈哈与农夫山泉难解难分的对战结束后，农夫山泉与康师傅又上演了一场龙虎斗，康师傅取得了最后的胜利。以此为分水岭，以农夫山泉为代表的天然水、以康师傅为代表的矿物质水和以娃哈哈为代表的纯净水三足鼎立。

1996 年，娃哈哈纯净水强势上市，它拥有国际领先的生产设备，凭借二级反渗透技术和臭氧杀菌工艺打造上乘品质，不仅博得了消费者的一致好评，也获得了"中国名牌"的称号。宗庆后深知自主研发和技术创新的强大力量，他向来对国际先进技术情有独钟，娃哈哈由此获得了无与伦比的市场竞争力，随后推出的营养快线就是娃哈哈敢于创新的证明。

想要走得更远，娃哈哈就不得不面对来自康师傅的压力。实际上，娃哈哈与康师傅相比，确实存在一定差距。双方对比来看，娃哈哈每小时的瓶装水产量与康师傅相差悬殊，而且在拉瓶工艺上，娃哈哈的成本控制也不敌康师傅。

娃哈哈的生产设备启用于 20 世纪 90 年代中期，每小时可以生产 11000—12000 瓶，而康师傅的设备是 2004 年投入使用的，一条普通生产线一小时的生产量是 36000 瓶，如此大的差距让娃哈哈在规模生产上处于落后的地位。

同时，对于瓶装水的生产厂家而言，水瓶子是其中最为关键的成本，只要控制住这项成本，就会节省下一大笔花费。在这一点上，康师傅也处于领先，瓶子从最初的 23 克降到 16 克，随后变成 14 克，直到 12 克左右，这在其他水产品生产厂家中占据着优势。除了瓶子的成本控制，娃哈哈在包装上也不及对手。娃哈哈的包装仍然沿用传统的纸箱，而康师傅早已用塑料膜取代纸箱，从而又降低了成本，让自身产品具有价格优势。

一直以来，娃哈哈的销售网络是宗庆后最引以为傲的，然而在全方位覆盖市场的同时，也给企业带来了巨大的成本。康师傅则不同于娃哈哈，它在全国各地建有分销网络，在 2009 年，康师傅就已经拥有 493 个营业所及 79 个仓库，以服务 5798 家经销商及 72955 家直营零售商。康师傅的精明之处在于建设自有渠道的同时，采用"短渠道"策略，由此提高了企业对市场变化的敏锐度，并最大程度上控制住自身利润。

纯净水对消费者最大的吸引力就在于"健康"二字，随着社会的进步，人们逐步提高了健康意识，所以对水源的要求也就愈发挑剔。然而，娃哈哈却始终未能找到优势水源地。早在 1997年，农夫山泉便开始四处寻觅优质水源，先后在国家一级水资源保护区千岛湖、广东省万绿湖、吉林省长白山靖宇矿泉水保护区、南水北调中线工程源头湖北丹江口以及天山冰川区新疆玛纳斯建成五大水源基地，康师傅也紧随其后，在长白山建立起天然水水厂。

在销售模式上，娃哈哈采用经销商的销售模式，如今竞争力大不如从前。销售网络遍布市场的弊端就是会提高产品的销售价格，从而在价格方面处于劣势。总体来说，在灌装技术和拉瓶技术上，娃哈哈落后于康师傅；在水源质量上，娃哈哈落后于农夫山泉。

当然，"娃哈哈"三个字就是金字招牌。早在涉足瓶装纯净水之前，娃哈哈的名号就已经家喻户晓，它拥有不可比拟的品牌优势，知名度之高是其他小品牌难以企及的。此外，宗庆后对销售网络的建设十分重视，在品牌建设的同时，不忘铺设密集的销售网，在众多经销商的一同努力下，娃哈哈建立起了完善的销售体系，这也是其优势之一。

娃哈哈的产品包括乳饮料、饮用水、碳酸饮料、果汁饮料、茶饮料、保健食品、罐头食品、休闲食品共8大类100多个品种的产品，品种繁多，且市场认可度高。"健康、青春、活力、纯净"是娃哈哈始终坚持的品牌核心内涵，这也是娃哈哈区别于其他品牌的自身特色。

宗庆后想要成就百年老店的希冀，难道就难以实现了吗？

其实不然。娃哈哈的确面临着困境，但是，宗庆后也看到了娃哈哈今后的发展契机。资料显示，2005年至2008年间，瓶装水的产量每年都在快速递增，年销售额也持续上升。甚至在全球经济剧烈动荡期，中国瓶装水的销量仍然只增不减。

中国位居世界经济体的前列，同时也是世界第三大瓶装水消费国。中商情报网的研究数据显示，"2009 年中国瓶装饮用水的产量达到了 3160 万吨，同比增长近 30%；2010 年，中国人年均预计消耗 100 亿升瓶装水，相当于美国目前销量的 60%"。因此，娃哈哈想要有所作为，依旧有广阔的前景。

然而，不得不说，在康师傅的矿物质水、娃哈哈的纯净水和农夫山泉的天然水呈现三足鼎立之势的同时，饮料界巨头可口可乐公司推出的"冰露"强势来袭，以质高价低的姿态闯入瓶装水市场，加剧了彼此间的竞争，娃哈哈也就又多了一个劲敌。

更严峻的是，瓶装水市场早已不再是局部的斗争。伴随着消费者对产品需求的多元化，市场也随之产生了相应的变化，除了占据市场份额较重的纯净水、矿物质水和天然水外，又出现众多概念型的新产品，比如人工苏打水、天然矿泉水、富氧水、有机水、弱碱性水、蒸馏水等，消费者对这些新兵新将也颇为青睐，直接将行业竞争引向了全面化、多元化。

除了要迎合消费者的口味，国外资本的介入也不得不加以重视。可口可乐、雀巢、屈臣氏和蓝剑等众多国内外企业进入中国瓶装水市场，都想要分一杯羹，势必给老品牌带来强烈的冲击。不仅如此，以王老吉为代表的饮料新贵异军突起，以黑马之势杀入饮料行业，这对瓶装水的冲击力度也不容小觑。

老谋深算的宗庆后岂会没有意识到严峻的形势，除了积极拓展老本行之外的领域，他更是加紧巩固娃哈哈饮料的实力。面对种种机遇与挑战，可以看得出来，宗庆后正在利用娃哈哈的品牌优势和渠道优势开发新产品，以原有优势为动力，展开对新领域的探索。在成本方面，唯有利用技术研发优势来降低生产成本，缩小与其他企业的差距，并且加大力度提高销售网络的灵敏度，让销售渠道中的成本降到最低，保证利益最大化。

在多种产品的夹击面前，采取差异化战略不失为良计：借助市场细分的东风，调整方向，进入高档饮用水市场，由此形成高中低档的产品阶梯，吸引各类消费者，来增加市场份额的占有量。

宗庆后十分赞同"创新是企业进步的强劲动力"，所以要求娃哈哈保持技术创新，不断改进瓶装水生产技术，最大限度地降低生产成本。此外，还不能忘记渠道创新，在巩固娃哈哈现有销售网络的基础上，开拓新的销售渠道，从多角度减轻流通压力。

只有这样，娃哈哈才能够保持发展的势头。

暴风雨的前奏

早在最初，娃哈哈与法国达能开心地把手一牵，携手共创未来的时候，宗庆后未必没有预想到不久之后的分离，只是这一切来得有些突然，骤然紧张的气氛让双方都提高了十二分警惕。在还未交战前，宗庆后就已经为以后铺路，以备不时之需。

矛盾由来已久，分家的念头也不是即兴而起，之所以从开始到现在能够坚持容忍，倒不是说各自的忍耐力有多么好，而是在各有所需的前提下，也不妨试着凑合过下去。反正利益当头，一些小瑕疵实在算不上什么大事，能睁一只眼闭一只眼地过下去，就还没到撕破脸皮的时候。

若是将娃哈哈和达能比作一对夫妻，小俩口也曾经共同度过一段幸福美满的时光，达能从物质上给了娃哈哈坚实的扶持，娃哈哈也投桃报李，以丰厚的利润回报给达能。甜蜜的日子总是短暂的，肆意膨胀的欲望让双方悄悄发生了变化，日益突出的矛盾已经难以再掩饰下去，同床异梦也渐渐露出了端倪。

说到底，娃哈哈和达能毕竟还是有着不同利益的企业，各自有各自的想法，当初走到一起是为了赚钱，现在矛盾出现了，也是因为钱。

2005 年 7 月，达能更换了负责中国市场的亚太区总裁，正值壮年的范易谋接替易生门上任，他原来是达能集团的首席财务官，主管财务事宜。达能的人员变动，给宗庆后创造了向往已久的契机，趁着新总裁不熟悉业务，他频频做出一些大动作，来加大对合资企业的控制力度。

在新总裁刚刚走马上任的第二个月，娃哈哈保健食品有限公司销售分公司悄然成立。它的出现加强了宗庆后对娃哈哈的控制，无论是合资公司还是非合资公司，但凡产品流入市场，就需要由娃哈哈保健食品有限公司销售分公司经手，统一销售，统一走账，在这里集中统计后，再转交给娃哈哈集团的财务部门管理。宗庆后通过分公司可以轻而易举地了解娃哈哈经营活动的一举一动，任何细节都逃不过他的视线。

在范易谋眼中，这家娃哈哈的分公司无非是总公司的附属，做些蝇头小利的生意，对总公司并没有过多的影响。既然宗庆后坚持成立，他也就没有干预，而是任由宗庆后安排。比起让给非合资公司的利益，合资公司才是要盯紧看牢的主体。为了顾全大局，可以做出一些必要的让步。只要宗庆后积极配合，发挥他的智与谋，为合资公司创造出更大的利益价值，其他琐碎的小事都可以商量着处理。

能在国际大企业做到首席财务官的人，可不是吃干饭的，初来乍到，范易谋并没有急于介入公司的运营工作，而是抽出时间，对双方的合作情况进行了一番深入的调查走访，经过亲自了解后，新来的总裁似乎不是很满意现状，至于如何改变现状，他还没有想出对策。

按照宗庆后的性格，自己风风雨雨闯出来的事业会乖乖交到别人手中吗？一向说一不二的宗庆后，难道会臣服在他人脚下，任其摆布？

两家合作之初，宗庆后便与达能提出了四项基本要求，"第一，品牌不变；第二，董事长的位置不变；第三，退休职工待遇不变；第四，45岁以上职工不许辞退"。合作意向能否达成，在于达能是否能够接受宗庆后的约法四章。同意，咱就继续谈合作，不同意，咱就就此挥手拜拜。

于情于理，宗庆后在捍卫自己的地位，同时，不忘守护那些从始至终追随娃哈哈的普通员工的利益。顾大局识大体外，宗庆后还向世人展现了一个企业家对员工的温润情怀。总体方针性的要求就这四点，接受就合作，不接受就免谈。

为了促成合作，达能当然非常愿意向宗庆后伸出橄榄枝，他们清楚得很，有宗庆后在，娃哈哈绝对只赚不亏，再者说条件不算苛刻，于是痛快地同意合作。所以当范易谋视察工作时，发现了许多难以理解的问题。

其一，达能明明是合资公司的控股方，却在日常的一切经营管理中没有任何实际的权力，只是空有头衔；其二，娃哈哈的商标属于合资公司是既定的事实，然而除合资公司外，存在大量的非合资公司照旧使用娃哈哈商标的情形。诸多问题都指向一个矛盾点，那就是范易谋怀疑宗庆后在背后暗箱操作，利用众多的分公司掩人耳目，明里一套，背里一套，若真是如此，对于达能而言，是不能容忍的，必须尽快想办法解决。

俗话说新官上任三把火，范易谋也不甘示弱，点起火把主动出击。

针对达能没有实际管理权的问题，他提出为了满足公司迅猛发展的需要，达能将加大对娃哈哈的投资。实际上，为了发展是一方面，另一方面则是为了提高达能在娃哈哈的地位和权力，又出钱又出力的，怎么着也得给点相应的权力吧，至少回报要和付出成正比。关于商标使用混乱随意的问题，他要求修正商标的使用合同，严格把控商标的使用，严禁不合乎规范的流程，保护合资公司的经济利益。对于娃哈哈现存众多的分公司，也要着手整顿，不能任由分公司侵蚀合资公司的利益。

新总裁言简意赅地提出了整顿的意见，宗庆后却不买账，尊重他的建议，却坚决予以拒绝。娃哈哈是他的心血，不容许一个外人说三道四地瞎指挥，范易谋想"夺权"的打算，宗庆后可是看得一清二楚，绝不同意，就是他的态度。

毕竟还要长远地相处下去，能够在保持底线的条件下，宗庆后也可以应允一些表面上的事，比如商标使用合同，宗庆后同意签署《商标使用许可合同第一号修订协议》，明确只有在"与合资公司签订有产品加工协议的娃哈哈公司"和"经合资公司董事会确认与合资公司生产经营不同产品的娃哈哈公司"方可使用娃哈哈商标。

同意归同意，协议归协议，宗庆后不过是给新总裁一个面子，至于实际操作起来如何，还是维持原样，该怎样怎样，依旧我行我素，完全没有要照章办事的意思。但在战略战术上，宗庆后还是很重视的。就目前的情形来看，达能来者不善，怀着什么样的目的不得而知，但绝对是充满侵略性，不得不防。若是一个不小心，很有可能被对方生吞下去。如何在合作的大背景下，最大限度地保护自己的劳动果实，是眼下亟待解决的问题。

表面上平和，实际上已经暗波涌动，宗庆后不清楚范易谋什么时候就会挑起事端，所以在他行动之前，要先于他做好准备工作，以防万一，"害人之心不可有，防人之心不可无"。

2006年11月，宗庆后开始有所行动。他向娃哈哈的全部经销商发送了两份新合同和两个新账号，新合同需要经销商与杭州娃哈哈保健食品有限公司销售公司、杭州娃哈哈食品饮料营销有限公司重新签订，并且改变以往的走账模式，让经销商一头雾水，先前都挺顺利的，怎么说改就改了，而且越改越麻烦，按理说繁琐不该是宗庆后的风格，突然这样确实让大家莫名其妙，可谁让发出命令的人是宗庆后呢，有疑问也要保留，相信他就绝对没错。

一切变更都进展得非常顺利，对于经销商们并不熟悉的娃哈哈食品饮料营销公司，宗庆后并没有做过多解释。其实，这家公司建立的唯一目的就是为了理清合资公司与非合资公司的账目关系，注册资金为500万元，法人代表是宗庆后的千金宗馥莉，控股方是杭州萧山宏胜饮料有限公司，属于娃哈哈非合资公司中的一员。

为了保证账目的绝对独立，对于同时经营合资公司与非合资公司产品的经销商，宗庆后要求明确分类，该给谁的钱就往固定的账户上打。考虑到经销商可能在短时间内无法适应新的打款方式，娃哈哈食品饮料营销公司特意找来中国工商银行杭州某支行洽谈合作，联系一些经销大户签订了代扣款协议，为其他部分经销商办理了娃哈哈营销公司的联名卡，保证了与合资公司有关系的经销商准确无误地将货款打入正确的账户。

雷厉风行的宗庆后有指挥千军万马的气魄和胆识。将账户有序分立本是繁重琐碎的工作，可在宗庆后的指令下，不过是一次小小的行动。他一发话，底下的经销商立马动起来，听从指挥，指哪打哪。

分立账户是成功了，可纸包不住火，眼尖的达能不可能没发现异样，一旦财务分了家，达能对娃哈哈的控制力就会锐减，对于市场的把控也就更大不如从前。由此一来，达能更深刻地认识到，宗庆后在娃哈哈集团中所处的地位和作用，对达能的弊大于利，恐怕再不采取措施挽回，形势会朝着更加不利的局面发展。

中国这边闹起了风波，远在法国巴黎达能集团总部的全球CEO里布忧心忡忡，宗庆后是他极为欣赏的一位企业家，无论哪一方面，都无可挑剔，只是现在他明白，这种无可挑剔会成为达能的威胁。

不能继续坐视不理的达能总部，面对不受控制的宗庆后，决定强势跟进，痴心妄想地想要一招解决掉所有问题，可是过不了宗庆后那一关，何谈解决问题。

双方的争端愈演愈烈，曾经的朋友转眼就要成为敌人，谁都想战胜对方，拿走最后的胜利，独占全部的利益，不管是进犯者达能，还是守卫者宗庆后，都在决斗中格外小心。这只是暴风雨的前奏而已，仅仅是在互相试探、彼此试压，至于最终鹿死谁手，还得接着比划。

7

拼上性命斗达能

俗话说，没有永远的朋友，也没有永远的敌人，娃哈哈与达能的关系就是如此。平心而论，娃哈哈能够在短时间内取得突飞猛进的成绩，在很大程度上，得益于达能的慷慨帮助，不论是资金还是技术，达能为娃哈哈提供了最强有力的保障，当然这个忙也不是白帮的，作为回报，娃哈哈为达能创造了巨大的商业价值，让达能连本带利赚了个盆满钵满。至于一朝反目成仇，势必拼个你死我活。

学"法"到用"法"

堪称神话的宗庆后，并不是万能的神，哪怕考虑得再周密，也难保万无一失。

就在与达能交手的前期，因为自身不懂法律，差点酿下悔恨终生的大错。好在宗庆后懂得变通，知道反省，在哪跌倒就要在哪站起来。既然有了惨痛的教训，就要长记性，因为没有人能为他的失误买单，一旦走错一步，那将会是谁都挽救不了的局面。

娃哈哈和达能的矛盾激化前，双方还在竭力维持和平的表象，笑脸相迎，笑脸相送，有问题还可以在内部讨论一下，互相听取一下建议，行得通的就一致通过，行不通的就再继续商议，气氛总归还是和谐的，不至于吵个脸红脖子粗，闹得不愉快。

自从达能换了新的亚太区总裁，新领导新思路，让原本藏于水中的矛盾浮出水面。眼疾手快的宗庆后三下五除二就将账目分立，拉低了达能在娃哈哈集团总部的控制力，让疑心重重的达能意识到了已经存在的风险，最终到了不得不兵戎相见的地步。

2006 年 12 月，达能 CEO 里布乘坐飞机不远万里来到中国，此行的目的地是杭州娃哈哈集团总部。和老朋友喝茶叙旧自然不是里布全部的行程安排，他是有备而来。随他一同到达娃哈哈总部的还有一份协议，这是被他视为彻底解除后顾之忧的秘密武器。一旦宗庆后同意落笔，娃哈哈属于达能就是板上钉钉的事了，完全不用再担心宗庆后继续耍花招，白纸黑字的凭据就是最好的防御工事。

娃哈哈集团总部下属的全部非合资公司值多少钱？用 40 亿元人民币去换 51% 的股权够不够？要是再加 6000 万美元的补偿金，卖不卖？

宗庆后不愿意将股权出让。股权一旦归达能所有，就意味着娃哈哈从此换了主人，而对娃哈哈倾注了毕生心血的自己，则变成了可有可无的闲杂人等。这样的结果是他无法接受的，可以说想到就心痛。

达能并购娃哈哈计划的谈判，前后持续了将近半年的时间。为了说服宗庆后愉快地接受并购，达能开出的砝码是，40亿元换娃哈哈的控股权，宗庆后很是舍不得，额外再加6000万美元的个人补偿，这让他确实有所心动。他心里也不停在敲着算盘，大买卖他不是第一次做，但是这一次他必须谨慎再谨慎。

依照他的想法，这笔买卖不算亏，反而是赚，他的依据很简单，娃哈哈合资公司尽管手握51%的控股权，可事实上执掌大权的人依旧还是他，那么由此及彼，就算将非合资公司的51%的股权转让给达能，公司也不会被达能拐走，他宗庆后依旧是最高指挥官，既然权力保住了，那么公司归属在谁的名下并不重要。

自信是好事，可有些时候，在法律面前，比天高、比海阔的自信是那么不堪一击。以沉稳老练著称的宗庆后，在这一点上，过于看中自己的经验和感觉，从而忽视了法律的权威，而这个结果是他难以预见，也难以承受的。

走南闯北、遍历周折的宗庆后，对大风大浪早就有了免疫力。再大的风险也不能让他畏惧。他相信自己的决策，这么多年的成功让他更加相信自己的眼光，只不过眼睛有时候也会欺骗自己，毕竟不是所有事情的真相都如此显而易见，拨开表象才能看到实质。

里布的到来让摇摆不定、犹豫不决的宗庆后做出了最后的选择。对于里布，宗庆后有特别的感情，他去达能总部参加会议时，其专门为他升起中国国旗，在异国他乡的宗庆后倍感亲切，受到了足够的重视，作为中国人的自豪感油然而生。而且，他能够顺利掌管娃哈哈的大权，在一定程度上和里布的绝对支持有很大关系，正是里布的信任，让他更有力度地落实自己的方针政策。

现在里布亲自出马来说服他，主打感情牌，让他最终在关于解决非合资企业问题的中文意向书上签了字。白纸黑字一签，达能顺利按照预期，以40亿元人民币收购杭州娃哈哈集团有限公司总资产达56亿元、2006年利润达10.4亿元的其他非合资公司51%的股权。

落笔之后，宗庆后没有后悔。可得知消息的非合资公司的股东第一次强烈反对宗庆后的决定。他们想不明白，宗庆后怎么会如此心甘情愿地把娃哈哈的大权卖给别人，这不应该是宗庆后的性格啊！

还在他执迷不悟的时候，手下的智囊团向他描述了将51%股权卖掉的严重后果。对法律知之甚少的他这才意识到，自己犯了致命的错误。娃哈哈的千秋伟业差点拱手相让于外人，几万名娃哈哈员工也差点划归到达能名下，自己打拼出来的家业险些遭到吞食，而他却还鼓着掌为自己叫好，真是聪明反被聪明误。

幸好老天爷给宗庆后留下了一线生机，他与达能签下的是意向书，还不具备法律效应，也就是说他还有反悔的机会。他在庆幸重生的同时，暗暗责怪自己的莽撞，也对达能很是不满，竟然明里暗里耍滑头，变着法地想要霸占娃哈哈，这是他绝对不能容许的！对付不仁不义之人的最好办法就是以强制强，决不能手软。

在意向书签订一个月后，宗庆后向达能提出推翻意向书的要求，这让达能集团突然紧张起来，他们知道自己的如意算盘落了空，赶忙再做努力挽回，频频发来传真，想要与宗庆后建立联系，继续商量并购事宜，希望双方能够坐下来好好聊聊，怎么都签了又反悔了呢，达能此时窃喜的心又乱腾起来。知道达能企图的宗庆后，断然不会再掉进达能的圈套里，还想糊弄他签字，根本没门，几次传真发过来，他一概没有做出回复。

　　看着闭口不谈的宗庆后，达能犯了难，联系不到本人，就只好再想别的办法。这次，他们从政府请来了救兵，杭州市副市长带队组成政府代表团亲自与达能集团会谈，想借助政府的力量给宗庆后施压，促成达能与娃哈哈的并购。只是达能未免有些天真，在宗庆后的地盘上，用政府来向他示威，只会让一切适得其反。

　　愤懑不平的宗庆后用一份传真表达了他的极度不满："我郑重宣布，中国人现在已经站起来了，已不是八国联军侵略中国的时代了，中国人有自己的国格、人格，你老是用威胁、恫吓的口气跟我们说话，只能增加我们的愤慨。双方的合作必须是平等互利的合作，你再用这种态度跟我们说话，我就跟你终止合作。"

　　面对强硬的对手，宗庆后从来没有手软过，这次因为自己的疏忽大意险些葬送娃哈哈王国，让他更加清醒地认识到达能的险恶和懂法的重要性，既然对方一再不怀好意地想要占娃哈哈为己有，那么他就应该强硬回击，捍卫娃哈哈，捍卫自己。

　　达能收到这份传真后，颇为吃惊，尽管平日里宗庆后一向如此强势，是绝不会吃亏的主儿，但像这次无所顾忌大放厥词，实属首次。透过这个细节，也就不难看出宗庆后是不打算好好商量了，表面好不容易维持起来的平静，到了打破的时候。

　　平常一次小小的失误都会让宗庆后反省半天，何况是如此大的纰漏。痛定思痛，他开始有板有眼地钻研起法律来，《合同法》《商标法》，甚至是《中外合资经营法》都没有落下，就算是临时上战场擦擦枪、磨磨刀，也比法盲强得多。

　　冷冰冰的法律条文慢慢被他消化吸收，一些晦涩难懂的概念、定义，在他潜心苦读中渐渐变得清晰。一段时间下来，他也算是小有收获。法律制定出来就是为了谋求一种公正公平，在大的框架下，不容许任何人侵犯越权，只有懂法才能更好地保护自己的利益不受侵犯，更是不能在法律上留下漏洞，否则让对手抓住把柄，受害的就是自己。

在与新闻媒体记者交谈的过程中，句句不离专业术语的宗庆后，让大家开了眼界。谁说一时不会就等于一世不会，他就是要争一口气，对方给他设陷阱，他无论如何也要绕过去，不能给别人可乘之机。"活到老学到老"，而且学会之后还要灵活应用，这是作为企业家的素养。

先发制人

先发者制人，后发者受制于人。

娃哈哈与达能的矛盾战争一触即发之际，深谋远虑的宗庆后找准时机，在娃哈哈出征之前就将氛围铺垫好，然后安心坐等英雄上场，来一场捍卫"主权"的战争。

好事坏事，想要人尽皆知，最方便快捷的手段当然非媒体莫属。这可是宗庆后惯用的策略，先声夺人，先入为主。让雾里看花的旁观者，在知其一还未知其二的时候，就先站好方阵，而且到时候还不会忘了给娃哈哈鼓掌。

2007年3月，全国"两会"在北京如期召开。身为全国人大代表的宗庆后赶赴北京与会。人大代表可不是白当的。他向议案组提交了《关于立法限制外资通过并购垄断中国各个行业维护经济安全的建议》，其中囊括了反垄断立法、定义限定并购条件、设立审查机构和鼓励国内民企参与并购等中心内容，将矛头直指娃哈哈所面临的并购危险。

对于大量外资涌入中国的现状，宗庆后表示出强烈的担忧："随着我国改革开放的不断深入和外资优惠政策的实施，大量外资涌入国内。外资在给我国经济发展注入活力的同时，也带来了严重的'负面影响'，特别是外资已经从最初的合资合作演变到了越来越多的收购、'吞并'，控股各个行业的龙头、骨干企业，从而控制我国的经济。因此，目前在扩大开放、引进外资的同时，更应立法防范、限制外资垄断、控制我国经济，维护国家经济安全。"

他所提到的"负面影响"，是作为企业家最担心的问题，并认真列举了立法限制外资通过并购垄断我国各个行业、维护经济安全的主要理由。不得不说，每一条理由都带着娃哈哈和达能的影子。

"近年来，外资并购目标直指国内各行业排名前三位的企业，并控股这些龙头、骨干企业，已经导致许多重要行业或龙头企业被其控制。这些外资利用其控股地位，说撤就撤，直接威胁到相关产业发展和国家经济安全。"

国内企业引进外资的主要目的无非是求资金或技术。外资企业仰仗自己的实力，根据自身发展的规划来随意支配中国企业，导致其沦为附庸，得不到应有的重视。最初的目的没有达到，甚至最后逃不过消失的命运，这就是外资企业对中国企业的玩弄。

"外资并购威胁到了民族品牌的生存和发展。目前外资并购了许多国内知名品牌、商标，并利用控股地位，或者将这些民族品牌打入冷宫，造成许多民族品牌因此消失，或者限制其生产和发展，使这些民族品牌日渐萎缩。目前必须通过立法或强制手段进行干预，将这些民族品牌挽救回来。"

民族品牌经过几十年的岁月洗礼，好不容易有今天的一番成就，本打算借助外资企业的手助自己一臂之力，可谁能想到，一切都没有想象中的美好，没有得到多少帮助，反而落个岌岌自危的下场。

宗庆后提出："控制外资并购、防止行业垄断符合国外立法潮流和国际惯例。美国、德国、日本等发达国家以及许多发展中国家很早就开始外资并购审查和反垄断立法，通过外资并购审查和反垄断立法来防止外资通过并购控制国内行业、实施垄断进而威胁国家经济安全。我国企业在国际市场上的开拓和发展同样遭到了这些反垄断和限制外资并购法律的影响，如前几年联想、中海油等国内知名企业在开拓海外市场进行跨国并购时，都遭到了被并购企业所在地国家反垄断机构或外国投资委员会的审查。因此，通过立法对外资恶意并购和垄断进行审查，既符合国际潮流，更是在对外交往中对等原则的体现，也是保障经济安全、扶持国内企业的有效法律手段。"

国际化日益加深的今天，唯有法律能够在一定程度上保护国内企业不受外资入侵和垄断，唯有法律能在暗箱操作盛行的并购案中，为处于弱势一方的国内企业创造一个公平公正的环境，不是不可以合资或并购，只是国内的企业有权力按照自己的意愿做出选择，而不是被强迫接受。

为此，宗庆后建议："加快反垄断立法，应当充分吸收和参考国外反垄断和跨国并购审查的立法和实践经验，让《反垄断法》尽早出台；通过立法明确外资恶意并购或行业垄断的定义，严格限定外资并购国内企业的条件；通过立法设立外资并购和反垄断审查机构，加强外资并购中的反垄断审查，对发现已有并购中存在外资恶意并购或形成行业垄断的，采取果断措施予以分拆或撤销，修改不合理的合同；鼓励国内民营企业参与并购，特别是关系我国国民经济命脉或国家安全的关键领域和行业骨干企业，在保持国有经济控制力的基础上积极扶持民营企业参与并购，防止外资恶意并购和垄断的产生。"

面对《中国青年报》记者的专访，宗庆后这样说道："我们必须认识到，外资也是一把双刃剑。当我们国家的经济发展到一定水平，财富积累到一定程度后，再毫无保留地引进外资不一定是一件好事。当外资从最初的合资合作演变到越来越多的收购、吞并，控股各个行业的龙头、骨干企业，就有威胁我国经济安全的危险。"

正如他所说的那样，外资所带来的威胁，已经不再仅限于几个企业之中，而是上升到民族和国家的高度。他的一番肺腑之言，并不是心血来潮的信口开河，他要让全国各界人士知道，他所提出的问题正是基于娃哈哈所面对的现实情况。娃哈哈已经遭到外资企业的威胁，若是再不行动，恐怕会有更多的国内企业被外资吞食。

他在恰当的时机，吐露了一番心声，只是他的担心并没有引起更多人的赞同，针对大量外资涌入中国的现状，大家普遍持观望的态度。

在同一个代表团里，万向集团公司董事局主席鲁冠球作为另一位浙商代表，在讨论时表达了截然不同的观点，他说："中国是个开放的国家，靠封闭是行不通的，行政干涉也只能是一时的，绝对不会长久。自身实力强了，人家就可能跟你融合，不然你被收购是必然的。外资通过控股行业龙头企业从而控制整个产业只是暂时的，靠压是压不好的，靠控制是控制不住的，应该靠双方的融合才能实现双赢。"

全球化愈发盛行的今天，中国企业走出去的同时，也自然会有外资企业走进来，市场对于双方而言都是公平的，没有偏向于任何一方。只是企业实力的明显差距，直接导致了强势与弱势的区分。到底是应该接受市场的检阅，任其发展，还是由本国政府出面稍作调节，还是需要时间来验证。

宗庆后提出的建议虽然没有赢得大部分人士的支持，但是关于加快反垄断立法的建议得到了会议的重视。五个月后，第十届全国人大常委会第二十九次会议表决通过了《中华人民共和国反垄断法》，也算是前进了一小步。

对此，宗庆后并不是十分满意，他所期待的效果远远没有达到。会后不久，他与《经济参考报》的记者见面，详细讲述了娃哈哈与达能之间无法调和的矛盾。随后，《经济参考报》刊登了一篇题为《宗庆后后悔了》的专访报道，文章侧重披露了达能欲对娃哈哈进行低价并购的内幕。

曝光于世人面前的矛盾不出意外地吸引了大批媒体的跟进报道。《上海证券报》《东方早报》《第一财经日报》等报纸媒体，人民网、新浪、搜狐等网络媒体，纷纷转载，加上业内人士独道精辟的分析，热心网友的议论，让娃哈哈与达能的恩怨是非成为全国关注的焦点。大家各抒己见，提出了各式各样的见解。

一直潜伏在娃哈哈和达能之间的非合资公司归属权的问题，浮出水面，摆在了公众舆论的面前。一时间举国热议，将矛头一致指向达能，瞬间它被戴上了"侵略者"帽子。

合资公司的5个董事来到杭州，围绕着"合资合同条款是否平等""商标使用许可合同是否需要修改""宗庆后能否兼任这么多公司的董事长和总经理""非合资公司生产的产品是否违法"

等问题进行了磋商洽谈，十个小时过去了，一切还是最初的样子，想解决的问题一个都没能解决。

抱着和解希望的达能，看到希望破灭，也不得不着手为自己开脱。在上海召开的新闻发布会上，达能指责宗庆后在报纸上随便发表看法，这是不负责任的行为，目的就是抹黑达能，从而抬高手上的砝码，在谈判中赢取更多的利益。

宗庆后可不管达能那一套，很快做客新浪门户网站，指出达能恶意并购非合资企业的企图，并再次声明要捍卫娃哈哈的利益。

你方唱罢我登场，达能也没闲着，致信新浪财经："达能集团对我们的合作伙伴宗庆后先生昨天在新浪网上的谈话，表示强烈不满。我们认为，宗先生提出的是他个人的看法，他所列举的事实和观点并不完全符合事实。这种行为无疑对娃哈哈合资企业、对娃哈哈品牌、对娃哈哈合资企业的员工，以及我们其他的合作伙伴造成了不必要的伤害。"

达能的态度同样强硬，明确表示，若是无法和平解决争端，则会诉诸法律，走法律程序来维护达能的合法权益。可宗庆后的后台就是娃哈哈的所有企业，是娃哈哈的全体员工，以及密切关注事态发展的各政府机关单位。

事情发展到这一步，早已不是达能与娃哈哈的企业纠纷，早已演变成为中国同胞力挺民族品牌的战役，声势浩大才能为娃哈哈造势。眼下的一片大好形势，全凭宗庆后的事先安排，在对手还没发声之前，先扼住他的喉咙。

不是吓大的

自从娃哈哈和达能撕破脸皮以来，一直是娃哈哈处在上风，占据着天时地利人和，牢牢控制着进退的节奏，多次让达能集团仓促应战，陷入被动地位。

如果达能真的是软柿子，那么也就不会坐拥雄厚的实力，宗庆后也就不会选择达能作为合作伙伴。目前的退让只是因为一时间还没有找到合适的切入点。一旦时机成熟，做好反攻的准备，娃哈哈势必会面临巨大的压力。

法国是浪漫之都，一街一巷，一景一物都透着法国人的精致。女士落落大方，男士温文尔雅，但做起生意来也是毫不含糊。眼看着和解无望，法国绅士怎么也绅士不起来了，想尽一切办法逼宗庆后就范，不达目的决不罢休，生意人的狠劲儿一下子涌了上来。

普通人一生之中，能遇上一场民事官司都是少数，可宗庆后却摊上了一场国际诉讼。一听这名头，一般人就得吓一跳，问题大到国内解决不了了，非要挪到国际上去。当事人宗庆后气愤难消，达能那边又是派人暗中跟踪监视，又是背地里调查宗庆后的家人，如果再不给达能点颜色看看，实在难解宗庆后的心头之恨。

来娃哈哈这边做说客的人络绎不绝，无非就是劝解宗庆后要沉着冷静，千万不可意气用事，不要惹些无谓的事端，要以大局为重等等。起初他还能心平气和地听进去，可达能最近一次又一次触碰他的底线，好脾气早就已经磨没了。想心平气和解决的机会已经被达能浪费掉了，既然达能不留情面，也就别怪他下手太狠，他要抱着决一死战的心情，一定做个了结。

难道达能是甘愿被动挨打的性格？达能不是没有见识过宗庆后的老谋深算，岂会听之任之而没有半分防备？双方都不是天真无邪的孩童，论心机和城府，谁也不比谁差，谁也不会心甘情愿地向对方屈服。

娃哈哈采用的策略是先发制人，借用媒体引导舆论的大方向，不断给达能施压；而达能作为国际企业，这样的对战怕是早就见怪不怪了，你来我往的口水战不过是稀松平常，表面上一言不发，实则暗地里的准备工作一点没耽搁，都正在悄悄进行。他们请来专门为外企做形象策划的团队——奥美公关公司，全权委托奥美为其负责策划全程的媒体公关，不是不出招，是时机未到。

很快，范易谋就出现在媒体公众的面前，拉开了达能与娃哈哈的媒体论战。奥美公司将新闻发布会安排在上海波特曼大酒店，得到消息的各路媒体记者在此云集，等着范易谋会有什么爆炸性的说辞。彬彬有礼的范易谋往镜头前面一站，堆满微笑，不温不火的语气，将达能与娃哈哈之间的矛盾细节一一摆出来。没有任何激烈的言辞，却恰到好处地驳回了宗庆后之前的论调，话里话外都在强调，事到如今，绝对不是达能的错，是娃哈哈违反合同在先，达能才是真正的受害者。

好比两个人吵架，不是谁的嗓门大，就说明谁有理，咄咄逼人的一方也许气盛，却不见得能站得住脚。与其破口大骂，弄得颜面尽失，不如先摆出自己的高姿态，有什么说什么，别人明白了事情的原委，自然会有结论。

紧接着，《21世纪经济报道》的记者报道了娃哈哈改制、非合资公司和离岸公司的调查情况，其中披露的诸多信息都对娃哈哈极为不利。虽然没有偏袒达能的迹象，可事实却打了宗庆后一拳。甚至在一篇访谈中，当记者问道娃哈哈脱离达能会产生何种后果时，范易谋直言不讳地说："如果这种情况真的发生了，导致发生这个情况的人将在法律诉讼中度过余生。"

此话一出，哗声一片。

敢跟宗庆后这么叫板的人，范易谋恐怕是第一个。闻风而动的各路记者迅速行动起来，通过多方渠道打探消息，都盼着能挖到更多劲爆的新闻来吸引眼球。全国上下都在关注着娃哈哈和达能的争夺战，舆论也从一边倒开始转变，力挺达能的媒体也陆续增加。这自然要归功于奥美公司，形势的改变证明他们的公关策略有了成效。他们主动配合媒体记者，尽可能提供详实的资料信息。关于娃哈哈未曾提及的许多关键点从达能口中传出来，意义自然不会相同。

奥美的公关活动卓有成效，介入后，很快就改变了一边倒的格局。只是他们到底是忘记了，对手不是无名小辈，这样的伎俩在宗庆后的眼中实在是小儿科。他在商场上打拼这么多年，见惯了狐假虎威，达能这一套根本不值一提。

达能要闹，就随便他们去闹。奥美帮着达能再怎么折腾，宗庆后都不屑一顾。面对记者朋友们的围追堵截，娃哈哈以一份声明回绝了他们的采访，内容简短明了，"由于政府要求停止在媒体上与达能进行口水战，因此暂不能满足各位媒体朋友的要求"。

与最开始娃哈哈高调曝光的节奏不同，面对达能的咄咄逼人，宗庆后不仅没有立刻予以回击，反而按兵不动，没有反驳，没有争辩，甚至都没有解释。而这份与世无争的安静被外界纷纷定义为"心虚"，舆论方面开始出现与之前截然不同的声音。

是否真的如外界传言，娃哈哈默不作声是因为拿不出像样的理由回击达能？宗庆后心里最清楚，一片混战的时候，多说无益，与其让对手抓住话语中的漏洞作为突破口，不如保持沉默，积蓄力量，把力气用到最合适的地方。

娃哈哈与达能的纠纷是否应该上升到民族主义的高度？娃哈哈擅自成立非合资公司而随意使用合资公司商标是否违反合同在先？更有人认为，娃哈哈想借用民族主义来推翻市场导向，是否有违市场经济的规律？

质疑声此起彼伏，掩盖掉了宗庆后之前的种种努力，倒是达能积极配合的态度赢得了相当一部分支持者，这让宗庆后感觉到了他们抛过来的定时炸弹。顺风顺水的达能暗自以为宗庆后会碍于目前阶段的棘手情况再次考虑接受他们的并购协议，所以乐颠颠地赶忙约见宗庆后，盘算着争取在谈判桌上将他拿下。

几天后，在杭州凯悦大酒店，宗庆后与范易谋又一次会面，还是老话题，希望宗庆后接受达能收购非合资公司51%股权的提议。宗庆后笑着摇摇头，依旧是拒绝接受。他的强硬把范易谋的志在必得击个粉碎。不管外界舆论如何，有宗庆后在一天，就断然不会有接受的可能性。

又一次无功而返，一直想在宗庆后这儿取得突破的范易谋，开始转移重心，寻找新的切入点。于是一封公开信悄悄发到了娃哈哈全体员工和经销商的手中，一上来就是郑重的承诺，"不论争端将以何种方式解决，达能集团将尽全力保证娃哈哈合资企业所有员工及全体经销商的利益不受到侵害"。潜台词就是，不管达能和娃哈哈怎么斗，都不会让员工和经销商承受半点损失，并且一副大公无私的架势，"作为娃哈哈合资企业主要股东，达能过去、现在、将来都会始终如一地支持娃哈哈这一中国本地品牌进一步向前发展"。

言语多么动听，让员工和经销商们放心，达能不是图谋不轨的坏人，而是值得信赖的伙伴……长篇大论一番，无非就是想拉拢员工和经销商，一旦他们的决心发生动摇，转到达能的阵营，那么霸王宗庆后也就成了光杆司令，再也拿不出跟达能讲条件的筹码。

可是达能的美梦未免有些不切实际，娃哈哈的员工和经销商们，从始至终跟着宗庆后埋头苦干，一起经历大风大浪，一起渡过难关，才有了娃哈哈的今天，才有了娃哈哈上万名员工的安稳，才有了娃哈哈所有经销商的赚大钱。几十年来，娃哈哈从未亏待过自己的员工和经销商，宗庆后在他们的心中就是一面旗帜，岂是一封公开信可以撼动的，亲疏远近依旧是不言而喻。

眼看着亲民这条路也走不通，最后就只能依靠法律来收场了。2007 年 5 月份刚刚开始，达能就迫不及待地对外发布公告，鉴于始终未能和娃哈哈达成共识，达能决定正式启动法律程序来解决争端。那句"要让他在诉讼中度过余生"的狠话，果真成了现实。

资料记载，"达能（亚洲）及金加投资等 7 家达能（亚洲）的全资子公司正式向瑞典斯德哥尔摩商会仲裁庭提出 8 项仲裁申请，要求被申请人宗庆后和杭州娃哈哈集团、浙江娃哈哈实业股份有限公司、杭州萧山顺发食品包装有限公司、杭州娃哈哈广盛投资有限公司停止违反'非竞争条款'的行为，以及由该行为引发的其他侵权行为，并要求作出相应的经济赔偿"。

就这样，终于是躲不过这场暴风雨，该来的总归是来了。

宗庆后个人被列为仲裁对象，要与达能对簿公堂。这可不是开玩笑的，这是要去国际法庭的，要面对一群讲外语的老外，还要跟他们讲道理、摆事实。宗庆后一想到接下来的种种，脑袋就大了，态度是很强硬，可心里的担忧也是实实在在的。这在异国他乡被人质问的感觉，换做谁也得心烦意乱一阵子。

不过宗庆后消极的情绪只是暂时的，成大事者不会因为这点小事就灰心丧气。

官司还没开始，判决还没确定，就不能一味悲观厌世，鹿死谁手还有待努力，现在说什么都为时过早，更何况，外国也没有想象中那么可怕，斯德哥尔摩商会仲裁庭的口碑一向不错，十分讲求公正，并不存在厚此薄彼的现象，一切靠事实和证据说话。

宗庆后在《给法国达能集团董事长里布先生及各位董事的公开信》中提到当时的心理变化，"一是我们认识到，诉讼与仲裁是一种文明的处理矛盾与纠纷的办法，我们要学会诉讼，敢于诉讼；二是温州正泰集团在法国与法国人打官司亦打赢了，说明世界上正义与公正还是主流；三是现在我们中国亦有了说得清、道得明的人才了，他们会帮我们去说清道明的；四是我们并没有违约、违法，首先违法的是你达能，而且达能中国区的管理层一直漠视中国的法规，因此在整个合资过程中留下了许多违法的事实，因此达能还不一定会赢，我们亦不一定会输。在此我亦不想与你们细述，因为我们要遵守仲裁要求保密的仲裁规则；五是斯德哥尔摩是一个公正的仲裁机构，不会因为你的肤色相同而偏袒你，必定会作出公正的裁决。因此本人从今以后不与你说了，亦不与你干了，亦不与你玩了，要养精蓄锐到斯德哥尔摩与你去讲理了。中国有一位伟人毛泽东的一句诗词'不管风吹浪打，胜似闲庭信步'，可以真实地反映我目前的心情"。

既然如此，更没有什么可惧怕的了。宗庆后开始安心准备，积极应对，不能让所有支持他的员工和经销商失望，更不能让辛苦积攒下来的家业变成别人的美餐。该争该抢的时候，绝不手软。

以最快速度调整好心态后，宗庆后重新出发，积极面对国际仲裁，以抖擞的精神踏出国门。正如娃哈哈对外宣称的那样："我们将认真准备，积极应诉，奉陪到底！"

真相只有一个，到底是谁在忽悠谁，法庭上见分晓。

宗庆后怀着坚定的信心，踏上了维权之旅。这场官司，本质上也不过是一场裁决，他要做的就是竭尽全力守住娃哈哈，不能让奸人得逞，就算是孤注一掷，也要血拼到底。达能想用国际官司来吓唬他，道行还太浅。

以退为进

娃哈哈与达能之争，已经上升到法律层面，达能已经在斯德哥尔摩申请对宗庆后实行仲裁，结果扑朔迷离，还没等这边消停，达能又将宗庆后的妻子和女儿告上法庭。如此大动作，无非就是想让宗庆后从长计议，以妻女来要挟他放弃抵抗，乖乖就范。

美国时间 2007 年 6 月 4 日，达能向美国加利福尼亚最高法院起诉恒枫贸易有限公司和杭州宏胜饮料有限公司及关联人员，起诉事由为故意侵犯预期商业利益和过失侵犯预期商业利益，此外还包括不正当致富及不合法、不公平和欺骗性竞争等。

不用猜，恒枫贸易的法人代表是宗庆后的女儿宗馥莉，宏胜饮料公司的股东是宗庆后的妻子施幼珍。至此，达能将宗庆后一家全部推上了被告席，一旦罪名成立，就要面临一定的法律责任。

宗庆后是达能的眼中钉肉中刺，一时半会打不垮他，就只好搬出一些冠冕堂皇的借口来打压他的家人，这比直接向宗庆后发难可管用得多，达能找到了激怒他的最好方法。

起诉地点选在美国洛杉矶，也是达能苦心谋划好的，理由很简单，两家公司的法人代表宗馥莉持有美国护照，发证地点就是加利福尼亚州的洛杉矶市，所以合情合理，也符合相应的程序规范，根本挑不出毛病。宗庆后一家只能积极配合，为胜诉做好充分的准备，也许一个马虎大意，就有被对手推进深渊的可能。

达能要起诉宗庆后一家三口，这可是条大新闻，得知消息的记者们火速前往娃哈哈总部。面对热情高涨的记者，宗庆后却表现得淡定从容，没有多说什么，似乎根本没往心里去。然而事实上，他快要气炸了，强烈鄙视达能这种牵连家人的做法。没过多久，他就以娃哈哈的名义对外发表了声明，大声疾呼达能公司"卑鄙可笑，虚张声势，全球施压。其真正目的就是为了低价并购娃哈哈、吃掉娃哈哈"。

一番慷慨激昂的陈词，让人们见识到宗庆后的不屈服，"一旦真相大白于天下，达能告别中国就为期不远了。善有善报，恶有恶报，不是不报，时候未到，时候一到，定会加倍全报"。男人之间的较量，就应该遵循光明正大的原则，伤及家人实在算不上好汉，达能的险恶用心彻底把宗庆后惹毛了，他一定会还以颜色。

娃哈哈与达能合资的这12个年头里，宗庆后不敢说自己是鞠躬尽瘁死而后已，但也算得上是兢兢业业，没有半点懈怠和懒散。他将自己的时间全部耗费在娃哈哈身上，夜以继日地辛勤劳作，将娃哈哈一点一点打造成饮料行业的航母，其中的艰辛困苦，外人实在无法真正体会到。正是他的付出才为达能带来可观的收益，让达能成了合资中的大赢家。

12个年头，宗庆后自认为没有什么对不住达能的地方，求财求利，他都一一满足了，再有什么不满意的地方未免有些太贪心。

斗来斗去，终究是觊觎更大的利益，可是不知道达能有没有把后果考虑清楚，对于娃哈哈来说，若是掌权的人从宗庆后换成别人，是否还可以维持如今的红火，到底谁是必不可少的，达能似乎没有真的弄明白。也许达能没有想，但是宗庆后却有一本明白账。宗庆后只有一个，能挑起娃哈哈大梁的人，也只有一个。

6月7日，在毫无预兆的情况下，娃哈哈的新闻发言人对外宣布："宗庆后已于6日辞去了娃哈哈与达能合资的39家公司的董事长职务，宗庆后同时要求合资公司的全体干部员工坚守岗位，继续做好本职工作。"

对宗庆后的辞职，达能方面没有挽留。这正是他们求之不得的结果。于是很快，达能在新浪网财经频道对此事作出回应，接受宗庆后的辞呈，同时任命范易谋担任临时董事长，全权处理达能与娃哈哈之间的纠纷事宜。

辞职？难不成是宗庆后怕了达能，所以临阵退缩，当起了逃兵？

傍晚时分，宗庆后以个人名义在新浪财经频道发表《给法国达能集团董事长里布先生及各位董事的公开信》，洋洋洒洒5000余字，字里行间透露着一股难言的不甘、不舍之情，与达能共处的近12个年头，有苦有甜，如今一朝反目，前尘往事历历在目，不得不说。

全篇分为六大板块，从不同角度讲述了宗庆后为娃哈哈注入心血的事实，不卑不亢，将自己的付出和达能的黑暗全盘托出，一针见血，读罢全文荡气回肠。

辞职的原因很直白，"由于本人无法忍受合资公司贵方两位董事（即贵集团亚太区总裁范易谋先生与中国区主席秦鹏先生，下同）的欺凌与诬陷，使我的名誉与感情受到了极大的伤害，同时也需要腾出精力和时间来应对贵公司提起的法律诉讼，按范易谋总裁的说法，我将在诉讼中度过余生。因此，不得不辞去娃哈哈与贵集团合资的 29 家公司及 10 家二级公司的董事长的职务。"

"欺凌""诬陷",多么沉重的字眼,让人心头一紧。

十几年的光阴里,宗庆后为自己做了一下工作总结:

(1) 1996 年,合资公司仅有 5 家企业;发展至今已有 29 家合资企业及 10 家二级企业,合计 39 家合资公司。

(2) 1996 年,合资公司的销售收入为 8.65 亿元人民币;2006 年的销售收入为 140.52 亿元人民币,增长 16.25 倍,累计实现销售收入 687.58 亿元。

(3) 1996 年实现利润 1.11 亿元,2006 年为 10.91 亿元,增加 9.82 倍。累计实现利润 69.65 亿元,用于分配 60.34 亿元,其中达能分回红利 30.77 亿元。

(4) 双方包括 10 家二级公司的其他股东合计投入资本金 33.29 亿元,实际投入固定资产 44.39 亿元,至今仅购置设备、土地、建设厂房的资金尚缺 8.8 亿元,尚不计其他生产流动资金,全是我方设法筹措的。合资公司资产 1996 年为 10.49 亿元,2006 年已增至 78.9 亿元。

(5) 资本金回报率:1996 年为 15.8%,2006 年增至 43.89%。

(6) 今年 1 至 5 月,尽管贵方两位董事欲置本人于死地,但本人还是在负责任地管理合资公司,今年 1 至 5 月份销售额实际增长 25%(按合资公司自己的销售额对比),1 至 5 月份利润增长 25.12%。

成绩摆在这里,宗庆后"自认为在担任合资公司董事长期间是尽责与称职的,为合资公司的发展作出了不小的贡献。从今以后本人不在其位,亦决不会再谋其政,恕我不能再为其负责"。他觉得自己对公司已经尽心尽力,走到如今,实在是没有办法。

宗庆后殚精竭虑，反观达能，又做了什么呢？

"贵方董事永远有理，随时可以把刀架在你头上"，为了证明此话不假，宗庆后直言不讳地说："贵方董事一方面对本人提出了每年的利润增长要求，而另一方面又通过其董事会占多数的优势，对本人作出了许多限制条款的决议……如果执行这个决议，那我们每一项经营活动均需做一个详细的可行性研究报告，等待董事会的批复，甚至连出一趟差均要等董事会的批复，而这些贵方董事平时在什么地方都不知道，这个企业究竟如何经营下去？如果你不理他擅自干了，他随时可以违约为由砍你的头，如果你守约影响了经营，其又可以经营不善为由砍你的头。回想与他们激烈争斗的 11 年 2 个月还算是命大、长寿的，与乐百氏中方经营者早被人砍了头，赶出了疆场相比还是幸运的。"

提到乐百氏的何伯权，宗庆后显然有些激动，若不是他严加防范，恐怕他的下场也如何伯权一般，早就被达能赶下台去，一生辛苦创下的家业，转眼就换了主人，什么都不懂的人偏偏喜欢指挥什么都懂的人，宗庆后耐着性子管理公司，也着实不易。

在合作的过程中，"与不懂中国市场与文化的贵方董事合作是相当艰难的"，他让众人知晓无限风光的背后，是他一个人在支撑着全局，"由于贵方委派的董事根本不懂中国的市场，捕捉不到商机，而且除了每季开一次董事会要我们汇报经营状况、分析市场形势、提出下阶段营运方案，平时可以说根本看不到他们的人，而且可以毫不夸张地说他们可能对 39 家合资企业大门朝哪里开都不知道"。

对公司及运营情况一无所知的情况下，却还在指手画脚，对手下格外挑剔，这样的领导上司谁愿意服从？

"既不想承担风险，又不愿履行责任，总想攫取别人的利益，对合资公司没有丝毫帮助"，"并购不成，就搞个人人身攻击，欲将我置于死地而后快"，只知坐收渔翁之利，却不知体恤他人的劳苦，得了便宜后，还要倒打一耙，怎能叫人不气愤？

最卑劣的一点是，"言而无信，手段不地道"。宗庆后写道："在整个纠纷谈判过程中，上午还要求政府协调，双方不打口水战，不向媒体发表言论，下午就到上海举办新闻发布会，发表不实言论，为此我们被迫发表了三点声明后，他们又找政府协调要我们不发表任何主张，我们承诺了政府之后就此闭口，没有说过话，而且亦没有接受记者的采访，还引起了媒体的不满。而他们却不断地发布各种各样的攻击性言论，同时一会说我们非合资企业非法将产品通过合资的销售公司出售产品，一会又要求我们非合资公司的产品低价通过合资公司销售，还说什么付给了我高额的报酬，我管了与你合资的 39 家公司，仅从一家公司中拿工资，开始仅拿到了每月 100 多欧元的工资，你们认为我这个工资合理吗？最后还是员工看不下去了，提出来给我加工资，现在才拿到不到 3000 欧元的工资。就算他们所承诺的每年利润的 1% 奖金（还制定了很多指标，如达不到还得扣减或取消）及每年 10 万左右欧元的工资补贴若能拿到手的话，我想我亦可能属于世界上最廉价的董事长兼 CEO 了，而他们还将此作为我的罪状向政府告状，天理何在！"

可以看出，宗庆后对达能已是忍无可忍，曾经碍于娃哈哈的长足发展，甘愿忍一时换来风平浪静，然而忍耐的结果就是达能更进一步的横行欺压，准确来讲，11 年零 2 个月，"我一直坦坦荡荡，总是以和为贵，以情服人。这亦可能是与我们的民族特性有关，一是我们中华民族是一个讲情理的民族，二是我们中华民族是一个宽容的民族，与人为善的民族，因此总是把好东西先给人家，自己吃点亏亦要让人家满意。与达能合作 11 年 2 个月，由于过度宽容、与人为善，反而被他们认为软弱可欺，得寸进尺，造成了目前被贵方董事任意欺凌的后果"。

刚开始提到法律诉讼要到斯德哥尔摩提出仲裁，他还会感到头皮发麻，担心既不懂语言又不懂西方文化，怕被人歧视，而现在，他已经信心满满，决定高调前行，为自己讨个公道。

最后不无大度地说："今天本人告别达能，希望明天达能不要告别中国。"并且，提出善意的忠告，"我想你们该考虑一下到底是为什么，是否该改变一下你们的思维，改变一下你们的工作方法，是否该尊重一下中国人，尊重一下自己的合作伙伴，否则我看达能告别中国之日为期亦不远了"。

水能载舟，亦能覆舟

古语有云："君，舟也；人，水也。水能载舟，亦能覆舟。"自古以来，百姓都是不可忽视的一股力量，甚至是决定性的，得人心者得天下，此话不假。

宗庆后驰骋商场几十年，除了他自身的英明决断外，少不了娃哈哈员工的大力支持，他们是一个团队，同心同德，才将娃哈哈筑造成帝国。员工眼中的宗庆后，永远是神一样的存在，他们笃信他的领导，为了娃哈哈，心甘情愿地全力以赴。

辞职信昭告天下后，属于宗庆后的反击时刻到了，冲在最前面的除了他自己，剩下的就是娃哈哈的全体员工，有组织、有纪律，且声势浩大。

6 月初，在新浪网站，娃哈哈以集团的名义接连发布 5 封声明，一波又一波，不间断地将炮火对准达能，娃哈哈打破了先前的沉默，开始以笔讨伐达能，支援宗庆后。

第一波，娃哈哈全国各地的经销商发布标题为《达能，你都做了些什么》的声明，措辞严厉，情绪高涨，宣称："从收到你们寄给我们的所谓告经销商书，我们就觉得你们不地道，你们这种恶意的做法分明是在离间我们与娃哈哈公司及宗总的关系，你们最好别痴心妄想！""我们担心不久的某个时间你们也会像处理其他企业一样置我们于死地！请你们滚出娃哈哈！""我们中的不少人刚刚从乐百氏的阴影中走出来，现在你们又想把我们经营的娃哈哈变成第二个乐百氏？难道不把中国的饮料企业都搞垮你们就不罢休？""宗总是我们的引路人，我们只信任由他管理的娃哈哈！我们坚决不答应由达能公司染指娃哈哈！"

若是要在宗庆后和达能之间做出选择，娃哈哈的员工们坚决选择前者，摒弃后者，甚至还要声讨后者的无耻，宗庆后就像自己的家人，娃哈哈就是自己的家，当自己的家人和家受到威胁，谁还能袖手旁观，漠不关心。

第二波，娃哈哈的销售公司市场部和供应部职工代表抛出声明《宗总我们要跟你走》，高调表态："宗总还是辞掉了合资公司董事长的职务，广大员工十分不愿意的事发生了。这个倾注了他全部心血和智慧，甚至生命的事业竟然被逼放下了，达能，你实在是伤透他了。""我们强烈支持宗总，用法律的武器，追究达能采用造谣、监控等非法手段进行的人身攻击。我们坚决支持公司对达能的仲裁积极应诉，奉陪到底。""宗总，我们要跟你走！达能的阴谋是不会得逞了。没有你的娃哈哈不会有艳阳天；我们将用娃哈哈极强的团队精神，誓死捍卫我们美丽的家园。被达能控股的合资公司就让他们自己去打理吧。"

对于宗庆后的仲裁，他有强大的后援团，达能伤他一分，娃哈哈的员工就要恨达能三分，宗庆后去哪里，他们就要跟到哪里。达能可以放弃宗庆后，但是娃哈哈员工不能，他们始终追随宗庆后，海角天涯，只要宗庆后需要，他们就会一直在他左右，上刀山下火海，在所不惜。

第三波，娃哈哈秋涛基地、下沙基地、乐维基地纷纷发表公开信《达能，你太卑鄙了》《宗总，您不是一个人在战斗！》等，指名道姓地谴责达能，力挺宗庆后。秋涛基地的公开信饱含深情的说："达能公司：自从你们在瑞典斯德哥尔摩商会仲裁庭提出所谓的8项仲裁申请，我们娃哈哈人对你们的愤怒再次升级。今天宗总的辞职更激起我们对你们的强烈愤慨，1996年到现在，你们对娃哈哈，对全体娃哈哈员工，对宗总，对中国政府做出了太多的卑劣行径。达能，请你滚出去，滚出娃哈哈。"

对于宗庆后的仲裁，不是他一个人的战斗，他的身后是娃哈哈的全体员工，是一颗颗赤诚之心，他们在捍卫他的权利不受侵犯，任何想要对宗庆后下黑手的人，都要先问问娃哈哈的员工同意不同意。

公开信还列数了达能的七大"卑劣行径"：贪婪——利益当头，唯利是图，对娃哈哈发展不闻不问；违法违约——设置合同陷阱，进行不正当竞争；抢夺——垂涎中国民族品牌"娃哈哈"，威逼利诱强行收购；诋毁——严重伤害宗总以及家人的名誉，逼走宗总；卑鄙——为达到目的不择手段，大搞阴谋行为；欺骗——利用媒体，捏造事实，为自己狡辩，蒙骗人民；无情——严重伤害娃哈哈全体职工以及全中国人民的感情。

下沙基地的员工则表示："宗总您的无法忍受，也是我们的无法忍受。达能两位董事的卑劣行径总有一天会遭到恶报。我们想跟宗总说：宗总，无论您走到哪里，我们都将跟随您，此番斗争，您绝不是一个人在战斗。""您的身边有娃哈哈万千员工铸成的坚强盾牌。这个盾牌是您花了 20 年用心铸造的，这样的盾牌，达能的糖衣炮弹挖不走，达能的跟踪、威胁打不倒，达能的挑拨诋毁摧不毁，无论遇到任何危险困难，这个盾牌将跟随您左右，与您同荣辱、共进退，为您保驾护航！所以，宗总，您不是一个人在战斗！"

乐维基地的员工也情绪激昂地宣称："达能，我们对你的良知已不再抱有任何幻想，也不奢望你对娃哈哈作出什么贡献，只请你不要再来伤害宗总，不要破坏我们的家园，否则我们将决不答应，我们将会跟你拼了！""我们郑重其事地告诉你们：我们的娃哈哈员工将发挥'道相同、心相通、力相聚、情相融'的团队精神，坚决抵制一切外来恶势力，誓死捍卫我们美丽的家园。同时我们也呼吁更多的中国人来声援我们，来与我们一起保卫'娃哈哈'这个标志性的民族品牌，让我们变得更加有力量，将斗争进行到底。"

来自群众们的呼喊声愈发响亮，这让达能坐立难安，不得不在上海波特曼大酒店召开新闻发布会，回应娃哈哈抛过来的冲击波，为自己挽回颜面。其实达能心里清楚，在热血沸腾的娃哈哈员工面前，不管他们作何解释，采取什么行动，都会被视为恶人，但是有些话不仅要让他们知道，还得让媒体知道。

概括来讲，达能对公开信中的诸多指责一概予以否认，宣称"宗先生的公开信中所罗列的很多情况均属断章取义，歪曲事实"。又称："宗先生的辞职完全出自他本人的意愿，目的是为了更好地追求个人利益。我们非常感谢宗先生在过去十多年里对娃哈哈合资企业的发展作出的贡献。但是，任何人都不能以此为借口，利用员工、业务伙伴和社会大众，煽动针对其他个人、公司和国家的敌对情绪，以危及合资企业的健康发展为代价，实现个人财富最大化的目的。"

达能感谢宗庆后的付出，却不能容忍他煽动员工与达能作对的行为。其实明眼人都看得出来，对于娃哈哈员工的种种声援，达能有些扛不住了。

与娃哈哈的风格明显不同，达能并没有表现出浓重的火药味，只是平静地讲道理、摆事实，态度诚恳、平和，面对指责也没有任何过激的言辞和行为，恪守着自己的原则，一副不怒自威的气场。

即便如此，娃哈哈的员工仍没有被眼前的假象所迷惑，他们要将达能彻底赶出娃哈哈。在新闻发布会进行到将近一半的时候，几十名娃哈哈员工身着统一着装，在大酒店门口排列整齐，举着"我们要宗总，坚决不要达能""强烈呼吁政府追究达能的非法行径"等标语口号抗议示威。

既然对手以柔克刚，那么娃哈哈也得适时地转变思路，做到张弛有度。几天后，在杭州秋涛路基地八楼会议室，娃哈哈的新闻发布会开始了。宗庆后同娃哈哈的管理团队一起出现在公众面前，与来自全国 20 多家媒体记者会面。

"坚决抵制达能的恶意并购，最后的胜利必将属于娃哈哈！"这一标语悬挂在最显眼的位置，让来访者不由得心生敬畏。管理团队一致对外，高呼"如果娃哈哈与达能彻底决裂，我们将集体辞职，继续跟随宗庆后"，会场被一种坚定不移的情怀所笼罩，每个人的血液都沸腾了起来，虽然不再年少，可那股子不羁轻狂却依旧保留在心中。

心中愤慨难消的宗庆后，在这次新闻发布会上倒是竭力保持平静，不论何种提问，都一一解答，哪怕是尖锐的问题，都没有一丝不快。

随着声援宗庆后的力量日益壮大，实质性的支持也在不断升级。6月中旬，娃哈哈经销商联名拒绝接受派来的新董事长，正如宗庆后所说"向合资公司派出78名董事，这是根据相关法律做出的决定。实际从一开始大家都知道，我就是娃哈哈集团董事长、总经理，可达能攻击我违反公司法，一人兼任39家企业的董事长，既然他们要抓我这个辫子，那我知错就改，每家公司都派新任董事。我希望他们也不要兼任"。

大家心中的董事长只有一个人，那就是宗庆后，旁人无论是何方神圣，都比不上宗庆后，他们不接受，也不服从。

两方已到了水火不容的局面，至于是否有和谈的希望，宗庆后笑中带着刚毅，"和谈有两个前提条件，一个是取消不平等条款；一个是向我公开道歉"，平心而论，这样的条件并不苛刻，只不过真的执行起来，怕是不容易。

这年头，谁还没点自己的底线和原则，没有触碰到的时候怎么都好商量，一旦越过划定的那条线，任你是玉皇大帝，他也要闹个天崩地裂。

当然，光靠自己还不行，要有一呼百应的效果，气势才够磅礴。一个人的威风加上一群人的力量，在这场是是非非的角逐中，宗庆后依旧是指点江山的王者，他的身后是几万名娃哈哈的员工，水载着舟，逆流直上。

8

理不清的是非

宗庆后是公众人物，向来是民族企业家的榜样，年轻人佩服他的拼劲儿，同行者敬畏他的有胆有谋。可娃哈哈与达能的战争打响后，许多负面消息频频曝光，这让人们大为失望，"偷税漏税""美国国籍""离岸公司"等，一个接一个的谜团。真相到底是什么，值得持续关注。

到底谁在伪造？

陷入纠纷中的宗庆后，得到了众多员工和经销商的支持，各路媒体也纷纷为他奔走疾呼，可见，娃哈哈与达能的恩恩怨怨，已经不再仅仅围绕两个企业的价值利益，而是由宗庆后一手操刀，上升到了国家民族的高度，他也被奉为"民族企业的英雄"。

挺身而出，以一己之力与外资相抗衡，不惧淫威的胆识理应受到敬重。

只不过没想到峰回路转如此之快，人们还在忙着数落达能的不是，同情宗庆后的遭遇，达能这边已然爆出猛料，让自诩正义感满身的各位局外人大跌眼镜，诸如"娃哈哈伪造离岸公司法人签名""宗庆后的女儿已经加入了美国国籍"等内部消息，一时间弄得满城风雨，惹得一片议论纷纷，旁观的人们难以直视突如其来的消息，毕竟从英雄到"反派"只隔了短短几天时间。

高大正直的英雄形象，一下子大打折扣，人们难以相信那个满口民族情怀、企业节操的人，竟然隐藏着不可告人的秘密，不管是非真假，质疑声已经铺天盖地，坚定的支持者们开始动摇，不知道是否应该再去相信。

几个重磅炸弹还没拆利索，新的麻烦又来了，代理娃哈哈国外诉讼的美国律师莫名其妙临阵退出，让宗庆后一时间手忙脚乱，恨不得生出三头六臂去应对种种突发事件。

整个6月份，宗庆后都在为接下来的诉讼做预热，发动群众的力量为自己造势，各路媒体也相当配合，事情的走向都尽在掌控之中，可达能这次不惜爆出这些消息，也肯定是要拼个鱼死网破，绝不轻易认输了。

接下来的7月份，漫长的法律诉讼一场接一场，结果有好有坏。在国内，宗庆后基本没遇到什么挫折，可在国外，情况却正好相反，不仅非常不顺利，并且还牵扯出一场信誉危机，差点让宗庆后颜面扫地。

在7月份达能召开的新闻发布会上，一向是主角的范易谋没有参加，代表达能发言的是部门的两张新面孔以及来自欧亚美三大洲的律师团。来者气势汹汹，一看就知道有备而来，至于准备了什么，倒是让人很期待。

果然没让媒体朋友们失望，一条爆炸性的消息公诸于众，"在达能把危害娃哈哈合资公司利益的诸多离岸公司实际控制人告上美国法庭后，出现了一个很意外的状况，那就是其中一家离岸公司荣辉投资公司的法人代表声称，他对该公司完全不知情，与之相关的签名全是伪造的"。

消息来源绝对可靠，是达能在美国委托代理诉讼的宾汉和麦卡勒律师事务所的合伙人，"根据我们的调查，娃哈哈集团伪造了美籍华商陈仲华先生的签名用于开办离岸公司。目前，陈仲华先生已经在律师的陪同下，经过公证手续签署了相关的证词和补充证词"，消息还透露，"许多伪造陈仲华签名的文件显示，签名是于 2006 年 8 月 10 日及 2007 年 1 月 4 日等时期签署的，而陈仲华先生护照上的中国口岸出入境盖章显示，那些日子他根本就不在中国境内"。

这个开头，调足了记者们的兴趣，会场一下子安静起来，大家都在等待着更加惊人的消息。其实起因经过并没有想象中的那么简单，除了时间上的冲突，还有来自当事人本人的亲口回应，一下子更加扑朔迷离。

陈仲华得知自己竟然是离岸公司荣辉投资的法人代表时，不由得有些吃惊，他一再强调，自己没有签署过任何与之相关的文件，甚至对荣辉投资都没有丝毫印象。显然，这其中必定有蹊跷，而现有的所有证据都对宗庆后不利，若是他解释不清楚来龙去脉，那么伪造他人签名的罪名就立刻坐实了。

奇怪的是，陈仲华向宗庆后发了询问的传真，却一直没有得到回复，是心虚，还是另有隐情？

在与宗庆后取得联系之前，达能先一步找到陈仲华，向他出示了律师函和中国工商行政管理部门有关三家荣辉投资公司参与投资的娃哈哈非合资企业，巢湖娃哈哈昌盛饮料公司、新乡娃哈哈昌盛饮料公司和合肥娃哈哈昌盛饮料公司的资料。

不出意料，许多文件上都有陈仲华的签名，然而他自己却一时摸不着头脑，不知道这到底是怎么一回事，自己对这些企业一无所知，签署的资料也是头一次看见，怎么会有自己的签名呢，他断定肯定是有人蓄意伪造，至于出于何种原因，他并不清楚。

在得到当事人的验证后，达能立刻向成都、巢湖、合肥、新乡等市的管理部门递交了关于成都娃哈哈昌盛饮料公司、巢湖娃哈哈昌盛饮料公司、合肥娃哈哈昌盛饮料公司和新乡娃哈哈昌盛饮料公司编制和提交虚假公司设立文件的举报信。

可到这里依旧是模糊的状态，陈仲华到底是什么来头，为什么好端端会有人冒充他的身份签署文件？

一切还要从陈仲华和宗庆后的结识开始说起，也许会解开谜团。

陈仲华居住在加利福尼亚州阿卡狄亚市，是美国公民。曾在1993 年成立了一家专门从事中美间国际贸易战略咨询工作的公司。与宗庆后是在 1995 年相识。两人一度为了寻求合作多次会面，达成合作共识后，欣然一起成立了一家合资公司，只是后来由于运作方面出了问题，没能求得长久，不久后公司宣布解散。

十年后，陈仲华来华考察期间，还曾访问过娃哈哈集团，机缘巧合下，与宗庆后久别重逢，谈起那段合作的短暂时光，两个人感慨万分。赶上杭州钢铁厂正在寻找外资合作，陈仲华便准备为其积极引荐。宗庆后得知后，表现出浓厚的兴趣，两个人便开始磋商合作事宜。可以说，这期间二人的交情不浅，在美国、中国，二人都曾当面会谈，国际长途也打了不少，合作意向越来越明确，计划也越来越详实，最后双方决定到香港以陈仲华的名义成立两家离岸公司，目的则是为杭州钢铁厂引进外资。

手续办理的很顺利，在位于香港特区的周尚冰会计师事务所，他们选定了两家离岸公司的名称，陈仲华将护照和护照复印件一并交给事务所的办公人员，随后，中源国际投资公司和冠军工业公司两家离岸公司注册成功。

离岸公司的事情办妥后，陈仲华和宗庆后联系愈加频繁，两个人都憧憬着能够在浙江捕获更多的合作机会。只是可惜，杭州钢铁厂引进外资的计划没有实现，直接中断了二人进一步合作的念头。不久之后，宗庆后向陈仲华建议，撤销之前成立的两家离岸公司。陈仲华应允，并来到杭州，亲自签署了撤销两个企业的委托文件。几个月后，宗庆后明确告知陈仲华，原先的两家公司已经撤销。

热切期待合作的两个人，一直在积极谋求合作，然而事与愿违，总是找不到恰当的机会可以真正合作一次，陈仲华也向媒体表示，他自始至终都没有与宗庆后成立过荣辉投资公司，也没有与宗庆后进行过任何实质性的投资合作。

面对"铁证"如山，娃哈哈的新闻发言人没有给出任何解释，只是表示将诉诸法律，用事实说话。宗庆后就此事回应道，"没有的事，达能并没有公布什么铁证"，并且强调娃哈哈的律师团已经掌握确凿的证据来证明陈仲华的签名并非伪造，到了适当的时候，会拿出来澄清一切，不会任由达能一方随意造谣生事。

依照一般的逻辑，既然当事人出来作证签名是伪造的，那么按理说应该就没有什么疑点了，可另一方又说自己有确凿的证据来证明签名属实，到底该相信谁的话呢？

有证据就拿出来，让事情水落石出，可偏偏到最后，还没弄个一清二楚，争执不下的双方竟然没有一个人再提此事，在判定谁是谁非前，似乎一切纠结都烟消云散，原本互看不顺眼的双方，在这件事上居然出奇的默契，闭口不谈，就这么让疑点重重的问题慢慢淡出了人们的视野。

没有结果，对宗庆后来说似乎并不是最好的结果，尽管人们不再揪着这件事不放，然而他的信誉已然受到了损害，留在人们心里的宗庆后，多了一个问号，他到底是不是伪造事实的骗子，或者是有理说不出口。双方都在沉默，人们也只好猜测。

唯一肯定的是，离岸公司确实存在不为人知的秘密，但是鉴于双方把争议搁置起来，外界很难再挖出什么有价值的线索，不管谁在说谎，已经造成了负面的影响。

国籍之谜

试想一下，两个知根知底的人反目成仇，为了搞垮对方，必然会拿出一些见不得光的"丑闻"大肆宣扬。退一步讲，两个人并非熟识，那么为了搞臭对手，想方设法去挖点猛料出来也实属平常。

一个热爱祖国、忠于祖国的人，断然不会放弃自己的中国国籍，而投入其他国家的怀抱，身为一个中国人，连中国国籍都不要了，何谈一片爱国的赤诚之心？

这一次，达能真的给宗庆后出了一道难题。

作为离岸公司的法人代表，在多家离岸公司被查的同时，宗馥莉肯定也被调查得一清二楚。于是，宗馥莉拥有美国国籍的消息也就成了炮轰宗庆后又一武器，前脚"伪造美籍华人签字"的传闻还没有解决，后脚又来了一个"国籍之谜"，宗庆后的日子似乎不太好过。

原本进展十分顺利的诉讼大战，就在这一连串的疑问中变得跌跌撞撞。不得不佩服达能另辟蹊径的能力，一边忙里忙外应对诉讼，一边搜集证据打探宗庆后的隐私，不过这招果然好用，让宗庆后忙得焦头烂额。他要面对的不仅仅是国籍这个问题，还有一向高呼爱国的他，如何收拾女儿放弃中国国籍的烂摊子。

在 7 月 13 日的媒体见面会上，宗庆后表示，其女宗馥莉已经在第一时间申请取消美国国籍，并正在美国当局的审查程序之中。可不管是已经取消了，还是正在取消，这一番话让长久以来全心全意支持娃哈哈和宗庆后的人多少有些失望，原本以为只是达能散布的谣言，却没想到在宗庆后那里得到了证实，让一向标榜他为"民族英雄"的人们情何以堪。

达能趁热打铁，在 7 月 17 日发表声明称，"某一个人现在放弃国籍，并不会改变加州法庭的司法管辖权和裁决效力"，这是在提醒宗庆后，美国法院实行"长臂管辖"原则，不管宗馥莉现在是否已经取消美国国籍，只要她是美国加州居民的时候曾有过起诉书上所指控的行为，法院对她当时的行为就有司法管辖权和裁决权，所以想要通过取消美国国籍的行为来逃避诉讼，是不现实的，所以还是老老实实等着接受庭审。

宗馥莉作为宗庆后的独女，平常很少出现在公众媒体面前，所以大家对她的关注度远不如其父宗庆后来得高。可这一次，达能将她推向风口浪尖，一个 25 岁的女孩子，就这样突然一下子要迎着各种各样的眼光生活，本该平静的生活一下子喧闹起来，归根到底，即便是有一个中国首富的老爸，她依旧想过普通人的生活。

1982 年出生的宗馥莉，并不是含着金汤勺降生的。她的童年与众多平凡人家的孩子一样，家庭条件一般，也有着疼爱自己的父亲母亲，一家人和和美美，快乐幸福地经营着自己的小家。那个时候的宗庆后，还没有大展宏图的机会，为了让妻女过上更好的生活，正拼了命努力着。

1987 年，宗庆后承包下校办企业经营部，艰辛的创业之路就此启程。这对于女儿宗馥莉来说，父亲越来越忙碌，在厂里待的时间越来越长，能够陪伴她的时间却越来越少。小小的她明白，父亲是在为整个家奔波。

到了她该上学的年龄，起初是在杭州建国一小，之后又转到了杭州胜利小学，这里的教学水平更高，师资力量更雄厚，为她奠定了良好的基础。小学毕业后，她升入杭州市第二中学，这是杭州市最好的中学之一，在浙江省也名列前茅。

初中三年一转眼就过去了，1998 年，在父母的安排下，她前往美国，就读于加利福尼亚州洛杉矶市的圣马力诺高中，这所学校正是达能新任总裁范易谋给宗庆后参谋的。严谨的校风，高质量的教学，连同高昂的学费住宿费，都是圣马力诺高中的特色。宗馥莉在这里度过三年的高中生活后，进入佩珀代因大学主修国际贸易。

佩珀代因大学历史悠久，建立于 1937 年，是一所基督教的私立大学，校园占地 830 亩，坐落在圣莫尼卡山上。在这里，可以一览太平洋的浩渺烟波，美不胜收。求学期间，宗馥莉顺利取得美国国籍，也许她并没有想到，这件事会成为日后的焦点。

2004 年，她毕业回国，宗庆后并没有急着让她接管庞大的家业，她一边在某著名高校攻读工商管理课程，一边在娃哈哈"打工"。首先进入萧山二号基地，这个基地拥有 6 家分公司，从事饮料、童装和日化等行业，她的第一个职务是娃哈哈萧山二号基地管委会主任助理，大致熟悉了娃哈哈的业务后，开始担任萧山二号基地管委会副主任。

2005 年 7 月，逐渐掌握了娃哈哈的节奏后，她开始兼任杭州娃哈哈童装有限公司与杭州娃哈哈卡倩娜日化用品有限公司总经理。对于这样的安排，宗庆后有他的想法，主要是考虑到童装和日化的业务在国内发展缓慢，需要注入新鲜的管理知识，促使两个部分尽快走上正轨，也好为娃哈哈的多元化战略提供借鉴。

回到国内的宗馥莉，一直保持着低调的作风，虽然是外国留学归来，又是娃哈哈王国的"公主"，但为人处事并不张扬，鲜在公众面前抛头露面，所以国籍的问题，谁也没有留意过。

这次国籍之谜对宗馥莉来说，有好有坏，虽然一方面成为达能的把柄，另一方面也成为她高调亮相的契机。她抓住这次机会，从父亲宗庆后的身后，大胆站了出来，开始独当一面，展现她的风采。

2007 年 9 月 26 日，浙江省慈善总会"馥莉慈善基金"成立，并在当日举行了首笔助学金发放仪式，省慈善总会的顾问、会长和副会长悉数到场，神采飞扬的宗馥莉大方地出现在媒体面前，接受世人的注目。

据了解，"馥莉慈善基金"是由杭州娃哈哈宏胜饮料集团出资 1000 万元在省慈善总会设立的留本冠名基金，该基金的本金将由宏胜饮料集团投资运作，并承诺每年的增值收益不少于人民币 30 万元，用于援助特困大学生和义工发展，该基金目前在浙江大学与浙江工业大学设立助学金，每年计划援助 36 名家庭困难的大学生，同时还对其中部分学习优秀者提供奖学金。

站在聚光灯下的宗馥莉，有着与其父一样的自信和坦然，她说："尽管本人和娃哈哈宏胜饮料集团一样都很年轻，但能够在努力发展企业的同时，有机会承担起企业的社会责任，这是企业的光荣，也是我个人的荣幸！我们的慈善事业刚刚起步，还没有经验，会边做工作边学习，努力让基金增值，争取做更多有意义的事。我们将把慈善事业作为企业的社会使命，认真做好慈善工作，并不断通过自己的努力将慈善精神发扬光大。"

这是她的承诺，她希望通过自己的努力，撑起父亲带给她的光环，积极树立起良好的公众形象，带领团队取得夺目的成绩，让所有关心、支持娃哈哈的人们放心。作为宗庆后的女儿，她不会让父亲失望，也不会让娃哈哈失望，她会用行动和能力来向世人证明，她不会辜负所有人的殷切厚望。

自然而然地，大家将视线从美国国籍的问题上，转移到宗馥莉的个人能力上来，人们更关注的是这个千金大小姐能否秉承父辈创业的精神，同时用所学为娃哈哈带来新的生机和活力，甚至人们纷纷猜测，宗庆后会在什么时候将娃哈哈的大权交给女儿，从而退居二线。

达能帮助宗庆后把人们的眼球吸引过来，起初当然是有些棘手，可后来，不知不觉间变成了宗馥莉的独秀。她的学识和修养征服了人们的心，人们不再拽着她的国籍不放，开始关注她的自身价值，她的全球化视野能否帮助娃哈哈实现品牌的国际化和多元化的战略推广，这才是人们最关心的话题。

也许在此之前，宗庆后也在反复考虑如何将女儿带到公众面前，还没等他想出好的主意，达能倒是率先出招，在一定程度上来说，也算是帮了他的忙。

"福兮祸所伏，祸兮福所倚"，达能的小伎俩却变成了宗馥莉的契机，常说好心办坏事，达能这次是坏心办了好事。

偷税达人？

在几轮制约与反制约的较量中，达能使出浑身解数打击宗庆后，尤其是在个人声誉上，几个来回下来，虽然没造成实质性的损害，却让宗庆后费了不少心。

当和谈重新列入计划，却依旧矛盾重重，冰冻三尺非一日之寒，彼此的心结也不是说解开就能解开的，你怨我来我怨你，坐在谈判桌上也只是大打口水仗，耗费时间罢了。谈了几次，问题还是老问题，双方却一直争执不下，没有人愿意让步，达能不愿意失去并购非合资公司的机会，宗庆后更不愿意让对方得逞。

一个月过去了，和谈还是维持原样，心急的达能只好继续寻觅宗庆后的破绽。这个时候，只有从侧面进攻，让宗庆后防不胜防，才能推进谈判的进程，让达能有得到的希望。

这一次，还真是"凶险"，让刚刚遭遇信誉危机的宗庆后又差一点跌进了更沉重的深渊。

2008 年是值得中国人欢呼雀跃的一年，申奥成功后，多少国人流下了激动的泪水。那一刻，作为中国人的自豪感充斥心间，北京奥运会如约举行，来自世界各地的人们蜂拥而至，可谓普天同庆，可也是这一年，让宗庆后伤透了脑筋。

网络对于新时代的男男女女而言，无疑是生活的必备品，是消遣娱乐的居家旅行之佳品。网络提供了最快捷的新闻资讯，好事坏事，不用出门就一日千里。3 月份，达能和娃哈哈刚各自消停一阵子，一条关于宗庆后的新闻又再次成了热门。

"曾经自称最廉洁 CEO 的娃哈哈集团董事长宗庆后漏缴个人所得税近 3 亿元。"此消息一经公布，宗庆后又成了热门人物，这件事也登上了各大报纸的头版头条。

其实此事说来话长，并不是突发事件。因为早在 2007 年的 8 月份，就有人实名向国家税务总局举报宗庆后有意隐瞒巨额境内外收入，从而逃避大笔的个人所得税。杭州市地税局稽查局收到指令后，立刻于 11 月份正式立案调查。

至于结果如何，相信税务机关的各位工作人员都不是白领薪水的人，自然会有一个详实的交代，只是让人们颇为奇怪的是，半年之前的疑点，为什么迟迟没有公布，反而是在宗庆后与达能拼得你死我活的时候，让天下皆知呢？当然最容易想到的是，达能从中"作梗"，一手策划了这次看似无意、实则有心的税务问题。

若说之前的种种猜忌都可以化解的话，那么此次的"偷税事件"，实在是一个毁灭性的打击。表面上如此爱国，背地里却干着损害国家利益的事，这样的宗庆后有了污点，还如何被称为"民族企业的英雄"，难道大家都要向他学习如何偷税漏税吗？

最兴奋的要数各路媒体记者了。他们绝不会放过这次报道的机会，纷纷赶到杭州市，要听听宗庆后本人怎么回应，若是真有此事，就更要看看他怎么为自己挽回形象了。

不说传闻是真是假，只是一句"这件事肯定和达能有关，举报人就是达能的人，应该是秦鹏吧。因为我们和达能的谈判谈不拢"，就将矛盾引向达能，可达能明显不想"背黑锅"，他们表示"去年 11 月，政府有关部门确实曾向达能提出要求，要求我们提供相关资料。同时，达能确实向宗庆后支付了巨额报酬"，接着又说"对宗先生的言论以及各方的猜测，我们不予置评"。

没承认，也没有否定，达能只是保持旁观者的身份继续关注着事态的变化。不论任何时候，都是言多必失，尤其是高度敏感的时刻，而擅长联系的媒体记者们，肯定会挖掘出只言片语中的信息，所以还是少说为好。

达能可以选择沉默，微笑着闭口不谈，可宗庆后不可以，许多人在等着他的解释，其中就包括杭州市地税局稽查一局，无论如何，需要他亲自走一趟。在短短 45 分钟里，宗庆后肯定与办公人员进行了一次详谈，事情的真相自然需要当事人自己的说法，具体的调查也需要他的配合。至于说了哪些内容，是否做出了某些决定，都无从知晓。

等候在税务局门口的记者，看到了从办公室出来的宗庆后。依照记者的描述，结束谈话后，宗庆后气定神闲地走出办公室，没有外界猜测的不安或慌张，甚至多了份坚定和从容。

那么，偷税的问题是否真的存在呢？用事实来说话。

从 1996 年到 2005 年的几年间，宗庆后的收入分为两部分，一方面是来自国内娃哈哈提供的报酬，另一方面是海外收入，也就是依据娃哈哈与达能签署的合同，达能给予的海外收入，共计 7100 万美元，达能将款项分别打入开设在香港的分属宗庆后本人和他的妻子、女儿以及原娃哈哈集团党委书记的四个账号中。

以上账目都有据可循，有高额的收入，却没有上缴相应的税费，这就是偷税漏税的行为，不是含糊其辞就能应付过去的。

宗庆后的形象又一次遭遇到了空前的危机，刷新了之前的所有观点。虽然在整个过程中，娃哈哈内部统一口径，一律无可奉告，可消息一曝光，应对信誉危机的战役就已经打响了，万万不会坐以待毙的娃哈哈团队展开了补救。

2008年3月份，正是第十一届全国人大一次会议，身为人大代表的宗庆后神采奕奕地出席了会议。在这期间，博客成为宗庆后发表言论和挽救形象的重要阵地。

在搜狐、新浪和网易，宗庆后先后开通了自己的博客，通过博客这个平台，与大家互动，修补他已经受损的形象。博客开通第一天，宗庆后写道："今天开始我开设博客，希望通过网络的渠道能与大家请教交流，使年迈衰老的宗庆后能增添活力，能为社会为消费者再尽点薄力，为国家再做点贡献，希望能经常得到大家的批评指教，谢谢大家。"

言语间尽显他的恳切与真诚，总结而言，就是想要再为大家做些实事，做一个合格的企业家，更是一名合格的人大代表，关于"提高个税起征点，降低工薪阶层税负，拉动国内消费""提高存款利率、取消利息税""放宽户籍限制，出台外来务工人员落户城镇政策"等建议，他在博客上做了阐述，还有他的日常情况和娃哈哈的最新动态都能在博客中看到。

平常，若是想关注宗庆后的一言一行，都是靠报纸电视，现在可以直接通过他的博客来了解，无疑是一件好事，而他可以随时随地向外界传达他的想法，增加了互动的频率。自从偷税事件被传得沸沸扬扬以来，各路媒体的报道趋向不同的声音，不再是先前一致拥护他的氛围，所以他觉得拥有自己的发言平台是很有必要的。

正值两会，大众想参与都参与不了，可人们的心都记挂着会上的提议和决定，因为这直接关乎大家的切身利益，身为人大代表的宗庆后，可以及时反馈信息，可以拉近与普通大众的距离。

他在博文中写道："胡锦涛总书记在全国人大十一届一次大会闭幕式上的讲话太精彩了，道出了全国人民的心声，振奋了中华民族的精神，给我们带来了继续发扬解放思想、与时俱进的精神，抓住机遇、应对挑战、勇于变革、勇于创新，不断开创各项工作新局面的巨大精神动力。"

作为中国人，宗庆后感到骄傲和自豪，他感慨道："令我感受最深的是我们全国各族人民紧密团结在以胡锦涛总书记为首的党中央周围，通过艰苦创业，发愤图强，短短的 30 年，使中国的大地发生了翻天覆地的历史巨变，摆脱了挨打、挨饿的局面，使我们中华民族又站起来了，巍然屹立于世界民族之林。"

接下来话锋一转，他说："再一个感觉就是我们尽管取得了发展，取得了令人瞩目的成就，但世界上总有人不希望我们发展强大，时时不断地骂我们、限制我们。总书记在讲话当中谆谆教育我们，中华民族波澜壮阔的奋斗历程告诉我们，只有自强不息，才能把握命运；只有与时俱进，才能跟上时代；只有改革开放，才能强国富民；只有艰苦奋斗，才能成就伟业。"

宗庆后的这一番话，虽然始终没有提及娃哈哈与达能的恩怨离合，却可以看出他的态度和决心，不甘心屈服，也绝对不会屈服。

看到宗庆后热情洋溢的言论，颇有感触的人不在少数，可之后，人们更关心的还是他偷税事件是否有了下文，宗庆后一直不提这件事，娃哈哈也没有做出任何回应，这让旁观者们很是着急。

首先打破沉默的人是娃哈哈工会顾问、曾经通过收购光明乳业股份向达能叫板的和君创业研究咨询公司总裁李肃，在接受新浪网的访谈时，他语出惊人地说宗庆后并非偷税，而是"迟缴税款 10 年"。

为何从"偷税"变成了"迟缴"，李肃透露了一些细节。

根据宗庆后个人收入的合同，宗庆后的收入主要分为服务合同的收入和股权激励的收入两部分，李肃提到"确实这几个合同里边，都提到由宗庆后自己来付税，从所有的合同中看到由他自己解决税收和税收相关的各种各样的收入"。可事实上，达能每次在支付服务收入时，并没有一次性全部打给宗庆后，而是告知宗庆后，达能已经在新加坡帮他纳税了。

这就导致宗庆后长期以来，并没有留意过缴税的问题，他放心地认为达能已经帮忙缴过税，他也就不必再费心了，至于说随后他将应缴的税费补齐，则是因为企业内部的自查机制，并非源于有人举报后的补救。

可是，达能中国区总裁秦鹏闻讯后立即打破沉默，公开声称"达能没有替宗先生付税的责任和义务，因此也从来没有在境外替他付过税"。

人都长着嘴巴，怎么说就怎么有理，至于是否如李肃所说，那就有待时间来证明了。可再怎么等待，宗庆后的信誉已经受到了严峻的考验，但他始终相信清者自清。

绿卡风波

相安无事时，一切皆大欢喜，一旦到了针锋相对的时候，对方扔过来什么炸弹，宗庆后都得接着。对方在前面埋地雷，宗庆后就得在后面一一排除，难免会有中招的时候，好在及时公关挽回了些许形象，可人们对他的赞美声已然开始发生变化，质疑声响成一片，人们当然愿意相信他是英雄，但是摆在公众面前的这些爆炸性消息，也不是轻易能够解决的。

虽然互有胜负，但达能想置宗庆后于死地，未免有些异想天开。这场战争看情况是宗庆后胜多负少，他化解危机的能力有目共睹，在达能的步步紧逼下，还能赢回主动权。城墙倒了可以再盖起来，但人心不能丢，爱国的大旗不能撤，所以问题又来了，注定是多事之秋。

对上几轮的危机还心有余悸的宗庆后，又摊上了更大的问题——绿卡事件。

开端是美国加利福尼亚州的一名移民律师爆料："受不便透露身份的委托人聘请，经过严密取证后该律师确认，宗庆后本人持有美国绿卡（永久居留卡），持有时间已达 9 个年头，且到目前为止仍然合法有效。"

宗庆后拥有的绿卡属于专门发放给跨国公司高管或经理的 E18，1992 年他获得了美国加利福尼亚州的福利号，1999 年获得绿卡。

众所周知，绿卡是一种给外国公民的永久居住许可证，持有绿卡意味着持卡人拥有在签发国的永久居留权，同时，持有绿卡可以在一定时间内免去入境签证。绿卡也非美国独有，中国对国外人口入境居住生活也有绿卡制度。

根据中美两国在 1984 年签订的双边税收协定，"拥有美国绿卡的中国居民同时构成两个国家的居民申报纳税义务，但是根据美国的税法，持有绿卡的外国人已经在国外完税的，只要向美国方面提供相关的缴税证明，即可免除相应数额的纳税义务"。

与之前的"偷税事件"遥相呼应，宗庆后在 2007 年 10 月补缴税款也就形成了新的问题，在国内没有如实上缴的税款，意味着在国外也同样没有落实。爆料者称，美国税务局已经开出补缴税款的文件，并送抵娃哈哈美国公司的会计师事务所，金额在1000 万美元到 2000 万美元之间。因此绿卡问题牵扯出来的双重问题，引起了社会的广泛关注。

娃哈哈回应此事称"这是达能恶意策划的事件"，达能发言人则自始至终都"毫不知情，也不予置评"。双方都斩钉截铁，但是没有任何证据可以支持自己的言论，不管是谁挑起了这场争端，显然已经达到了轰炸宗庆后的目的，已经上升到国际问题，甚至连宗庆后的国籍都有人怀疑。

决定不再沉默下去的宗庆后，接受了《人民日报》《北京晨报》等多家新闻媒体记者的采访，面对国人的怀疑，他坚定不移的说："我是堂堂正正的中国人！我可以负责任地说，我的绿卡早已自动失效过期，并且我只拥有过中国国籍。"

为了自证清白，宗庆后有条不紊地讲述了事情的来龙去脉。

众所周知，1991 年娃哈哈在政府的撮合下，兼并了老牌国企杭州罐头厂，为了帮助杭州罐头厂转亏为盈，宗庆后下了不少功夫。因为杭州罐头厂的马蹄罐头主要销路在美国，为了方便管理业务往来，在征得国家对外贸易经济合作部发展司的批准后，在美国设立了娃哈哈美国食品集团有限公司。

当初信誓旦旦地收下杭州罐头厂，为的是壮大娃哈哈，同时也是为了挽救罐头厂，这些承诺宗庆后都没有忘记，所以他更加辛勤地打理在美国的生意，奔波往返，不辞辛劳。从中国到美国，从美国到中国，来往间就涉及到签证的问题，为了减少一些不必要的手续，宗庆后申请了美国的工作签证，之后又申请了绿卡。

即便如此，宗庆后一再强调说："但自始至终，我持有的是中国护照，我生着中国脸，怀着中国心，永远是中国公民！"不是所有拥有绿卡的人，都对美国心之向往，他是中国人，也会永远是中国人。不过宗庆后也表示说："我当年拿绿卡是为了方便做生意，如今绿卡自动失效，也是因为我在美国的罐头生意早就不做了。"

在2000年6月份，由于罐头生意一直不景气，耗费了大量人力财力却依旧停滞不前，所以娃哈哈在美国设立的娃哈哈美国食品集团有限公司宣告撤销。没有了生意往来，宗庆后去美国的频率也就大为减少，从2005年起，宗庆后再也没有踏入过美国境内一步，据我国公安部出入境管理局的记录资料显示，宗庆后从1999年至2005年间，赴美的天数分别是1999年16天，2000年8天，2001年7天，2002年14天，2003年9天，2004年0天，2005年40天，几年内加起来也不足百天。

《美国移民法》中有明文规定："美国居民必须每年在美国居住半年，若要居住少于半年必须申请回美证。居住在美国之外超过一年，并没有获得最近申请再次进入的许可证或返回居住签证的，将有可能被免除永久居住权身份。"以此为依据，宗庆后坚持认为自己已经自动放弃了绿卡。既然宗庆后的绿卡已经失效，那么也就不存在漏缴美国税款的问题。

宗庆后满怀深情地说："我永远为我们伟大的祖国骄傲，永远为祖国人民效劳。我是属鸡的，黎明即起，到晚不歇。我今年

63 岁了，我要为我国经济社会发展奋斗到底!"一番肺腑之言，饱含着他对祖国的热爱，不管身处何方，身在何位，绝不忘本，绝不忘国。

本来绿卡的事情就此算是解释得很清楚了，可又有人提出了新的问题。宗庆后在 2002 年当选为第十届全国人大代表，2007 年当选为第十一届全国人大代表，而在 2002 年时，宗庆后依旧持有美国绿卡，那么如此一来，宗庆后是否有资格当选全国人大代表呢?

宗庆后在十一届全国人大一次会议上以"持有绿卡的人怎么能扮演民族英雄? 怎么能担任人大代表?"为主题作了发言，随后《中国青年报》发表题为《怀揣"绿卡"还怎么扮演民族英雄》的文章，引发了全国上下的热烈讨论。

从法律角度上来看，我国法律规定当选人大代表只要具备三个条件:一是年满 18 周岁;二是具有中华人民共和国国籍;三是没有被剥夺政治权利。毫无疑问，宗庆后具备以上三个必要条件，他有资格，也有权利当选为人大代表，但是人们最大的疑惑在于，一个持有美国绿卡的人，要怎么设身处地地为民服务，人大代表来自人民，代表人民，他的工作就是反映人民亟待解决的问题和意见，为国家提供大政方针的决策依据，要秉承"从群众中来，到群众中去"的工作原则。

人们无非就是怀疑宗庆后是否为民为国，那么事实是，即便短暂拥有过美国绿卡的宗庆后，不论是否担任全国人大代表的职务，他都没有辜负国家和人民对他的信任，他所做出的一切成绩，有助于祖国的繁荣富强，有助于人民群众的平安喜乐。

藏于幕后的人，想要通过这种方式拖垮宗庆后，实在有些天真，白白起了个轰轰烈烈的开始，却没能坚持到最后。因为宗庆后没有给对手留下致命的弱点，也许有些许漏洞，可经过刨根问底式的调查后，真相会大白于天下，清者自清、浊者自浊。

人老，中国心不老

中国的领土神圣不可分割，任何人都没有权利随意决定祖国某一块土地的去留。达赖集团组织一直痴心想要从祖国大家庭中分裂出去，吵着闹着要搞独立，而且多次惹是生非，尤其是2008年3月14日，竟然策划组织了一场打砸抢烧的暴力犯罪事件，谋害了当地人民的生命财产安全，如此恶劣的行为震惊世界。

国际上纷纷谴责达赖集团组织的残暴，大多数国际友人热情支持中国，坚决反对达赖分子搞破坏，可也有少数人有不一样的声音，尤其是法国，做得有些不地道。

3月份的打砸抢烧刚刚过去，4月份奥运火炬手如期传递到法国境内，意想不到的是，藏独分子竟然公开阻挠，妄图破坏此次传递，给奥运圣火的传递带来了一片阴霾。更令人难以理解的是，几天之后，巴黎市市长贝特朗·德拉诺埃提议将"荣誉市民"称号授予达赖。顿时，中国人民愤慨难消，往日里中法两国的关系一直非常友好，在各个领域积极合作，也取得了不少成绩，可巴黎市市长的做法大大伤害了中国同胞的感情。

是可忍孰不可忍，得知消息的宗庆后，义愤填膺地在自己的博客上发表了题为《中国心》的文章，字里行间流露出中国人的热血，对不尊重历史，不尊重中国完整的欧洲议会和达赖集团给予了猛烈的抨击。

不善言辞的宗庆后，在博文中高呼呐喊："在布鲁塞尔举行的欧洲议会全会 10 日不顾世界人民的声音，通过了所谓'西藏问题决议'，竟然呼吁欧盟成员国首脑将中国政府与达赖对话作为出席北京奥运会开幕式的条件。这让我感到非常的痛心！西藏事务纯属我国内政问题，怎么能容许外国和国际组织干涉？'3·14'事件和在其他地区发生的暴力犯罪事件，以及一系列破坏奥运火炬传递的行动，充分暴露了达赖集团'假和平、真暴力'的嘴脸。欧洲议会如此歪曲西藏的历史和现实，不去谴责策划和组织暴力犯罪活动的达赖集团，反而对中国政府进行无理指责，还把西藏问题和北京奥运会挂上了钩，且不管其是何目的，欧盟的做法，严重地伤害了我们中国人民的感情。"

他明确表态："宗庆后虽老，中国心不老。作为中华民族的一份子，我对此表示强烈愤慨。希望通过网络这个平台，来让更多人了解真相，更多人看见事实，更多人听到真正的声音。应该用我们的嘴说出事实，用我们的行为揭露真相！我强烈希望欧洲议会能尊重事实，认清达赖政治流亡者的嘴脸，停止干涉中国内政，停止在人权问题上的表里不一，不再偏袒达赖集团，不再误导世界人民。"

提到中国繁荣强盛所历经的沧桑岁月，他用激昂的文字感慨道："在全球化的道路上，（中国在）外面不断被西方国家压制。我想到类似的情景，就像我们在和达能的问题上，吃了哑巴亏。（我们）自己心如冰清，外面各种不和谐的声音却吵得沸沸扬扬，虚假的言论一条接一条，不实的报道一篇接一篇，真是有苦说不出。我们吃尽了无数的苦，走出了以前挨打、挨饿的落后时代，如今经济发展、国家富强，却走进了不断被人排挤、压迫的时代。我们必须要自强自立，面对困难不屈不挠，展现中华民族不畏强权、自强不息的精神。让世界看到我们的雄起，让世界承认我们的强大！"

4 月份的末尾，宗庆后意犹未尽地发表了《中国加油》的文章，开篇就直抒胸臆，表达了内心的愤怒，他写道："随着北京奥运的日益临近，西方一些反华辱华、抵制破坏奥运的言论、丑行也日益增多。有美国议长、巴黎市长的拙劣表演，还有美国CNN、德国 NTV 等媒体的栽赃辱骂。他们对西藏'3·14 事件'的不实报道，对达赖集团的纵容支持，对奥运圣火传递的蓄意破坏，甚至对中国人民的污辱攻击，让我们义愤填膺。"

宗庆后带着沉痛之情写道："我国受西方国家的欺凌始自 19 世纪中叶的鸦片战争，西方列强依靠资本主义上升时期的强大经济实力和坚船利炮，轻易轰开了由昏聩、腐朽的清政府把守的古老国门，封建中国从此沦为半殖民地半封建国家。从那时起至新中国成立的一百多年间，中华民族可以说是受尽屈辱，历尽奴役，灾难之深重，为世界民族史所罕见。究其原因，主要是政治腐败，经济崩溃，技术落后，国家无力所致。"

回望过去，是不堪的历史，是人民群众身心饱受摧残的岁月，如今，中国正在高速发展，面对国情，宗庆后用表示："我们高兴地看到，改革开放以来，在中国共产党的领导下，我国实行以经济建设为中心的政策，使古老的中华大地迅速焕发出了生机与活力。经过全国人民 30 年的共同努力奋斗，现在的中国不仅与改革开放前比已经是翻天覆地，与积贫积弱的清政府比更是不可同日而语。经济的迅速发展，使我们的综合国力显著增强，国际地位大大提高。记得著名教育家张伯苓先生曾经说过，'奥运举办之日，就是我中华腾飞之时'，的确，北京举办奥运会，不仅是古老中华的百年圆梦，更是现代中国的雄鸡高唱！"

时代不同了，中国已然屹立于世界之巅，她强盛繁荣，朝气蓬勃，她带着亿万同胞的中国梦傲然挺立于世界舞台上。

宗庆后对此有着深刻的认识："当一个长期封闭的民族，如今要在世界舞台上亮相；当一个饱受蹂躏的国家，现在要与曾经蹂躏她的人平起平坐，这对一些具有没落、阴暗心理的人来说自然是无法容忍的。所以在中华崛起举办奥运之机，他们大肆进行污蔑、攻击，想尽办法进行阻挠、破坏。这并不奇怪，这也正好说明目前我们的国家还不够强大，还没有超过他们，甚至还有很大的一段差距。如果我们大大超过他们了，看他们还敢说些什么！所以这同时也在提醒着我们：应该集中精力、更加努力地建设自己的国家。相信祖国更加强大，一切污蔑攻击就会不复存在。因为在国际舞台上，只有实力是唯一的通行证！"

文章行至最后，"中国加油"赫然醒目。正如宗庆后在自己的博客中说的那句话，"宗庆后人老，中国心不老"，也许外界盛传偷税如何，国籍如何，但是从几篇文章中就能看出他的真性情和那份对祖国的赤诚之心。

大爱无疆

2008 年 5 月 12 日，四川省阿坝藏族羌族自治州汶川县发生里氏 8.0 级地震，这是中华人民共和国成立以来破坏力最大的一次地震，也是唐山大地震后伤亡最惨重的一次，受灾地区急需国家的救援，爱心企业和人士也纷纷伸出援手，帮助受灾地区的同胞们渡过难关。

汶川地震后，同胞间的血肉亲情展露无遗。宗庆后在 5 月 13 日以个人名义在博客上发表文章《同舟共济，共渡难关》，号召大家行动起来，有钱出钱，有力出力，想尽一切办法救援灾区。他悲伤地说："昨天下午两点，一场 8.0 级大地震在四川汶川骤然发生，震惊了全国。目前已有近万人在这场灾难中丧生，无数人无家可归……我首先想到是灾区人民以及在受灾地区的娃哈哈员工需要我们的帮助！昨晚我已特别要求成都、广元的娃哈哈分厂的干部员工做好抗灾救援工作。借此，也向四川地震灾区的广大民众以及娃哈哈在四川、重庆分公司及销售战线的干部员工和各级经销商表示我最深切的关注与慰问！"

5 月 12 日当晚，娃哈哈广元分公司与成都分公司向灾区捐款 200 万元人民币，并紧急调集 20 多万瓶水和饮料，火速送往灾区，希望尽自己的绵薄之力，践行企业家的社会责任，践行一名中国人的义务。

5 月 14 日，宗庆后博客中题为《万众一心，众志成城》的博文更为动情，他这样写道："瓦砾下压着的，土堆下埋着的，石块下躺着的，都是我们的同胞啊！我不禁热泪盈眶。20 年来，是祖国和人民养育了娃哈哈，我们也一直在不懈努力，希望能实现实业报国梦想。而四川的这场突如其来的强地震，也让我们有机会表达我们的感恩之情。天灾无情人有情。灾区人民需要什么，我们就送什么。"

"灾区人民需要什么，我们就送什么"不是一句空话，娃哈哈从灾区周边各分公司调集了 10 万箱纯净水和 18 万桶营养湿面，以最快的速度送往灾区，以缓解灾区缺水缺粮的困境。也许在巨大的需求面前，这些物资仍然是杯水车薪，可娃哈哈人的一片热心足以温暖灾区人民冰冷的心窝，让他们相信，他们并不是孤零零的一群人。

5 月 15 日，中国扶贫基金会、凤凰卫视、中央电视台以及搜狐网联合举办了"众志成城，抗震救灾"的特别节目。前全国人大副委员长成思危亲临节目现场。30 多位演艺界知名人士和明星，以及爱心企业代表、历届奥运冠军代表近 300 人出席节目直播现场，宗庆后也在其中。

这是一场注定没有欢声笑语的节目，再多的语言都无法表达受灾同胞内心的创伤，多少家庭支离破碎，孩子失去双亲，父母失去子女，还有无数四肢健全的人失去手臂腿脚，这是多么残忍的现实！到场者无一不是暗暗抹泪，唯一能做的就是尽全力支援灾区，让有生还希望的人平安，让生还下来的人得到好的照顾。

节目现场，宗庆后捐出 400 万元，希望能用于灾区学校的重建，为孩子们创造良好的学习环境，更希望可爱的孩子们不再受到灾难的折磨。节目结束后，他在博文中呼吁广大同胞共同帮助灾区，他说："地震发生后的 4 天中，我们已经三次为灾区捐款捐物，合计超过 900 万元。但我知道，娃哈哈的捐赠只是沧海一粟。倾听着来自灾区孩子的哭诉，我们更加深切体会到孩子们的无助与痛苦。目前，娃哈哈的员工已自发进行捐款，希望所有中国人都能伸出援助之手，为我们的灾区同胞献出一份爱心。"

他也感叹国家是强有力的后盾，永远冲在最前面："真的，这个时候，更加能感受到祖国的伟大！就像昨天现场一位来自美国商会的美国友人所讲的那样，'应该是美国政府向中国政府来学习如何抗震救灾……'，这一切反映，这次抗震救灾工作中，无数的生命是因为党和政府的迅速行动而被挽救回来的。唯有感谢！我没有更多的语言表达我此刻的心情。"

没有语言，宗庆后用行动表达了对灾区人民的祝福：12 日，向灾区捐款 200 万元人民币，并调集 20 多万瓶纯净水和饮料送往灾区；13 日，紧急调集 240 万瓶娃哈哈纯净水及 18 万桶营养湿面，价值 300 多万元；5·12 地震发生后，娃哈哈迅速为灾区送去救灾物资；14 日，在"众志成城·抗震救灾"特别节目现场，向中国扶贫基金会捐赠 400 万元；15 日，娃哈哈集团职工个人自发捐款已达十几万元……

这就是团结的力量。地震不讲人情，可祖国同胞有情。虽然地震让汶川人民遭受灾难，但是全国人民正齐心协力、凝聚力量，共渡难关，汶川地震考验的是中国的力量，时刻陪伴在祖国身边的娃哈哈一直在行动。

目光长远的宗庆后意识到，除了需要大量供应必要的物资和处理艰巨的灾后重建任务外，如何安顿在地震中丧失亲人的孩子们也是迫在眉睫的事情。失去家庭的孩子们是最可怜的，在小小年纪便成了孤儿，今后要如何重拾生活的信心，如何自立自强，这才是最为关键，也是最难完成的任务。

怀揣着对祖国的使命感，娃哈哈集团有限公司给四川省民政厅发去传真，提出申请：娃哈哈集团愿意集体领养 500 名地震孤儿，负责其从小学到大学的所有生活、学习费用，直至其具备独立生活能力。

宗庆后表示："我们将集中娃哈哈全体干部员工的力量，各自领养这批孤儿，给予深切的关心与爱护，让他们在远离家乡的地方同样能够感受到亲人般的关怀，并在爱意中成长起来；我们将采用集中培养的方式，让他们享受到正常、稳定的教育，并逐步成长为对社会有用的人才。一旦贵厅同意我公司的请求，我们将安排相关人员跟贵厅落实具体领养细节，落实好这批孤儿的接收、生活安排、就学安排等相关工作，确保这批孤儿享受到社会主义的温暖与关爱！"

随后，娃哈哈集团再次发函给四川省民政厅，提出"愿意接收1000—1500名18岁至40岁男女地震灾民到娃哈哈各地分公司工作，解决他们的劳动就业问题，为灾区重建、为社会的安定和谐作出娃哈哈应有的贡献"。

一位企业家的风采近在眼前，不谋利，不图名，只是恰好他有一颗中国心，也恰好他拥有这份能力。5月27日宗庆后发表的博文《让我们一起抹去孩子脸上的泥巴》，感情真挚，惹人落泪，他说："自从娃哈哈致函四川省民政厅，申请集体领养500名地震孤儿之后，在我的博客上，也有很多的网友提出要收养他们，还有几十位网友留下了自己的联系方式。留言中，网友们对于这些孩子，都给予了诚挚的祝福。翻看着这些留言，让我不时涌现的就是感动！这些孩子失去了父母，但是不会失去我们的爱！因为在祖国各地，有更多的人在关心着他们，愿意以自己的力量，为他们重建一个温暖的家。我们很多的干部员工，也一直在期盼着这些受苦受难的孩子能来到杭州，大家愿意以自己的爱，抚平他们受伤的心灵。"

大灾面前有大爱，他希望用大家汇成的爱心，呵护孩子们的成长，让他们在祖国大家庭中快乐长大，他呼吁："让我们一起抹去孩子脸上斑驳的泥巴！我们相信，孩子们渴望的眼神，将是新生的源泉。愿我们共同努力，尽早让孩子们走出那片疼痛哀伤的土地，还给他们一片本该属于他们的充满爱意的蓝天！"

对灾后重建，宗庆后说："举全国企业之力，每家企业负责安置一户灾民，负责其全家的生活、就业、学习，托起灾民之家，全力为国解难分忧！"他身先士卒，表示娃哈哈集团愿意承担1000—1500户地震灾民在异地安置新家园，并保证让他们安居乐业，过上幸福生活。

尽管因为之前的"偷税门""国籍门"等负面新闻损坏了个人形象，可在汶川地震面前，宗庆后所表现出来的爱国情怀和企业家的责任心，为他赢得了更多的掌声。人们更愿意相信他依旧是那个民企的英雄，他用爱心为自己挽回了声誉。他的付出和努力，他的真情流露，他的眼泪和行动，都不是骗人的。

亿万中国同胞，关注着汶川地震的灾情，也关注着宗庆后的一举一动，他为其他企业树立起了良好的榜样，也起了带头作用，仍然是呼风唤雨的宗庆后。

9

崎岖多元化之路

在大势所趋之下，宗庆后毅然决然地带领娃哈哈踏上了多元化之路。推出爱迪生奶粉，转战童装市场，又涉足并不熟悉的白酒行业，随后更是大笔一挥打造娃欧商场，进军商业地产，在出师不利的情况下转投教育行业，兴办未来城……娃哈哈的多元化之路走得异常艰辛，也格外坚决。

奶粉艰难路

成就百年老店是宗庆后的宏伟目标，纵观娃哈哈二十多年来的风雨历程和耀眼成绩，也许这并不是痴人说梦。可风云突变的时代里，有太多让人来不及注意的变迁。

为了立于不败之地，宗庆后也在尝试着不断突破自我，寻求新的路径发展娃哈哈。可"尝鲜"奶粉的道路上，并没有如他计划的那般顺畅。许多始料未及的问题困扰着他，有颇多矛盾和阻碍，甚至还有好多"家务事"需要处理。

往常，对手制造的麻烦对于宗庆后来说，从来都不是问题，他向来习惯乘风破浪直取胜利，可一封"强制员工购买奶粉"的举报信，让他和娃哈哈一时间又面临着公众的"检阅"。探索多元化道路的过程中，外在和内在的摩擦不得不重视。

举报信中，直接挑明娃哈哈公司在 2014 年 5 月份开始，强制整个集团公司的 69 个分公司的所有员工，购买老批号的爱迪生奶粉，若是不服从命令，将会有被辞退的可能。甚至有人爆料，娃哈哈集团命令员工购买指定奶粉的事情已经是家常便饭，日子靠前的库存奶粉，全体员工按照买 1 箱送 1 箱的促销政策执行；日期稍微靠后的，则是按照买 2 箱送 1 箱的促销政策执行。总归来说，就是消费者不买的，需要娃哈哈的员工来承担。

对于这种无理的强制行为，娃哈哈这样回应："集团并没有强行摊派要求员工购买，只是每年都会在公司内部搞促销活动，有可能是分公司为了职能奖励，在执行促销政策时出了问题。目前娃哈哈已经去潍坊分公司调查，如果情况属实，将会进行内部处理。"

除了知情人士爆料外，娃哈哈潍坊工厂送达其各科室、车间的《关于奶粉促销要求的通知》也随举报信一起出现在了各路媒体的视线里。通知的大概内容就是，爱迪生配方奶粉自上市以来，品质受到消费者一致认可，但因为缺少广告宣传，目前有部分奶粉库存急需消化，要求各车间、科室动员广大员工，尽快消化老批号奶粉。

有库存很正常，但是积压许久的产品应该由企业员工来买单吗？有了压箱底的陈货，就说明这个产品销路不好，其中自然有错综复杂的原因。娃哈哈以儿童营养口服液起家，涉足果奶、饮料以及八宝粥等多个产品，奶粉是宗庆后开拓多元化道路的先行兵，只是豪言壮语已经放了出去，结果却差强人意。

2010年5月，宗庆后大举进军婴儿奶粉领域，并构想了未来蓝图，争取2010—2011年实现10万吨销售规模，3年后位列所有奶粉品牌前列，并且定下爱迪生奶粉年销售额冲刺100亿的计划。

毋庸置疑的是，娃哈哈自建立起开始，心愿就是为中国孩子的健康成长全面服务。尽管作为食品饮料行业的龙头老大，娃哈哈的一举一动都关乎整个行业的变化，可是放眼婴儿配方奶粉领域，娃哈哈没有话语权，国产奶粉也鲜有独挑大梁的品牌。比起国内，人们更信赖进口品牌，只要有条件，价高质优的洋奶粉就是父母们的首选。

看着进口品牌不费吹灰之力便占领了奶粉市场，宗庆后也开始谋划。从2008年起，他就开始带领专家考察团四处走访，去寻找最优质的奶源，用了一年多的时间，走遍了大洋洲、美洲、欧洲乳业发达的20多个国家和地区。

经过慎而又慎的比较，宗庆后最终选定荷兰，并且直接与荷兰斐仕兰公司合作。这家公司有百年以上的悠久历史，是荷兰唯一获得皇家称号的乳品公司，而严谨的工艺流程，机器人智能挤奶系统、SAP智能管理系统、全程在线监测系统、4℃锁鲜湿混喷粉特色等等先进的工艺与管理，都是宗庆后认准它的理由。

沟通谈判期间，宗庆后完全保留了对方严谨、苛刻的生产工艺控制与成本要求，唯一的要求是，采用娃哈哈自己的品牌——荷兰百年皇家乳企成为娃哈哈的 OEM 厂家，即是让国外百年企业为中国品牌贴牌生产。与当代流行的"外国品牌，中国制造"正好相反，娃哈哈是主户，而荷兰皇家乳品企业是帮工，"开创了一种中国企业走出去既没有风险又受人欢迎的新模式"。

在质量保证上，爱迪生奶粉既然在荷兰生产，在中国销售，则不仅需要参考联合国粮农组织（FAO）/世界卫生组织（WHO）食品法典委员会（CAC）制订的推荐标准，同时，又必须符合中国最新的配方奶粉食品安全国家标准，这样一来，双重保障，双重放心，从而杜绝了"三鹿奶粉"事件的发生。

除了质量上严格把关外，毕竟是为中国宝宝生产的奶粉，在奶粉配方上，自然少不了要根据中国母乳营养成分特点和中国宝宝的喂养特点，针对中国婴幼儿的体质和营养特点设计配方。

对于娃哈哈与荷兰乳企的合作模式，宗庆后很满意，他认为"双方合作是优势互补，荷兰的牛奶卖不掉，'倒奶'现象比较常见。荷兰企业如果将鲜奶加工成配方奶粉并贴娃哈哈的商标卖给娃哈哈，双方都能实现利益最大化。之所以选择荷兰斐士兰，是因为该企业是皇家企业——在荷兰有 100 多年历史且一直保持良好企业形象与质量的企业才能授予皇家称号，乳品质量有保障，收奶过程全部都是自动检测，奶牛生长的环境好没有污染"。

许多人认为，宗庆后在国内奶粉市场比较低落的时候投入生产，并不是明智的选择，因为"三鹿奶粉"事件所带来的负面影响，是极其深远的，在人们心中留下的伤疤和阴影远没有散去。人们宁愿花高价钱去买进口品牌，也不愿意，或者是不敢相信国内品牌绝对健康安全，毕竟钱花掉可以继续赚，可孩子是一家的宝贝。

对于外界的担心，宗庆后显然并不认同。就是因为"三鹿奶粉"的恶性事件造成了婴幼儿奶粉市场的动荡，娃哈哈才更应该挺身而出，摸着良心去生产高品质的奶粉，扭转消费者的观点。这正是宗庆后千里迢迢奔赴国外，选择荷兰斐兰士公司作为合作伙伴的原因。市场和消费者的需求，就是企业的动力。

爱迪生奶粉力求打造"妈妈般的呵护"，像爱护自己宝宝一样，竭尽所能，把质量控制在最高水准。就像爱迪生奶粉官网中介绍的那样，"每一罐奶粉的生产都采用严格的 SAP 系统管理，条码控制，每一个环节，每一道工序，均要通过电脑扫描条码，在线监测产品质量状态。每个环节被精密地监督，检测结果由电脑程序自动记录在案。任何一罐爱迪生奶粉，都要经过奶源、生产和罐装三道检测关口，都需历经长达六周，近乎苛刻的全程在线检测程序，确保产品品质始终如一。爱迪生奶粉采用科学均衡的营养配方，避免了宝宝营养过量或不足的问题，既不增加宝宝的身体负担，又保证了宝宝生长发育必需的营养"。

有业内人士指出，"很多进口奶粉是'大包粉'在国内二次分装的，所以消费者看到的奶粉包装上的生产日期其实是国内分装的日期，从'大包粉'到罐装，中间相隔几个月很正常。而像爱迪生奶粉，在荷兰罐装的日期就是它实实在在的生产日期，这种奶粉当然更新鲜，营养价值也更高"。

按道理，如此高品质的婴儿配方奶粉，正是中国成千上万的母亲们渴求的好奶粉，为何还会存在库存和压货现象呢？宗庆后夸下海口"第一年年销售额冲击 100 亿元"，显然是未能完成的心愿，这让一向一言九鼎的宗庆后有些下不了台。

2010 年，娃哈哈集团年营业收入 549 亿元人民币。同一年，宗庆后表示，要用 3 至 5 年的时间，实现营业收入 1000 亿元，力争早日进入世界 500 强。他清楚，光靠着饮料争夺地盘是有些吃力，想要有更多的收益，就要有更大、更丰富的平台。拓展产品种类迫在眉睫，而娃哈哈向来贴近儿童，所以选择奶粉也可以借助长久来积累下来的渠道。在宗庆后眼里，优势远多于劣势，值得尝试一下。

精明的商人不会做亏本的买卖。在开张以前，他已然做好了周全的打算，算盘打得噼里啪啦响，可现实还是无情地给了他些许教训。美梦没有成真，反而成了累赘，让一向对他敬爱有加的员工们，有了怨言。这不得不让宗庆后反思，到底是哪一步出了问题。出发点是好的，市场前景是好的，产品质量又绝对上乘，怎么还会犯愁销路呢？

路在脚下，志在前方

一向老谋深算的宗庆后，在步入多元化道路的第一步，似乎就显得出师不顺，不单单是员工不满意，经销商也怨声载道，想起当年娃哈哈与达能华山论剑时，人民群众可是一边倒地支持宗庆后，如今他却在奶粉领域栽了跟头，不禁让人担心，娃哈哈的未来在何方。

自从娃哈哈宣布与荷兰斐兰士合作，进军婴幼儿配方奶粉以来，关于它的争议和猜测就一直没有停止过。谁都知道宗庆后的豪情和霸气，他的谋略和手段不是一般人能够应付的，可在爱迪生奶粉的销售上，确实有些令人堪忧。

奶粉是精细产品，给婴幼儿服用的东西不能有一点马虎，这关乎孩子们的健康，也是父母们最关心的问题。本着要把最好的给予孩子的想法，在奶粉上，家长们舍得花钱，只是各自不同的经济实力决定了中端、低端奶粉的存在。

爱迪生婴儿配方奶粉的定价在 248 到 268 元之间，分为三个段位，每一段位以 10 元为梯度，可以说是高端价位，比如国际知名的大品牌雅培、惠氏、美赞臣等，价格也只是比爱迪生略高一点，但是名头和来历，绝对远超爱迪生。敢于和大品牌比肩的宗庆后，压根没有将伊利、雅士利、圣元等国产品牌视为竞争对手，唯一看在眼里的是贝因美奶粉。

产品摆在这里，市场会作何反应，直接决定其去留。中国市场上，不缺乏高端奶粉，进口品牌日益挤入中国消费者心中，一是人家质量确实信得过，二是国内的质量确实有待提高，所以有经济实力的人无一不是进口品牌的拥护者，甚至直接国外代购，可这样的家庭毕竟还只是少数，二三线城市和农村市场依旧是中低端奶粉的天下。

"农村包围城市"是宗庆后中意的战略战术，庞大的联销网络成就了娃哈哈广阔的覆盖率，可奶粉不同与此，需要采取适合其本身销售的思路。饮料渴了就去买一瓶，好喝就继续买，不好喝就换个口味，可奶粉不同，与之相配套的一系列育儿知识、售前服务、售后服务都有其固定的模式，对此爱迪生奶粉没有一丝一毫的经验可循。

再说对手，拿伊利来说，就并不是他想象中那么容易对付。据不完全统计，仅 2009 年，伊利婴儿奶粉就有 13% 的市场份额，成人奶粉有 21% 的市场份额，平均下来 6 个中国婴儿就有 1 个是伊利奶粉的小粉丝，这样的业绩绝对是中国奶粉行业的翘楚，但这样的前辈，宗庆后却没有当回事。

即便是拥有荷兰的优质奶源，与拥有内蒙古锡林郭勒、呼伦贝尔、新疆天山三大黄金奶源基地的伊利相比，爱迪生奶粉并没有多少产品优势。伊利可以依靠自己，爱迪生只能依靠他人。虽然伙伴很强大，可长此以往，是好是坏未必说得清楚。

2009 年 7 月修订的《乳制品工业产业政策》对于涉足奶业市场的企业提出了更高的标准：新建乳制品加工项目已有稳定可控的奶源基地，产生鲜乳数量不低于加工能力的 40%，配方奶粉生产企业所用原料 50% 以上为稳定可控奶源基地产的生鲜乳。新出台的政策对新加入奶粉行业的企业，提出了更高的要求，无形中抬高了门槛。

对爱迪生奶粉来说，不利条件的制约是显而易见的，谋划好的布局能否按照期望中的样子去发展，还有待时间考证。

其实仔细分析娃哈哈的品牌发展，不难发现宗庆后并不热衷于在不熟悉的领域谋出路，他习惯于坚守阵地，坚持以饮料业务为主营，此次挑战奶粉行业，打破固有的老路，源于宗庆后认为，在中国进入生育的高峰期时，奶粉行业必然火爆，而且他坚信这个行业不会存在绝对垄断的品牌，大家互相竞争，都有赢的机会，既然如此，就有尝试的必要。

有人总结娃哈哈几十年来的经验时，将宗庆后的惯用的套路归纳为"跟风战术"，若是熟悉娃哈哈发展轨迹的人不难理解其中的含义。

不管是最初的儿童营养口服液，还是果奶、纯净水、可乐、茶饮料等，娃哈哈都算不上先行者和开拓者。他都是沿着前辈的道路，大胆果断地步入，并利用自身优势一阵风似的将市场和消费者拿下，让本来是先驱者的企业落下风。

爱迪生奶粉同样如此，可结局却没能沿袭之前的成果。由于"三鹿奶粉"事件，一时间谈"奶"色变。人们惊讶于国内奶粉的黑心和不负责任，甚至有的人直接抛弃了国产奶粉，投向进口奶粉的怀抱。更有甚者干脆不再碰奶制品，惹不起总躲得起，不喝就不会担惊受怕。

对国产奶粉的失望和对进口奶粉的期望，促使贴牌奶粉的生意红火了起来。大家纷纷采用国外奶源在国内或国外进行生产，摇身一变成了看似值得信赖的进口奶粉，身份不同，价格也就自然不同，中外混血的架势似乎又让人们看到了曙光。

爱迪生奶粉搭上荷兰百年乳企的船，打算扬帆起航，遨游大海，只是好心情并没有持续太久。据 AC 尼尔森数据显示，"2010年爱迪生奶粉的市场占有率不到 0.5%"，而且这样的情况一直没有得到有效的改善，不得不沦为三流产品。

有专业人士分析："首先不管是乳饮料还是奶粉，现在的市场都几近发展成熟，各商家的销售渠道下沉很厉害，竞争也很激烈，不像十几年前还存在大量空白的三四线城市市场和农村市场等你来开发；其次婴幼儿配方奶粉对生产者技术水平和规范程度的要求较其他类食品饮料来说要高很多，由于其使用者为婴幼儿等敏感群体，未来社会对婴幼儿配方奶粉的要求只会越来越高，监管也只会越来越严。"

一方面是监管的力度加大，一方面是国内乳品售价下滑、需求萎缩等，对于愈演愈烈的不利局面，宗庆后提出三项建议："首先，建议政府直接对乳品企业进行补贴，规定每收购一公斤奶，政府予以一定额度的补贴。在给予乳品企业补贴的情况下，要求其收购鲜奶的价格必须与政府商定的合理价格持平。"他希望政府出面协调，将鲜奶的收购价格人为地控制在一个合理的区间，让鲜奶收购的价格有据可循，避免忽上忽下的剧烈波动给市场造成混乱。

"第二，应减轻乳品企业税负，因为奶粉的价格是由市场决定的，乳品企业为了保证合理的利润，不得不通过降低鲜奶收购价来保证生产经营。因此建议政府降低乳品企业的税负，为企业提供免息或者低息贷款，通过提高企业的盈利能力提高鲜奶收购价。"从企业所承受的税负角度出发，希望国家为企业提供金融政策的支持。

"此外，畜牧业的养殖是一个长期的过程，如果养殖业受损，奶业的生产就失去了源头。一旦进口奶粉提价，国内企业就不得不高价购买国外奶粉。希望政府重视国内乳企的健康发展，同时要想办法采用技术壁垒等手段，限制进口奶粉的数量。"全球化正在改变着世界，也在时刻改变着中国，国外品牌入驻中国市场，无疑会给国内企业带来冲击。欢迎良性竞争，避免恶性竞争，为维护好国内乳企的稳定秩序，他提出技术壁垒的手段。

建议是好的，可是再多的建议也无法扭转爱迪生奶粉的落魄境地。现状与宗庆后的期望相差甚远，这肯定是他没有预料到的情况。不过厚积薄发的宗庆后，断然不会就此放弃，也许在明天，爱迪生奶粉会在他的带领下再次成就一段传奇。

挺进童装市场

在食品饮料行业称雄了二十几年的娃哈哈，是其他同类产品顶礼膜拜的前辈，它的销售收入、利润和资产规模都达到了难以企及的高度，尤其是近几年，难逢敌手。

在一个领域待久了，就会想换个花样，去其他未曾涉足的领域转一转。技术不是问题，资金更不是问题，家底颇厚的娃哈哈一旦想要跨界经营，就没有什么能够挡得住，这也是宗庆后行事的一贯风格。

可是隔行如隔山，想要顺利进入全新的市场，也不是单凭资金支持就可以成功的。每个领域都有自己独特的规则。内行人小心翼翼地遵循着，而外行人很难摸清水深水浅。若是火急火燎地走进去，到底有几成胜算，谁也不敢妄下结论，只能等现实来揭晓谜底。

在旁人为宗庆后踏足童装市场捏一把汗的时候，宗庆后有坚定的理由，"做童装我们也是摸着石头过河，最终让市场说话，让消费者说话。消费品市场的操作手法，有不少可以融会贯通的地方"，老江湖就是老江湖，无非是将产品卖给消费者，娃哈哈能够常年屹立不倒自然有它妙不可言的绝招，进军童装也是如此，即便没有任何经验，也难不倒他。

既然将童装列为娃哈哈多元化道路的其中之一，宗庆后做了充分的调查工作，"中国的少年儿童有2.87亿，占总人口22.5%。而我国童装的年产量却只有6亿多件，平均每个孩子每年不足3件，因此，童装拥有一个庞大的市场空间。娃哈哈经过对童装市场的细分，发现中国暂时还没有大型的童装生产企业，稍具规模的一休、蓝猫、好孩子、衫衫童装等国内品牌在中、高端市场，占据35%的份额，余下的65%还是游击队居多，它们的销售网络闲散且定位杂乱。而国外的品牌童装价格都比较高，在广大消费者的心目中有一定的距离"。

通过分析中国童装的现有品牌，宗庆后得出一个结论，"走低价路线的高端品牌童装，是市场一个巨大的空白点"。针对于此，娃哈哈将自己的童装定位为销售档次略高于目前位居国内品牌第一的'一休'，但是价格却要比'一休'低。想要以质高价低取胜，无疑是个好思路，可是面临的风险也不容忽视。

娃哈哈没有组建自己的工厂，而是选择贴牌生产的方式。他的理论是"中国的服装与世界的名牌服装在品质上没有很大的区别，但中国的服装不能跻身世界名牌是因为品牌效应不够而不是手艺不够。我们做童装是利用已有的品牌效应和销售网络去经营，把生产加工的'打工经济'分离给别人"。承担市场经营的工作，抛开生产加工的工作，如此方式倒是与国外大品牌找中国工厂代加工一模一样。

在宗庆后看来，"童装行业现在还没有到激烈竞争的地步，我认为我们切入进去比较容易成功。我们就是诚信经营，在销售渠道上，信誉是比较好的。所以我们一招商，有几千家店要加盟，他们服装也没看到，店也没看到，就把钱打过来了。这就是我们十几年经营取得的信誉。由于我们刚刚介入这个行业，有很多困难和问题。但我感觉，在童装这块打出一片天地，还是比较有把握的"。

娃哈哈自身有着极为辉煌的经历，尤其是在儿童饮料市场，没有哪个品牌不想超越娃哈哈。可时至今日，也没有哪个品牌真的可以超越它。它大步向前，小步快跑，把其他人甩在身后。不论是品牌形象还是产品质量，娃哈哈称第一，无人敢称第二。颇高的知名度让娃哈哈坚守着领头羊的地位，如今试水童装，也是深知自身的品牌优势，想要借助已有的市场占有量来攻克童装市场。

关于为什么会对童装产生兴趣，宗庆后有自己的解释："第一，娃哈哈这个品牌很适合于儿童，十几年品牌经营使得'娃哈哈'已经为儿童认可。第二，国内童装业处于群龙无首阶段，销售额前 10 位的童装品牌中，排在第一位的市场综合占有率仅6%，娃哈哈三五年内成为行业龙头并不困难。"他认为内外条件都有利于娃哈哈在童装上做些文章。

可是现实情况真的如宗庆后所设想的那般美好吗？也不尽然。

饮料和童装本就不是一个系列的产品，消费体验和品牌感知不尽相同，其实人们很难将对娃哈哈饮料的喜爱无条件地转移到娃哈哈童装上去，宗庆后也承认，"做饮料的套路不能来卖童装，应该说销售服装绝不能在饮料的网络上去卖"，服装的销量远远要少于饮料。

可是对于童装的销量，他有着十足的把握，"童装以前我没有做过，但是我们是一个服装的大国，服装的技术、人才方面是没有问题的。娃哈哈通过十几年的发展，企业的形象比较好，所以招募员工很方便。就需求量来讲，在全国有 3 亿多儿童，而且我们的目标消费群是消费水平相对高一点的消费者"，总结起来就是万事俱备，没有什么好怕的。

"做任何事情都会有风险，做任何事情都会有困难。毛主席曾经说过，世界上就怕'认真'二字，认真去做肯定会成功的。"毛主席是他独一无二的精神领袖，这句话也被他视为屡战屡胜的至理名言。尽管童装刚开始就不被人们看好，可宗庆后却没有一丝一毫动摇。

宗庆后认为多元化道路是"一个企业发展到一定时期下，必然要走的一步棋"。随着时代的不停变迁，企业竞争的环境日益严峻，行业的背景也会发生变化，平均利润缩水是迟早的事情。怎么样让企业的资金流不断有序运转，涉足不同领域是寻求生存的最佳方法。，

有着足够的资金实力，也有足够的技术实力，那么对于新产品的开发和生产，就要采取"在跟进的基础上创新"的策略。宗庆后将娃哈哈将来的发展方向设定为"打造全新概念的自主产品"，不再是一味跟风，缺乏自主创新能力。而企业发展多元化经营的衡量标准，娃哈哈确实都已经达到。

娃哈哈的多元化道路，在发展战略上就是两种方向，一是食品、保健品、药品，二是做所有的儿童产品。他认为"娃哈哈在饮料市场已基本完成战略布局，几个巨头之间的市场占有率也进入胶着状态，彼此已难有大的发展空间，或者说不管哪家企业只要不犯大的错误，竞争格局就不会有大的变化"。正是基于这种信心，宗庆后不闻窗外的非议，果断坚决地步入童装市场。

是成是败，不是几个人说了算的，再有理有据，也要拿到消费者面前去验证，宗庆后对"娃哈哈"的品牌有自信，对即将登陆的童装市场也满怀憧憬，既然多元化道路不得不走，那么就要走得干脆利落，不能拖泥带水延误时机。娃哈哈亟待依靠多元化布局走出困境，童装则是重要的一步。

隔行如隔山

在是非对错面前，宗庆后有自己的一套判断标准，而非靠着

他人的议论和态度，就算全世界都举着双手反对他的决定，他也会一如既往地相信自己，支持自己。也许有人说这叫做固执，甚至偏执，可许多梦想在别人眼中，就是属于"不正常"的范畴。

2002 年 5 月，经过悉心筹划，娃哈哈豪气冲天地挺进童装行业，准备在新领域大展宏图，延续娃哈哈在饮料界的传奇。

"健康、舒适、漂亮"是娃哈哈童装推崇的，秉承为孩子生产"健康童装"的宗旨，从童装的设计、面料的选择到童装的生产，每个环节都严格执行欧美及国家有关环保要求，并通过国家生态纺织品 CQC 认证，绝对在质量上把好关，将"娃哈哈"品牌几十年来坚持着的目标发扬光大。

在面料选择上，"采用绿色环保面料，确保无毒害、无污染，同时注重吸湿性、透气性、柔软性、保暖性等健康元素，完全符合欧盟生态纺织品标准"，这是健康。

在规格设计上，"通过严格的三维整体测量仪，测算制订符合东方儿童体型特点的规格，并采用世界先进水平的剪裁工艺与生产流水线，确保每一款童装无论直线、曲线、裁剪都简洁流畅，穿着舒适，真正符合人体工学原理"，这是舒适。

在设计风格上，"娃哈哈不惜重金聘请意大利、法国、韩国等国际一流童装设计师为中国儿童量身定做，汇纳国际流行的色调、款式、品味于其中，源源不断地为中国儿童提供漂亮童装，展现少年儿童纯真、可爱的活泼天性"，这是漂亮。

加上那句"快乐童年，我最棒"的宣传口号，娃哈哈童装从起步来看，不乏可圈可点之处，然而从这些表面上的文章中，很难看出娃哈哈童装是否真的能够对应时下的潮流，迎合消费者的百变需求。卖得好不好，才是一个产品胜负的关键。

事实来讲，童装这一步棋，走得并不顺畅。宗庆后在最开始，曾经定下一年内开 2000 家专卖店、销售额 10 亿的计划，而随着时间一天天过去，进展似乎有些偏离了轨道。先是与香港达利公司合作，控股权在娃哈哈手中，可合作并没有持续多久，达利宣布终止合作，剩下娃哈哈独自闯江湖。

娃哈哈童装问世一年后，打算开 2000 家分店的拓展目标全面受挫，面对并不乐观的走势，宗庆后无奈之下调整目标，预计在 2003 年年底达到 1200 家的规模。誓言是自己承诺出去的，可事到如今，众目睽睽下，却没能兑现承诺，多元化之路走得如此艰辛，宗庆后也不得不反思。

"我一开始感觉这个行业规模比较小，我们进入童装业，调动这个行业的发展，可能也会形成一个市场，对整个童装业的发展会起到比较好的推动作用。2002 年是总共上了 800 家专卖店，销售 3 个多亿。一开始准备上 2000 多家，后来我感觉一个是没有经验，一个是准备不充分，现在我们稳定 800 家，2003 年我再扩大了一点，到 1200 家。"

虽然没能旗开得胜，多少有些情绪低落，但宗庆后依旧看好童装，"童装行业后面会发展更好。为什么我感觉有潜在的大的市场，因为老百姓生活水平提高了，对小孩子的穿衣也会重视，需要环保的衣服。使小孩子穿得既舒服，又安全，又漂亮，应该也是年轻爸爸妈妈的希望"。

面对存在的问题，宗庆后也没有任何隐藏，"开始的时候我们感觉还不是太懂这个行业，当时我们在销售过程当中，有些问题，比方说我们一开始是一年订两次货，到最后有大量的库存积压。我认为作为专卖店来讲，不可能把所有的服装都看得很准，另一方面，如果专卖店订得少，也不大可能给它补货，一补货的话，有三到四个月的生产周期，一补货资金又紧一点，在整个营销方面不是太合适"。找准了症结，才能对症下药，还没到病入膏肓的阶段，说什么都来得及。

只是问题没有宗庆后想的那样简单，起初一再标榜"高中档质量，中低档价格"，可到了实际销售的过程中，高质量和低价格都没能得到大家的认可，销售一线的经销商普遍反映，价格太高，而且要交二三十万元的保证金，给后期资金的运转带来很大压力，在服装的设计上，以灰白蓝黑几种颜色居多，款式也没有亮点，并没有达到所宣传中的样子。

有业内人士曾分析说，娃哈哈童装 OEM 生产制存在许多弊端，与娃哈哈饮料的销售网络相比，童装的销售网络显然并不齐全，而且有限的规模增大了生产的成本，再加上推广成本，娃哈哈童装想以中低档价格出售确实有些困难。对于产品的质量，娃哈哈并不能直接管理合作工厂，所以在生产档期和生产质量上，不是娃哈哈能够主观控制的。

作为童装界的菜鸟，娃哈哈明显高估了自己的实力。道理很简单，没人敢在娃哈哈面前夸耀自己销售体系，哪怕是其他颇有竞争力的老企业也不敢。可娃哈哈在如海深的童装市场，却敢大摇大摆蔑视其他品牌。这也许是宗庆后驰骋江湖几十载的自信使然，也许是娃哈哈雄厚的家底使然，又或者，是对童装市场的盲目使然。

童装与饮料不同，从生产工序到品种规格，再到季节变化的特殊因素，都有不同的要求，和饮料走的也是不一样的路。在款式提供、配送数量、配送周期上也给娃哈哈加大了难度，不熟悉流程的人难以准确摸清市场的命脉，为了解决配送方面的问题，娃哈哈下血本在全国各地建立起20多个配送中心，可各地分店断货的现象依旧层出不穷，这让娃哈哈有些无可奈何，这就是个无底洞，怎么也填不满。

身临娃哈哈专卖店就不难发现，在分店的管理上，娃哈哈似乎也没有拿出太多的精力。导购员没有统一的着装，导购态度一般，导购技巧也谈不上，完全是自由散漫的状态，给人的第一印象就是高端不起来，店面设计也是一样，即便有统一的规定，可基本上都是随心所欲的状态，根本体现不出大品牌连锁店的气势。

进军童装几年后，最初的计划和目标没能一一实现，宗庆后肯定也在反思。娃哈哈有三样东西是他引以为傲的资本，一是娃哈哈的儿童品牌形象，这是多少年来娃哈哈积攒下来的宝藏；二是资金技术支持充沛，有钱就好办事，只要能想到就有实现的可能；三是专卖店的拓展模式，遍地撒网，遍地开花，派出去的兵多了，就不怕没有收获。

可就是这三样法宝，在业内资深人士看来，并不稀罕。童装的游戏规则里，最重要的是对流行趋势的把握，不了解市场潮流的走势，如何安排品种、品类、价格和生产数量呢？若是这一系列的变量确定不好，产品还没生产出来，败局就已经定了，再说什么十足的把握未免有些勉强。

想把摊子做大做强，这一点无可厚非，但是初次涉水，就想要面面俱到，似乎有些不够理智。娃哈哈的品类繁多，从刚出生的婴儿到1.60米的少年一应俱全，款式也是应有尽有，可铺的大也要面临来自各方面的压力。

宗庆后曾说过进军童装是摸着石头过河，这说明他做好了遭遇险情的准备，能不能顺利达到对岸，能不能将童装市场列为娃哈哈新的利润增长点，现在并不好下结论，每一样新鲜事物都有自己的成长期，娃哈哈的童装也是如此，并不能因为开始的履步维艰就判定它没有任何希望。

对于童装，宗庆后原本预期开 2000 家专卖店，然而最终只完成了 800 家，相差悬殊的结果证实了娃哈哈在这一新领域所面临的尴尬困境。更令人忧心的是，在竭尽所能打造卖点之后，标榜的"健康童装"并未收到良好的效果，市场反响平平，消费者钟爱娃哈哈饮品，对童装却没有多大兴趣。对许多经销商而言，他们同时经营饮料和童装两种截然不同的产品，对童装的销售一窍不通，所以很难形成专业化的销售渠道，这也在一定程度上影响着童装的业绩。

娃哈哈已经形成的联销网络对童装的销售帮助并不大，宗庆后已经意识到了这个问题，目前最为关键的便是调整销售战略，抓紧时间构造专属于娃哈哈童装的销售体系，加大专业人才的培养，为童装提供强有力的支持。

困难是有，可勇气也十足，既然都已经到了河里，就不会悻悻离开，摸爬滚打几十年的宗庆后，不会轻易放弃。

回顾娃哈哈童装的运营轨迹，不难看出一些端倪。娃哈哈的本业是食品饮料，童装则归为婴幼市场，相比之下，二者的属性迥异，决不能混为一谈。在新的领域，娃哈哈试图利用自身的品牌、渠道、产品等优势打开市场，确实低估了二次创业的难度。

需要正视的是，进入新行业后，品牌影响力大为削弱，婴幼行业的品牌依赖性不容小觑，娃哈哈勉强称得上是二线品牌，而且"高中档质量，中低档价格"的定位并没有兑现，价格居高不下，档次却迟迟上不去。

销售渠道上，原有的固定模式在童装上并不吃香。经营娃哈哈童装的人多缺乏经验，纵然饮料销售网络遍布全国大街小巷，却无法照搬照抄地去经营童装。

生产模式上，娃哈哈童装采用 OEM 生产制，即与加工厂之间纯属合作关系，并不参与内部管理，由此引发多种弊端，产品设计、生产和销售无法环环相扣，当产品设计、生产计划发生滞后现象时，直接影响了加工厂的生产时间，以致质量得不到保障。

想要在童装领域复制先前的辉煌，宗庆后需要解决的困难还有很多。

入酒业突围

2013 年 11 月 5 日，杭州娃哈哈有限集团公司在北京召开新闻发布会，董事长兼总经理宗庆后正式宣布娃哈哈进军白酒行业，标志着娃哈哈多元化发展又迈出新的步伐。

发布会上，一款以贵州茅台镇为原产地的高品质高性价比的酱香型白酒——"领酱国酒"正式宣告上市。会上，前贵州省遵义市委副书记、仁怀市委书记罗其方以及茅台酒厂荣誉董事长季克良携三位国家级白酒专家前来助阵，季克良先生还欣然出任顾问，强大的嘉宾阵容全方位展示了娃哈哈进军白酒行业的信心。

酒，醇香四溢，形态万千，它的存在不仅是满足口腹之乐，而且是作为一个文化符号。在中国这片沃土上，酒有自成一派的文化，也有千年传承下来的精神和魂魄。娃哈哈是饮料王国，尤其是儿童品牌颇负盛名，从酸酸甜甜到醇馥幽郁，这中间有多远的距离？宗庆后细算过后，决定亲自去丈量。

在新闻发布会几个月前，宗庆后曾经亲口说过不会碰酒这个行业，可几个月之后，他的态度却有一百八十度的大转变。对于这次白酒之行的胜负，宗庆后坦言说："未来哪里知道，整个酱香型白酒市场份额才3%，饭要一口口吃，路要一步步走。"也许是因为之前的几次试水多元化道路多未能如愿的缘故，面对媒体的追问，他都是低调处理，鲜有豪言壮语放出来。

其实娃哈哈并不是第一次试水白酒行业，早在2002年和2004年，宗庆后就有过尝试，可惜以失败告终。无可奈何之下，只好放弃这个念头，继续专心经营娃哈哈的老牌产品。时至今日，不知道是哪股大风又把宗庆后吹了回来。

宗庆后是个嗜烟如命的人。办公时，闲暇时，几乎烟不离手，可却滴酒不沾，可为什么一个对喝酒没有半点兴趣的人，会如此执着于产酒、卖酒呢？

提及为什么选择白酒作为娃哈哈多元化道路的又一条主线，他坦言，当前中国的白酒行业进入发展低谷，比较困难，而中国又有着悠久的酒文化，行业的振兴与传承需要有实力的企业加入。"在茅台镇，有上千家小酒厂在与茅台酒厂同样的地点使用同样的工艺、同样的原料生产酱香型白酒，但由于资金和规模的限制，不具备打造全国品牌的能力，这就使得目前酱香酒市场的份额并不大"，有市场却没有生产规模，这在宗庆后眼里不是问题。

他也表示，当地政府也希望能有一家有实力的企业整合本土资源，再培养一个全国知名的酱香酒品牌，带动当地经济的发展。在贵州省政府的牵线下，娃哈哈集团经过考察，最终选择在这个时机进入白酒行业。

娃哈哈首先选定的合作伙伴是贵州省茅台镇金酱酒业有限公司。这是一家有着悠久历史的品牌企业，其前身是始建于 1909 年的汪家烧坊（茅台镇历史上最著名的四大烧坊之一）。双方以合资的方式合作，娃哈哈控股 80%，金酱酒业为 20%，而且贵州省政府与娃哈哈集团签订了包括白酒项目在内的合作框架协议，一期投资 150 亿元入驻仁怀市白酒工业园区。

对于 150 亿元的巨资，宗庆后在接受记者的采访时表示，这也只是个大概数字，包括了很多内容，建厂房、库房以及生产线，未来还有一个 2000 亩的白酒工业园的计划。除此外，娃哈哈还与当地十余家酒厂达成了初步合作意向，希望凭借其资金和网络优势，销售白酒和红酒产品。由此可见，宗庆后此次并非投资那么简单，而是深度介入到各个环节，以此冲破娃哈哈之前多元化道路的磕磕绊绊。

多元化道路是娃哈哈不得不走的道路。在新时代的浪潮下，如何保持自身优势而不被后起之秀淘汰，是宗庆后思考的最多的问题。一时为王，却不可能一世为王。创业容易、守业难的今天，居安思危也是每个企业家需要谨记的。

据资料显示，娃哈哈营业收入增速从 2009、2010、2011 年的同比增长 31.7%、27%、22.1%，到 12 年同比下滑 6.5%，这样的趋势让宗庆后颇为担忧，已经在走下坡路的娃哈哈，需要新鲜血液的注入，需要及时变动和尝试。饮料行业的竞争日益激烈，甚至到了白日化的地步，若是不想想其他出路，那么不思变化的企业，只能是困兽之斗。

回望娃哈哈的多元化道路，财大气粗的娃哈哈屡屡一掷千金，大手笔、大气魄地不断探索多元化道路。可不论是娃哈哈童装还是爱迪生奶粉，都没能交出满意的答卷，与期望中的成绩相差甚远。同时不断暴露出来的问题也警醒宗庆后，娃哈哈已经到了不得不突围的时刻。

然而，选择此时介入白酒行业，里面的门道颇有讲究，难说是福是祸，仁者见仁智者见智。

近年来，经济低迷是普遍共知的事实，加上限制三公消费的原因，可以说国内白酒的市场远不如以往红火。统计数据显示，2013 年前三季度，国内 13 家上市白酒企业营收和净利润出现"双降"，营业总收入下降了 3%，净利润同比下降 6%。甚至有人直言，白酒的黄金时段已经远去，现如今的情况与过去无法相提并论，所以做白酒生意并不被看好。

就是在这样的大背景下，娃哈哈挺进白酒行业，许多人怀着看热闹的心态观望着娃哈哈的一举一动。人们在猜想这一次也许还是会和之前几次一样，雷声大雨点小，拿不出什么像样的成绩。可宗庆后说"尽管自己不喝酒，但是也可以做好酒业"。

在弥漫着悲观情绪的白酒行业，宗庆后自然也能感受到市场发展的窘境。他看到白酒行业正处在受阻的时期，而这时从低处介入，就大大降低了行业的进入壁垒和投资成本。"在中国，酒文化是根深蒂固的，老百姓消费的酒并没有减少"，他看好白酒在国民心中的地位，也就看好未来的市场会有起色，所以大举进发并不是毫无理由。

宗庆后将新产品"领酱国酒"定位于中高端消费群体，其零售价定在 400 元左右，用他自己的话说，"我们要做老百姓都喝得起的酒，健康的酒，喝完不伤肝的酒"，质高价优似乎在童装和奶粉的时候，他也如此说过，只是并未实现，这一次不知能否成真，广告语卖点就在"不伤肝"，由他亲自定夺，可以看出他对白酒的重视。

有人断言，在这个时期进入白酒领域，是一种"抄底策略"。在残败的时刻进来蹚浑水，是喜是忧，不得而知。若是想趁着大家疲软的时候重新洗牌，不是没有可能，而是在于宗庆后怎么运作。预判力一向超乎常人的他，如何打造娃哈哈的白酒品牌，又采取何种营销策略，再者，之前的种种问题能否在白酒行业得到注意和解决，关乎着娃哈哈的白酒品牌能否做得起来。

一切都是未知数，也许这是兼并重组，树立娃哈哈大旗的绝佳时刻，而再创立一个白酒王国，建立国内白酒产业的新格局，也未可知。

依托中国人三千年的白酒文化，4000 亿的酒产业市场，打造一款高端、健康的白酒，指日可待。

据资料显示，目前茅台镇有 1600 余家酒企，其中只有 500 家左右有一定规模，但除了茅台、赖茅等企业外，并没形成真正意义上的全国性品牌，并且中国酱香型白酒目前仅占全国白酒市场总量的 3%，而当地政府扩大酱香酒市场份额期望值远远大过这个数目，所以白酒领域可以做，甚至要大做。

如今，中国白酒市场正值萧瑟的季节，三公消费、化工原料勾兑、塑化剂等诸多问题影响着白酒市场的发展，毫不夸张地说，白酒行业面临着一场盛世危机。宗庆后选择这个时机进入白酒领域，显然是有备而来。

对于探索多元化道路上的连连失利，宗庆后没有全盘否定娃哈哈所做出的种种尝试。万事开头难，如今他拥有丰富的资源，较之娃哈哈创业初期，想要在多元化中找到出路，可以说是具有诸多优势。

早在此前，宗庆后就率领娃哈哈涉足关帝酒、金六福等，可惜屡次乘兴而至、败兴而归。此次，他以雷霆之势再度归来，在业内业外都产生了不小的震动。

失败多少次都没有关系，这与下一次的成功并不冲突。关键是一步一步走向未来的时候，满怀信心，一切如初，没有太多私心和杂念，就是要去闯荡，就是要去拼搏。

商业地产风云

屡战屡胜，说的是娃哈哈的鼎盛时期；屡战屡败，屡败屡战，说的则是娃哈哈开启多元化后的漫漫崎岖路。

即便是家大业大的娃哈哈集团，想必也会心疼这流出去的大笔钞票。宗庆后是娃哈哈全面发展的探路者，不断摸索着适合娃哈哈的产业，谋求多方面突破。有人评价这是瞎折腾的行为，可若是想成就百年老店，也许这是娃哈哈必须经历的周折和阵痛。

这一次，饮料巨头看中了商业地产。在多少人梦寐以求的掘金宝地，宗庆后就如此气定神闲地闯了进来，用钱能解决的问题，都不叫问题，可是有些领域不是单纯往里扔钱就可以赚钱的，纵然有人因为地产而成为富翁，也要看到还有许多人因此而从顶峰跌到谷底。在宗庆后眼中，娃哈哈在地产板块的投入，会换来对等的回报。

2012 年 11 月 29 日，是娃哈哈集团建业 25 周年的日子，也是娃哈哈第一家欧洲精品商场 WAOW PLAZA 在杭州钱江新城正式开业。这一天，商务部、浙江省及杭州市的领导、全国各省市的60多个地方党政代表团的500多名代表以及来自美国、西班牙、意大利、澳大利亚、新西兰、保加利亚、哥斯达黎加、萨摩亚等国的驻华使节出席了庆典，成为娃哈哈进军商业零售领域的见证人。

娃哈哈商城的中文名为娃欧，英文名叫"WAOW"，是以国际精品百货为主的全国性连锁百货零售商业项目。它的名字里蕴含着"快乐惊喜"的意思。商场内有不少来自欧洲一线奢侈品品牌副牌和二线奢侈品品牌，其中许多是内地绝无仅有的品牌，倡导"新时尚，轻奢侈"的消费理念，代表着娃欧精品商场的独一无二，也是希望借此来吸引对欧洲奢侈品品牌有兴趣的消费者。

娃欧商场坐落在杭州市钱江新城尊宝大厦，处于中央商务区，也是城市的核心区域。建筑面积为35000平方米，分为地下一层和地上四层。地上四层楼的销售展示区域，容纳了服装、鞋子、箱包、钟表、化妆品等近200个欧洲名品，花样繁多，种类齐全。

宗庆后积极表态，"娃哈哈要到新领域接受挑战，我们要做出自己的特色，做和别人不一样的商业。开设WAOW商场的目的，就是希望扭转国内奢侈品价格畸高的消费现状，让大众也可以买到时尚的平价国外精品"。以稍微平民的价格买得国外的奢侈品精品，是娃欧商场最主要的卖点。以杭州为始发站，在5年时间内，娃哈哈要将自己的精品商场推向全国，要开100家分店，一二三四线城市都不会落下，打造城市综合体，推进娃哈哈零售业的崛起，5年内做到商业公司上市。

遗憾的是，这只是宗庆后的美梦一场，描绘的一切远景都只是愿景，来不及成真就成了昨日黄花。

娃哈哈与物业方浙欧置业签订了 16 年租用协议，最后却以
1000 多万元的欠款而结束。从开业起，惨淡经营、持续亏损等消
息挥之不去。按照宗庆后的解释，"新进入的领域需要时间培育，
交点学费很正常"，只是到最后，一直在交学费，教训也学到一
大堆，就是不见商场有任何起色。

一年半的时间，基本是强撑着过来的，卖东西的地方却卖不
出去东西，这就失去了存在的意义。当娃哈哈向娃欧商场业主方
浙欧置业提出解约与撤租的那一刻开始，就宣告了宗庆后商业地
产梦的破碎。

娃哈哈集团发表声明称，承租尊宝大厦后，浙欧置业并未履
行租赁合同中的诸多实质性条款，如消防验收迟迟未能通过、未
能向娃哈哈交付承诺的 300 个停车位等，这些违约行为一直影响
着娃欧商场的正常经营。而浙欧置业则公开回应，娃欧商场自去
年底至今已拖欠 1000 万元租金，如正式解约，娃欧商场不仅要补
交所欠房租，还需承担约 1800 万元违约金。

当初的你情我愿演变成面红耳赤，红红火火的开始没能保持
下去，抱着希望的双方都没能得到许诺中的一切，心情不好是肯
定的，可外界看到更多的是"中国首富"的又一次失败。

想当初，宗庆后为了跨界零售业，可没少下功夫。搭着时间
和金钱，为了招商，转了大半个地球，亲自赶赴法国巴黎，西班
牙马德里、巴塞罗那，意大利米兰、佛罗伦萨、那不勒斯、西西
里等地。一次不成再去一次，决心要把这件事做成。一番辛苦
后，是杭州娃欧商场的艰难度日。

不禁要问，又是哪里出了问题，让宗庆后又一次失意。

仔细分析娃欧商场的运作方式，并不是没有新意。与其他商

场找人做代理商不同，宗庆后自己做代理，直接从欧洲引入差异化品牌，让商场内的品牌有很好的辨识度，不至于千篇一律。在营销方式上，采取国外的买手制，这在国内是比较前沿性的商业模式，所以刚起步的阶段，接受程度一般。

没有百货商场的运营经验，是娃哈哈的致命伤。但是明知有缺陷，宗庆后依旧我行我素，蔑视力量雄厚的专业团队，一门心思的自编自导，犯下不少错误，致使在运作过程中，许多可以避免的麻烦没能幸免，只好越陷越深，直到无法自拔。

当然，娃欧商场没能站稳脚跟，并不全是单方面的原因，纵观国内零售业的大环境，也是不可忽视的。据资料显示，近几年来，全国零售百强企业实现销售额连续放缓，导致娃欧生不逢时。同时，许多零售业的前辈也是娃欧的劲敌，还有"万能"的淘宝等网上购物平台，让零售业的竞争持续升温。

对此，宗庆后也承认，自从娃哈哈进入商业领域以来，确实走了一些弯路，某些方面确实并不顺利，但是娃哈哈并没有放弃，一直在积极学习和调整，他直言"对于由此得出了娃哈哈零售业失败的结论是纯粹的胡扯"，他没有说失败，就还没有失败。

"任何事情都会有争议，这很正常，只要自己心中有数就行了"，别人可以不看好他的努力，但是他会用实际行动证明，这一切都有意义。"我们不是搞商业地产，是做下游零售，我相信零售业的实体店、大商场还会发展的。"他对零售业始终抱有信心，目前的坎坷只是暂时的，只要未来有发展前景，娃哈哈势必会一如既往。

值得一提的是，外界盛传娃哈哈商业项目失败，可娃哈哈称，"与浙欧置业的解约并不会影响娃哈哈商业项目的整体运作"。事实也是如此，娃哈哈在宜昌、天津、南昌等地的商业项目仍在继续推进，并没有受到杭州娃欧商场冷清局面的影响。

娃欧商场主打直营或代销二、三线欧洲的品牌产品，以欧洲的二、三线服装品牌为主。为了打造与众不同，宗庆后抛弃国内百货通过代理商引入品牌的模式，他自己担起代理商的重任，直接从欧洲引入国内罕见的品牌。除此之外，他将国外盛行的买手制引入国内，由商场的专业买手直飞海外采购。

娃欧商场有诸多可圈可点之处，然而能否赢得消费者的青睐才是重中之重。毋庸置疑，直营代理大大减少了中间环节，减低了物流成本，可并没有从根本上打动消费者。每年人们花在服装上的费用是惊人的，价格和品牌的知名度是男女老少最为在意的，而娃欧商场精挑细选的众多品牌在国内的知名度不高，又缺少必要的品牌营销，销售业绩不佳也是情理之中的事。

买手制在中国国内实属少见，与传统的采购方式相比，确实存在一定的竞争力。对于专业的买手而言，除了精通专业的服装知识外，对国外品牌也要了如指掌，同时，还要通过认真调查来了解当地消费者的购买需求，再根据外国品牌自身的特点来进行选购。唯有具备以上的种种条件，才能称得上是一名合格称职的专业买手，然而就目前国内的情况来看，这样的人才风毛麟角。英国知名买手百货玛莎百货和香港知名买手百货连卡佛入驻内地市场后，情况都不容乐观，足以证明买手制在中国内地的生存空间有待扩大。

儿童教育，敢想敢做

步步艰辛的娃欧商场最终没能如愿，随后，转型为儿童教育城。在娃哈哈集团独家支持的某作文比赛颁奖典礼上，宗庆后正式宣布位于尊宝大厦的娃欧商场部分调整为"娃哈哈未来城"，这也意味着，全国第一家娃欧商场开始尝试转型。

"未来城引入国内外优质教育资源，提供个人修养品德、形象思维及表达、语言、智商与情商发展、学术专业兴趣及艺术特长培养等综合教育培训项目。课程设置打破应试教育方式，融入国际教育理念，为孩子的成长未来，尤其是为孩子将来去接受国际化教育奠定好坚实的基础。"从卖欧洲精品到关注儿童教育，这其中的跨度似乎有些大，不过从这一次转型来看，未必不是好兆头。

"心教育，新未来"是未来城的宗旨，体现了未来城用心做教育，让孩子们拥有全新未来的心愿。整体上，未来城"以差异化的教学内容、专业化的教学方法、小班化的师资配置，以导师全程跟踪"来确保培训内容得到贯彻和执行，让孩子们拥有不一样的学习体验。

娃哈哈未来城的主打特色是名校优秀课程的提前体验，在未来城隆重开业当天，崇文、时代和新世纪三所民办小学与建兰中学正式入驻这里，而且这也只是开始而已。随后，未来城还会引进杭州及国内外更多名校，汇集教学资源，打造一流教育。

未来城开设特色课程体验班，学生和家长不用进入校园，就能在这里体验实景课堂。如此一来，学生和家长就有机会进行深度体验，如同在商场中购物、体验及试穿，真正感到满意后可以网上购买。此外，未来城后期打算与美国的知名高中联手，以 3D 视频的形式让孩子们体验到美国课堂的魅力，开拓孩子们的视野。

对家长而言，孩子无疑是最重要的存在，而孩子的教育则是最关心的问题。对此，未来城通过专业的技术去测评孩子的天性，以此更加准确地了解孩子。有了评测结果后，未来城还可以为孩子提供教育服务。首先，对测评结果进行科学严谨地解读，随后，根据结果为孩子量身定制合适的教育方法，其中包括成长式、幸福式、家庭式等多种多样的形式。测评系统来自北师大、华师大、浙师大的专业测评项目。

在孩子的教育上，父母是启蒙老师，家长对孩子潜移默化的影响是深远的，所以改变父母也至关重要，然而多数父母对此却毫不重视。针对家长该以何种态度、方式面对孩子的问题，未来城推出了"智慧家长"的培训项目，以此为家长提供学习的平台。

宗庆后及娃哈哈团队酝酿未来城的项目有半年之久，目的在于打造一个大型的教育平台，步入正轨后，将吸引更多名牌学校资源、知名机构培训资源进驻，为杭州的家长孩子提供"一站式"的教育服务。

娃哈哈未来城体验中心的一楼是接待咨询区，二楼和三楼是体验课程区，四楼则是家长区，而娃欧商场的奢侈品区和餐饮区仍然保留着。对于这种区域划分，宗庆后也费了一番脑筋，鉴于孩子的安全考虑、教育资源的平衡及学生家长的需求，如何合理利用现有空间，也非常讲究。

宗庆后深知，教育是一个回报率较高的行业，人人都想分一杯羹。然而，如何打造一定的规模，如何保证可持续性，则是不得不深入思考的问题。未来城的负责人说："我们不是打造精英，是想给孩子找到适合他（她）的选择。所以，我们的项目和市场上的同业会有些差异化。去读懂孩子，而不是让家长强加给孩子的校外教育。如果把这第一家做好了，相信今后复制到全国也是容易的。"

这盆水又一次泼出去了，不过就目前的运作情况来看，未来城还是得到了杭州家长和小朋友的欢迎，毕竟在教育上，父母都是舍得花钱的主儿，如果真的好，那么迟早能够壮大起来。

在多元化的道路上走了这么久，很累，但是宗庆后一直没停歇过，对年事已高的他而言，时间就是金钱，容不得他懈怠。娃哈哈能否守得住家业，能否更上一层楼，他肩上的担子是沉重的。

童装市场的运营已有十年之久，摆在台面上的销售额只有2亿元，与最初的预期值相距甚远，而且迟迟不见转机；转战奶粉行业，创立爱迪生奶粉系列，抱着两年内销量破十万吨、销售额达100亿—200亿元的期望，可惜消费者的兴趣不大，战果不佳；进军城市商业综合体，高调打造娃欧精品商场，一年半后，豪言壮语犹在耳边，然而"娃欧项目失败"的新闻报道此起彼伏；豪掷150亿进入白酒业，然而仅半年时间，主打产品领酱国酒却传出靠内部摊派冲量的消息。

多元化道路是宗庆后的野心，也是他的不得已。最近几年，食品饮料行业的竞争愈演愈烈，娃哈哈的霸主地位虽然没有动摇，却日渐疲惫，想要维持昔日的迅猛势头，单单依靠老本行显然已经有些吃力，他寄希望于开拓种种副业，寻找新的拉动力，然而实际上，多元化进程始终步履蹒跚。

娃哈哈2013年营收达800亿，对此，宗庆后并不满足。他提出2014年营收过千亿的目标，就娃哈哈的实力而言，千亿的营销额并非难事。

家喻户晓的品牌知名度是娃哈哈强有力的支撑。能够如此深入人心的品牌，放眼全中国，寥寥无几。另一方面，娃哈哈拥有覆盖广泛且能屈能伸的终端渠道。它的批发商遍及全国所有县市，可以说，在中国大地上，没有娃哈哈触及不到的市场。娃哈哈的联销体系成为美国哈佛商学院唯一引用的中国渠道创新案例。

娃哈哈可谓是庞大的商业帝国，自身拥有其他竞争者不可比拟的优势，然而奇怪的是，在探索多元化的道路上，坎坷多于平坦。

一番分析过后，不难看出，娃哈哈纵然实力超群，却也有所忽视。的确，娃哈哈在食品饮料行业是龙头老大，商海掘金十几年，宗庆后无往不胜，他对跨界经营怀有极大的信心。不过，俗话说"隔行如隔山"，每个行业都有其与众不同之处，娃哈哈积累下来的品牌、渠道、人才等资源，并不能保证其在新领域的顺风顺水。

宗庆后是食品饮料行业的经营翘楚，在其他行业，他丰富的经验教训未必能够派上用场。论资金实力，娃哈哈自然不在话下，然而开拓多元化并不等同于简单的资金投入。业内人士认为，假如单纯依靠娃哈哈原有的销售渠道去营销其他项目，不仅注定会无功而返，甚至有功亏一篑的可能。

10

这个领导不太冷

在娃哈哈上班工作，有压力，更有动力。员工发自肺腑地将娃哈哈当做避风港，当做小家之外的大家和强有力的支撑。他们在这里赚钱身心舒畅，能各司其职，在岗位上能养家糊口，又能谋求发展，因此，每个人心里都是温暖的。

在娃哈哈有个家

"家文化"是娃哈哈企业的文化核心。二十几年来，娃哈哈以"家"自称，给予员工最真挚的关怀，也收获了员工一心一意的付出，二者在互利共赢中各自成长，并在一家之长宗庆后的带领下，实现长足发展。不得不说，和谐友爱的企业氛围，为员工和企业都带来了生机和活力。

生活和工作似乎是两件事情，生活是柴米油盐酱醋茶，工作是协议合同报表文案，生活有酸甜苦辣，工作也有苦乐喜忧。过生活更惬意，是为了自己而活，忙工作却多少有点抱怨，拿着高不成低不就的工资，听从老板指挥，鞍前马后，说穿了，只是为了工资，为了养家糊口，功利性很明确，所以时常会有些私心杂念影响情绪。

但是如果，企业把员工当做家人，员工也把企业当做大家庭，许多难以调和的矛盾就可以轻而易举地解决掉，这个过程中，需要的是彼此的信任和依赖，以及一颗真诚的心，不需要多少言语，良好的氛围就自然而然地出现了。

"凝聚小家，发展大家，报效国家"，是娃哈哈企业的核心理念，所谓"小家"是指每一个员工，"大家"是指企业，"国家"就是国家和社会。企业的兴衰离不开员工的持之以恒，唯有员工团结起来，将力量凝聚于一处，企业才能有前进的不竭动力。企业发展得好，效益才能好，国家才更有实力，员工的生活水平也会得到改善和提高，这是一个良性循环。

暂且不论娃哈哈成长的过程有多么激励人心，单说为员工提供的福利待遇，娃哈哈就是众多企业的榜样。员工不是外人，是这个人家庭中的一员，理应得到企业的照顾。从创办最初，到风风雨雨二十多年后，员工的工资一直在大幅度上涨。

最难能可贵的是，娃哈哈1999年转制后，全体员工都成了公司的股东，除了工资是劳动所得外，还可以通过分红享受到企业发展的成果，单此一项，就拉高了工资水平。从开始到现在，增长了100多倍，远远超过全国工资平均值。

人人都说买房难，多少人是攒了一辈子钱才买了一套房，又有多少人买了房子之后成了房奴，要背着几十年房债，一生忙忙碌碌却为房子折了腰。在娃哈哈企业的员工，可以骄傲地说"住房问题被企业给解决了"。娃哈哈创立以来，一共分配住房约2000套，面积超过10万平方米，并率先实行住房货币补贴，在杭州整个房价居高不下的情况下，让员工实现了居者有其屋，解决了后顾之忧。为了解决进城青工的稳定问题，娃哈哈特意建造了廉租房租给外来青工，让他们在城里安居乐业。

衣食住行的后顾之忧都已经清除干净，这远远不够，娃哈哈还对员工关怀备至。每年除夕，都是外来务工人员最惆怅的时候，看着当地的同事都欢天喜地回家团圆，自己却不能回家，心中的酸楚可想而知。为了宽慰不能回家过节的员工，娃哈哈为他们精心准备了"千人年夜饭"以及春节团拜会、"春风"行动等，让他们知道，娃哈哈也是他们的家，也会为他们送去温暖，帮他们把孤单和冷清一并赶走。

每年春节，公司都会为在杭州过年的外来青工和知识员工准备丰盛的年夜饭，总经理宗庆后亲自到各基地，举杯祝酒，与大家共迎新年。新春团拜会上，宗总向干部员工一一敬酒，并特别感谢外派干部和销售人员的家属对娃哈哈事业的支持和奉献。

扶持都是互相的，员工任劳任怨，企业自然也不会亏待自己的员工，甚至为大家考虑得更长远。正如"八小时内求生存，八小时外求发展"，讲的是在工作的八小时之内，是为了生存，下班后的时间里要完成自身的积累，谋求更好的前程，五年以后，甚至十年以后，每个人的差距必然会拉开。

娃哈哈根据部厂级、科级、管理人员、专业技术人员、一线工人各层级员工的实际需求，开发了200余门培训课程，通过开展出国培训、专业技术培训、持证上岗培训、现场交流等多种手段，使员工培训覆盖率达到 100%，促进员工岗位技能的全面提升。全公司开展的培训基本覆盖了公司运营的主要环节。此外，娃哈哈还通过"送出去、请进来"的策略，在充分发挥内部培训的基础上，2008 年送出近 450 名员工出国或参加外部培训，还引进"清华大学 IE 大讲堂"、时代光华管理课程等，全面提升培训质量。

为员工提供继续深造的机会，让他们不断进步和成长，提升自我的能力，与时俱进，与企业共同谋求更高的发展。

简而言之，娃哈哈是一家有浓浓人情味儿的企业，大家连着小家，全心全意守护着娃哈哈。也许娃哈哈员工的待遇不是世界之最，甚至不是中国之最，可员工心甘情愿为之奉献出毕生的青春，以此为毕生的事业，在自己的岗位上埋头苦干，安分守己，兢兢业业。

想当年，宗庆后大胆贷款 14 万元起家，从一穷二白开始积攒，靠三轮车跑市场，大街小巷无一遗落，阴天雨天都没有懈怠，日以继日。20 年来，娃哈哈迅速崛起，其中没有捷径可走，全凭着企业中的每个人。娃哈哈的平均增长速度在 70% 以上，这就是"娃哈哈速度"，有着"拼命三郎"之称的宗庆后，带领娃哈哈全体员工，用一腔热血创造出的哇哈哈奇迹。

坚守岗位是娃哈哈员工对企业最大的忠诚。工作的时候就心无旁骛，不会想着怎么偷懒，怎么占小便宜。员工把企业当做家，企业把员工当做家人，每个人都是为了自己的大家庭在努力，自然是百分之百的投入。

娃哈哈为了鼓舞广大干部员工的工作干劲，也为了广泛而有效地调动大家的工作积极性，开展了大量的文化活动，如春节团拜会、集体婚礼、春风行动、庆功宴、出国旅游、三峡游等等。员工在不同的活动中培养默契，增长感情，在温情脉脉中互帮互助。

"家"文化对娃哈哈有着深远的影响，如一盏指路明灯，照亮前进的道路，一群有着共同价值追求的男男女女、老老少少，围绕在娃哈哈的周围，共同建构起娃哈哈的价值体系。

有了"家"文化，娃哈哈如同有了根植在心中的灵魂，一举一动都带着娃哈哈的特色，使它在众多品牌和企业之中，如此与众不同，又如此不可替代。

分布在全国各地的经销商，同样是娃哈哈同甘共苦的战友，在几年、十几年、二十几年的共同成长过程中，是一路肝胆相照，义气相随。娃哈哈的产品能以最快的速度铺向全国，他们功不可没；在娃哈哈与达能发生纠纷之际，也是他们，与娃哈哈的员工们同仇敌忾，坚定地站在宗庆后身边，支持他，拥护他，与达能作斗争。

企业不是毫无感情的赚钱机器，在娃哈哈集团，这里有大家庭的温暖，大家簇拥一处，各司其职，为共同的目标而奋斗。

"吝啬"的有钱人

什么叫"有钱人"，就是穷的只剩下钱的人，可这样的人怎么会与"吝啬"扯上关系呢？印象中的土豪，是奢华的代名词，挥霍无度的做派，与"穷酸"形成了鲜明的对比。

然而，并非全部有钱人都如此不知节俭，比如宗庆后，就是财力雄厚的有钱人，也是典型的"吝啬鬼"，不是缺钱的问题，是赚到手的钱该怎么花，这是要仔细斟酌的事情。

当一个人的财富累积到一定的程度，会有三种情形经常出现。第一种，钱自身具有的流通货币的价值被削弱，在他们眼中，一连串的数字只是数字而已，他们更感兴趣的是创造力，而非财富本身；第二种，贪于享受，最初的斗志在纸醉金迷中逐渐淡化，沉溺于红灯酒绿之中；第三种，保持精打细算的作风，不乱花一分钱，不浪费一滴血汗，秉承"钱要花在刀刃上"的箴言，勤俭持家。

显然，宗庆后属于第三种，简直可以用"抠门"来形容，可他的"吝啬"却值得敬佩。

登上富豪榜首后，他平静地说"这个榜单我觉得主要还是体现公司价值"。撇开首富的光环，他看到的是更深刻的东西，这般云淡风轻，怕是没有几个人能够做到。

他是大器晚成的创业者，踏上征途时，已是不惑之年，当年的情形他都记忆犹新，"很多年过去了，我依然清楚记得那一天的情景：1987 年夏天的一个下午，天气闷热，杭州的小巷子里见不到人影。我骑车出了家门，去干一件有些冒险的事情——靠借来的 14 万元钱，去接手一家连年亏损的校办工厂"。其中有多么艰辛和不易，用几句话真的说不清楚。

他是老板，也是员工，走街串巷叫喝棒冰、文具和书本。哪里有需要，就蹬着三轮车送到哪里，大雨滂沱也好，烈日当空也罢，从没有给自己偷懒的机会。他知道，这个时候不努力就等于没有明天。困顿乏累的时候，就咬紧牙关，对自己狠一点，再狠一点，就离成功再近一点。

千辛万苦熬过小本买卖，开始接触大点的生意，就是为别人加工口服液。有了自己的厂房和设备，不再是三个人单打独斗的年代，也是从这个时候起，直到 1990 年，娃哈哈用 3 年的时间创造了产值破亿的神话。可以试想一下，在那个万元户都受人敬仰万分的岁月，亿元是什么样的概念，在当时的许多人想都不敢想，可能包括宗庆后在内，也没有想到娃哈哈会有这样傲人的成绩。

时至今日，风云变幻的商场见证了企业的出现和离开，见过许多辉煌，也见过许多落魄，世事难料，可娃哈哈始终屹立在这里，经得住沧桑变化。在全国范围内，娃哈哈 40 多个生产基地遍布 26 个省、市、自治区，旗下有 100 多家合资和控股子公司，是年销售额可达几百亿元的大企业，是税收大户，带动了一片经济的繁荣。

据资料显示，娃哈哈的产品已经达到全国年人均消费 10 瓶以上的数字，成为全球第五大饮料生产企业，仅次于可口可乐、百事可乐、吉百利、柯特这 4 家跨国公司，而在国内饮料行业的地位，更是无人能够撼动。

有着如此霸气业绩的娃哈哈，如今依旧挤在杭州清泰街一栋 6 层的办公楼里。这是一座十分不起眼的灰色小楼，与"首富"的名头不沾边，与中国饮料巨头的名号格格不入。钱有了，勤俭节约的习惯却没有丢下。娃哈哈"没贷银行一分钱款"，这在其他企业中是很难见到的，与他分厘必争的"吝啬"分不开。

用宗庆后的话来说，娃哈哈"赚取的每一分钱都是辛苦钱"。它与福布斯中许多榜上有名的富豪不同，娃哈哈并未上市，所有资产都是靠着一点一滴的打拼而得来，都是实实在在，看得见的财富，更加真实，也更加可靠，所以娃哈哈始终步伐坚定，在其他企业不断抱怨生意越来越难做的同时，娃哈哈依旧在前进，保持着自己的节奏。

不拘小节的宗庆后，在员工眼里，从不在意自己的个人形象，穿衣打扮也不讲究，完全不像是身价百亿的有钱人。哪怕是出席时尚类的活动，他依旧是夹克衫在身，与华服美衣的他人相比，仿佛是两个世界的人。他就是平民化的富豪，对自己格外吝啬，没有牌子的夹克衫，最普通的布鞋，不过几十元钱，可他却中意这些别人看不上的东西，甚至调侃自己，"几十元的衣服穿在身上，人家都会以为是几千元的，我干吗花那个钱？"

穿衣不在意，吃饭更是随意，咸菜腐乳是他的最爱，对于珍馐佳肴，从来没有过狂热的追求，简简单单，吃饱就好，如果平常没有出差的计划，他的一日三餐基本都在公司食堂解决，普通员工吃什么，他也吃什么，甚至员工半小时的用餐时间，他十五分钟就草草结束掉，因为还有一大堆事情在等着他去处理和定夺。别人说"时间就是金钱"有些夸张，可这话对于他来说，绝对是事实。

曾经有一次，他参加某电视台的节目录制。现场选在风光秀美的西湖河畔，边饮茶边谈心，好不惬意。节目录制完毕后，他不无感慨的说："在这座城市活了大半辈子，没想到原来坐在这里喝茶这么舒服。"要说以他的身份地位，天天在西湖边喝茶都可以，有下属提议，既然喜欢这里，干脆将办公地点挪到西湖边上，累了可以坐湖边喝喝茶，看看景。要换做旁人，恐怕早就一刻不耽误，迅速地搬家了，可宗庆后没有，"那就光顾着喝茶观景了，看过的文件转头就得忘了"。享受与工作，他钟情于后者。

25 年来，他始终在最前线奔波，一年中甚至有一半时间和员工奋战在一线，娃哈哈运转的每个环节，他都会过问，都要操心，没有休息的时间，没有娱乐的时间，至于度假放松之类的活动，他一概没有，唯有工作，是他坚持最久的事情。

娃哈哈赚得的一分一毫，都是辛苦所得，是辛苦钱，是血汗钱，说他吝啬，可实际上，他才是最大方的人。

2008 年的 5·12 汶川大地震，每每想起都让人心有余悸，但是四面八方汇聚起来的温暖，也让人觉得格外亲切，这许许多多份关爱中，就有他的身影：紧缺的饮用水和食品，他紧急调运；缺钱缺力，他义不容辞；涉及到灾后重建工作，他献计献策；解决工作问题，尽自己所能安顿受灾群众；最令人感动的是，他不忘遗留下来的许多孤儿，以娃哈哈集团的名义向四川省民政厅发函，申请集体领养 500 名地震孤儿，负责其从小学到大学的所有生活、学习费用，直至其具备独立生活能力。

一举一动都令人动容，他确实有钱，这一点根本不用怀疑，他也确实"吝啬"，更多的是节俭之道。也许娃哈哈的巨额存款不是省出来的，而是奋斗拼搏出来的，可不浪费、不铺张的习惯，让娃哈哈在创业路上走得更扎实。

要跟宗庆后讨教白手起家的经验，也要向他学习不骄不躁的个性，独立于生活中，不以他人的议论来约束自己，在复杂世界中做到问心无愧就好。

有人情味的"独裁者"

独裁者，简单说，就是一个人说了算。

恰好，宗庆后就是这样的角色，绝对的统治权、话语权，没有任何疑问和迟疑。

如其所言："你去看看中国现在成功的大企业，都是一个强势的领导，都是大权独揽，而且是专制的。我认为在中国现阶段要搞好企业，你必须专制而且开明。"

他如此说，也如此执行。在娃哈哈庞大的体系之中，他本身就是权威，他的话就是命令，颇有君临天下的霸主之风。

娃哈哈集团的组织架构中，从始至终没有副总的位置，公司高层唯有宗庆后一人，生产、销售等各个领域的管理则是通过各个部长担任。没有人能够左右他的想法，事无巨细，全凭他一人做主，是进是退，是赏是罚，由他定夺，公司上下，以"绝对服从"为原则。

宗庆后之下，是中层管理人员，直接负责具体事务的执行，有情况也会第一时间反馈到他手中，让他知晓大事小情的进展情况，然后得到他进一步的安排。仔细观察，就会发现娃哈哈的中层中，女将居多，当然也不是巧合，这是宗庆后的用人之道，即"因为女将听话，执行力比较强"，服从命令听指挥，是最好的员工。

这般高度集权下，是宗庆后的一人独大。庞大的娃哈哈王国，少了谁都可以照常运转，唯独不能缺少他。好比大海行船，没有了灯塔的指引，注定会迷失方向。

娃哈哈杭州总部的大楼前，矗立着一尊宗庆后的铜像，彰显着他至高无上的地位。现代，比较先进的企业大多实现了电子化办公，一封邮件，一条信息，很快就解决问题，而宗庆后习惯用"朱批"的文件下达命令。每个月的销售通报都是由他亲笔撰写，下属呈报重要文件时，开篇第一句便是"根据您的指示……"，如同军事化管理，严明纪律，分工明确。在没有董事会的娃哈哈，据说买一把扫把都要他亲自批条。大到几亿的项目，小到几十元的物件，他都全权掌控，无一旁落。

他可以在没有任何组织考核程序的情况下，一夜之间将公司的人事部长、生产部长另派人选；可以在与销售公司总经理没有任何事先沟通的前提下，瞬息之间免掉几个省区销售经理的职务。做得好与不好，他都看在眼里，升级或是降级，他心里跟明镜儿似的，用不着别人指手画脚。即便如此严厉，他却从未裁掉任何一名员工，从成为娃哈哈员工的那一天起，娃哈哈就是每位员工的守护神。

公司虽然有明文规定，实施分级授权制度，可实际操作的过程中，宗庆后依旧牢牢控制着各个环节。每天光是单据就要签批上百份，各类采购合同、广告费等等，任何产品的包装、价格、广告等等，设备、生产线、厂房等有关事宜，他都会亲自过问，然后由他做出决定，事必躬亲，绝无疏漏。哪怕是出差在外，人不在总部，也会有专人将营销、生产采购等事项形成书面报告，传真给他，随后他会做出相应的批示，各部门照章办事即可。

"在娃哈哈，没有我，以后的发展的确会出现问题"，这其中没有任何危言耸听，绝对是真实写照。他带着骄傲说道："提高效率的关键是令自己内行。机器设备坏了，很多部门不知道怎么修理，我一看就知道有什么问题，该如何解决。"实际上，他确实比许多人更在行。

他是高高在上的掌权者，同时，他也在不辞辛劳地奔波着。一年之中，没有固定的休息日，几乎每天都在工作，其中不少于200天的时间，是在一线度过，而且要与分散在全国各地的经销商至少有一次会面。这也就是为何他的命令准确而高效，没有任何脱离实际的情况出现。他对娃哈哈每个工作岗位的流程了如指掌，他熟悉全部的运作模式，所以往往一针见血，切中要害，不比任何专业团队差，甚至精准无误。

工作就是他最大的爱好，已经演变成他的生活。没有任何多余的应酬和交际，冠冕堂皇的会议他从不参加，他不屑于在无关紧要的事情上浪费时间，更不舍得将宝贵的时间耗费在与娃哈哈无关的事情上。他把跑市场当做锻炼身体的最好方式，绝对没有大老板们惯有的这病那病，年过六旬，依旧生龙活虎。他对自己的期许是能够工作到九十岁。

喜欢埋头工作的宗庆后，甚至拒绝过英国女王和首相的宴请，拒绝的理由很直接，"2月6号女王请，12号首相请，9号就过年了，让我坐十几个小时（飞机），去吃餐饭回来，再坐十几个小时去吃、再回来？没什么意思"，对他来说，还不如去市场上转转来得身心舒畅。多少人梦寐以求的机会，他却压根没有放在眼里。

忙碌惯了的宗庆后，曾经表示闲着会让他感到难受，不如多走动，多参与工作，所以现在每天依然保持十多个小时的工作时间，对自己没有任何优待。他的生活作息严格恪守，早晨六点起床，要一直忙到晚上十一点才休息。他说过"我现在还是早上起来到公司食堂吃早饭，大概7点不到就在公司里了，晚上11点半以后回家，有时候太晚了就不回家，睡在办公室里，另外中午要睡1个小时"。不知道世界上还有哪位重量级的富豪晚上会在办公室过夜。

如此勤勉，使他从经销商和消费者那里，获得了最详实的市场信息。产品构想大多是他的想法，没有专业的策划团队，他一个人就完成了一个公司的工作。从儿童营养口服液开始，到目前已有的近百个产品，都凝聚着他的智慧和心血。他骄傲地表示："过去很多产品的创意都来自于自己，现在也是要参与。"生命不息，奋斗不止，也许这是对他人生态度的最好体现。

他笑称："我感觉自己身体很好，我还没感觉老，心态比较好吧。"在他这里，衡量生命广度和宽度的尺码并不是只有时间。"五十知天命、六十耳顺"，耳聪目明的宗庆后，没有把自己当做老年人。他同年轻人一样充满活力，怀揣永不泯灭的梦想，努力实现各种新奇的想法。娃哈哈的未来在哪里，也是他日夜考虑的问题，所以他不停在谋划，不停在铺路，只为有朝一日，当他卸下所有权力，退隐江湖时，没有他的娃哈哈依旧可以乘风破浪，不惧风雨。

大权独揽，是基于他对自己的自信，几十年的实践让他积累了丰富的经验，这不是翻翻书本就能学到的知识，娃哈哈与达能殊死搏斗时，他曾说过一番"狠话"——"外资也是纸老虎，他们对中国市场不了解，水土不服。他们不可能比我更了解中国的市场"；"达能要么妥协，要么退出中国，我们赢定了"……

比起对市场的了解和掌握，他们显然逊色于他，正是因为对自己信心十足，所以才会对专业团队不屑一顾，说起专业，他才是更专业的那一个。在推出非常可乐时，众人一致反对，外界也在窃笑他的自大，可他坚定地说："谁说碳酸饮料市场就一定是可口可乐、百事可乐的，我的非常可乐一定会三分天下有其一。"事实证明，他是对的，那些流言不攻自破，决策的正确性让他指挥起来更有力度。

霸权的根基在于实践，来源于客观实际，不是盲目集权；每个决策也都不是漫无目的，而是有的放矢，这就巩固了他的权威地位，因为听宗庆后的话，一定是正确的，若是拿不出什么可靠的证据反驳他，最好还是乖乖听话，认真执行。

还有一件比较有意思的事情。在宗庆后的办公室中，书架上摆放着各式各样的地图画册。除了每个省市自治区直辖市的地图之外，还有《高速公路及路网详查》《中国地理全知道》《高速公路及城乡公路网地图集》《实用中国地图集》等等。翻开来看，更是会让人大吃一惊，每一条道路，每一个拐角，都有细心的标注，代表着他的足迹曾经一次或者多次到达过那个地方。全国各地的市场，都被他转了个遍。

他对《环球企业家》的记者说过，"做生意的道理是相通的，管理上的东西有时候是无师自通的"，所以全凭经验和感觉，他撑起了自己的霸业和野心，捍卫了"独裁者"的地位。对于西方正统的管理学理论，还有一些颇负盛名的调查公司和咨询公司，他表现出极强的轻视，"你给他们那么多钱，最后都不知道花到哪里去了，还不如我自己的感觉来得比较敏锐和准确一些"。

牢牢占据权力顶端的宗庆后，却并不如想象中严厉，他是"独裁者"没有错，可他所呈现出来的另一面，让独裁者的冷酷消失殆尽，反而更多的是细腻柔情。

他曾经面带微笑地说，"我是在为员工打工"。既然是统治者，在管理企业时，就更应该注重以人为本，调动员工的积极性。在娃哈哈员工眼中，宗庆后是霸主，也是他们的"大家长"，专制却并不冷血。娃哈哈集团总部的员工经常能在电梯里碰到宗庆后，他会主动与员工打招呼，问他们去几楼，然后帮他们按下电梯按钮，彼此之间的关系并不是仅靠着工资维系，而是有深厚的感情在里面。

酷热的夏天，他会亲自给集团总部员工发放冰棒和其他冷饮，这是一种人文关怀。每年春节，他都会来到生产一线，给每一名外地青年员工敬酒、发放红包，并与他们一起合唱经典老歌《团结就是力量》，甚至由他亲自指挥。

他可以全凭自己做主，撤换任何人的岗位，但是创业至今，他几乎没有辞退过任何一人。其女宗馥莉刚从国外回来时，运用西方公司的管理规范，开除了几名员工，他因此批评了女儿，教导她中国的人情世故。"在美国，我是老板，你是员工，我给你多少钱，你就干多少活，不行就把你解雇。但这在中国行不通。在中国，只有员工真正服你，他才会听你的。依仗权势让人服膺只是暂时的，他会背地里跟你搞鬼。"集权可以，但是也要有人情味儿。

慈善大家

2013 年 9 月 13 日清晨，前中国首富、杭州娃哈哈集团董事长宗庆后遭人砍伤，被对方的刀割伤了左手两根手指的肌腱。警方当天下午就抓捕了犯罪嫌疑人杨某。经初步审查，49 岁的杨某来杭州后因年纪较大，一直没有找到工作；因为以前在电视上看过宗庆后热心帮助农民工的访谈，他便到宗庆后的住处附近找到他，要求为其安排一个工作，因未如愿，就实施了违法行为。

遇袭事件后，一时间各种猜测的声音四起，"寻仇说""报复说"此起彼伏，还有人说是由于娃哈哈公司内部高管发生重大调整导致经营出现问题。听到各种传闻后，宗庆后予以否认，他回应道，"这是个偶发的事件"，"我不是为富不仁的人"，"没有什么人仇恨我"。

新闻一经报道，立刻引来了有关财富的一番热议，"仇富"心理作祟之下，人们更多的是看到了杨某的无奈和可怜，却忽视了富人的正当权益，在大家你一言我一语地热烈讨论时，对于财富，宗庆后传达了他与众不同的财富观，值得思考。

"社会要营造勤劳致富的氛围，有钱人应该帮助没钱的人共同致富。有钱人都是改革开放的受惠者，通过辛勤劳动致富。现在，这个群体需要承担起社会责任，帮助未富裕人群致富。但是，如果光靠救济，人会越救越懒，永远无法脱贫。因此，要给他创造一个致富平台。至于失去劳动能力的弱势群体，则需要给他们一些直接的救济。"

贫富差距，不是凭空就能消失的，如何实现邓小平总设计师提出的"共同富裕"，需要国家和社会的共同思考。只靠着救济不可能解决贫穷的现象，富人的财富也并非大风刮进口袋里的，比如宗庆后，何尝不是白手起家，吃尽了口头，才脱离了贫困线。他也曾是一个穷人，生活在社会的底层，可为什么同样的遭遇，他可以改变命运，别人却要等着接济呢？

当然，他一直强调，富人有责任和义务帮助他人，但是，"授人以鱼不如授人以渔"。资助的钱财有限，终有用光花完的一天，不如自食其力来得更久远。因此富人的侧重点就不再是捐钱捐物，而是真正担负起社会责任，为劳苦大众创造致富的机会和环境，这才是社会急需的力量。

不可否认的是，社会上确实存在着部分富人为富不仁，但为富不仁并非社会主流趋势，如宗庆后所说，"实际上，现在很多民营企业家都已经走到回报社会的阶段了。创业初期，为了生存，这个群体可能会不择手段地去创造财富。等到财富达到一定量级后，为了体现人生价值，获得公众的尊重，同时也为了让自己的财富更安全，他们会选择帮助贫困人群致富"，帮助他人已然成为一种顺理成章的事情。

"我们需要明白的一点就是，一个人解决了自己的温饱等基本物质需求后，会把更多的财富投入到社会发展中，因为他吃不完、用不完。他会再去投资，创造就业机会，创造税收，推动社会的发展与进步。事实上，只有自己消费的那部分财富是真正属于自己的，超过一定界限的财富都是国家的。因此，公众没必要仇富，杀富济贫导致的后果是，有钱人带着资产移民到国外，这是最大的国有资产流失。"对待富有人群，确实该有正确态度，他认为富人的财富应该受到社会的尊重，中国所有的财富都是国家的。

相比于国内，西方的慈善也有"水分"，做好事的同时，可能主要目的是为了逃避税收。但是其中以比尔·盖茨、巴菲特等人为例，贡献给社会的钱绝对是巨款，他们是出于真心，想要以自己创造的财富造福国家，而像宗庆后提到，中国的企业家很多情况下都是"被慈善"的情况，也是目前社会广为流行的做法。

"慈善是中华民族的优良传统，我们应该恢复这个传统，但不应该以捐款的多少作为衡量标准，不能说捐得多才是慈善，哪怕捐几分钱，也应该算慈善。就目前来说，中国扶贫基金会做得比较好，它可以要求地方政府做相应的配套工作，从而解决更多的社会问题。这一点，光靠一个企业是做不到的。当然，企业家也是弱势群体，管不了天下。"

指望着企业大包大揽，实现社会共同富裕，似乎对企业的要求和期待过高。人这一生，到底走什么样的道路，过什么样的生活，归根结底最主要的决定者还是自己。现代社会遍地是机会，可机会偏爱有准备的人，自助者，天助之。

宗庆后说，820 亿对他而言不过是一张大钞票。一般人说不出这样的话来。揣着一座金山，却依旧把自己视为普通百姓，出差很少带随从人员，通常是一个人、一个行李箱，衣食住行从不讲究，甚至有些将就，自己穿着随意就好，从来没有摆阔的想法。所谓上流社会常有的兴趣爱好，他一概没有，放松心情的方式就是在办公室看看碟，这就足够了。

对自己小气，可对员工则是另一种情况。娃哈哈方面提供给《中国慈善家》的数据显示，公司成立至今，娃哈哈集团总共为员工分配房屋 1553 套。在当代社会，房子是一大问题，可在娃哈哈这里，房子不再是让人愁眉紧锁的负担。

从 1993 年开始，宗庆后就在娃哈哈实行全员持股，这在中国的民营企业里极为罕见。现在，近 2 万名员工持有娃哈哈的股份。在娃哈哈工作满一年，通过考核的员工，都可以购买一定数量的娃哈哈股份，每股 1 元，回报率在 50%—70% 之间，每年分红，很多员工的分红比工资还要高。

这就实现了宗庆后长久以来追求的目标。他用创造的财富，为还没有富起来的人们提供富裕的条件，让他们得以享受胜利的果实，凭借自己的努力，加上企业的扶持，过上居有定所的生活，毫无烦恼地投入到工作中去，为企业发展做出贡献，反过来，企业发展壮大后为员工提供更优质的生活保障。

纵然他一直在强调适当地做慈善，可事实上，从 1987 年承包校办工厂创业至今，近 30 年里，他的慈善捐赠累计已达 4.35 亿元，其中对教育的资助力度最大，至今累计捐助教育事业高达 2.94 亿元。他知道知识对一个人的深远影响，所以无论如何都不能苦了孩子们，他要尽已所能，为贫困地区的孩子搭建学习的避风港。

在天灾降临时，宗庆后更是义不容辞，2008 年汶川大地震时向灾区捐款捐物 1500 余万元；2010 年西南旱灾捐款 850 余万元；自 2000 年杭州市第一次举办"春风行动"以来，宗庆后始终如一地支持活动的开展，积极帮助下岗职工及特困家庭解决生活问题，先后捐款逾 2400 万元。

"解决就业问题，带动更多人致富，是最大的慈善。真正的慈善是帮助弱势群体富起来，这是最根本的。"做慈善不是为了改善他人一天或者几天的伙食，而是改变一种生存状态。

接班人问题

不能否认的是，一代枭雄宗庆后年近古稀，已徐徐老矣。

对此心知肚明的娃哈哈一家之主，正在竭尽全力为未来铺路，与此同时，选择由谁来接替他的位置，则是到了不得不提上日程的时候。外界一直猜测，接班人非其独女宗馥莉莫属，宗庆后没有否认，也没有承认，只是默默做着准备工作。

当被问到是否会将娃哈哈交给女儿打理时，他坦言现在还没有决定，"如果她愿意接班那也可以，关键看她有没有兴趣。因为我们第一代都是从比较低层的产业开始做起来的，第二代大部分都是在国外留学回来的，所以他们的想法可能跟我们不太一样，有的可能愿意去做跨国性质的产业，有的可能愿意做金融。要尊重她个人意见，强扭的瓜不甜，你硬要叫她搞什么，她也不一定有兴趣"。

遵从女儿的意愿，不施压，不强求，一切顺其自然，到底走哪一条路，也要看她自己的选择。强势了大半辈子的宗庆后，在这件事情上，绝对坚持民主。

在娃哈哈集团，宗庆后是独揽大权的国王，宗馥莉则是尊贵的公主，父亲的光环笼罩着她，让她成为公众关注的焦点。在娃哈哈与达能争得天昏地暗时，达能一纸诉状将父亲母亲及她本人告上法庭，离岸公司的种种谜团，将她从父亲的身后推到了风口浪尖上。人们开始打量这个姑娘，在媒体的高度曝光下，之前鲜为人知的经历浮出水面。

1996 年读完初中，稚气未脱的宗馥莉只身来到美国读书，开始异国他乡之旅。4 年后，进入洛杉矶佩珀代因大学，主修国际商务。2004 年大学毕业后，从千里之外回到国内，进入娃哈哈集团。她首先从基层干起，熟悉娃哈哈的业务和流程，为以后打下牢固的基础。

2005 年，担任娃哈哈集团萧山二号基地管委会主任助理，随后历任萧山基地管委会副主任、杭州宏胜饮料集团总裁等职。有了最基础的认识和了解，对于灵活头脑和拥有国际视野的她来说，融入新的环境并非难事。娃哈哈为她提供了一个广阔的平台，背后又有父亲撑腰，她在管理上的能力很快便凸显出来。

2005 年 3 月，她结束主任助理的工作，开始担任娃哈哈萧山二号基地管委会副主任。4 个月后，兼任杭州娃哈哈童装有限公司与杭州娃哈哈卡倩娜日化有限公司总经理，其目前所管辖的娃哈哈萧山二号基地有 6 家分公司，分属于饮料、方便食品、童装、日化行业。2010 年，她又成为娃哈哈旗下杭州宏胜饮料集团有限公司总裁、进出口公司总经理，开始带领娃哈哈探究国际多元化的道路。

"我希望帮娃哈哈这个品牌做点事情，不管这品牌是在我爸手里，还是在我手里，还是在某个职业经理人手里，我都希望这个品牌更加国际化、多元化，而且进一步体现专业化，围绕主业向上下游生长。这是我想要做的。"宗馥莉在海外生活多年，接触最多的也是外国的管理模式，自然希望娃哈哈朝着国际化、多元化的目标迈进，因为在国际舞台上，有更利于娃哈哈成长的营养，娃哈哈需要不断向国际靠拢，吸收其精华，补充自己。

2010 年 5 月，接手进出口公司对宗馥莉来说，有着重要意义，这里算是她的独立王国，大事小情全权由她处理，宗庆后不会干预她的决策，而是静静在一旁等着支援，可她没有让他有支援的机会，进出口生意做得风生水起，一派欣欣向荣的局面。

运作监管上，内外兼顾，两手一起抓。内部的流程整理完毕，各部门间合作的规章制度一一建立；外部的市场积极拓展，大大小小的国际展会有针对性的参加。目的很明确，就是要把娃哈哈的产品顺利地卖到国外去，开拓国际市场，抢占先机。"总体下来，我觉得我们做这个出口比较有前途，因为大家对我们产品都比较认可，并有国内强大的营销网络，但这些优势难以一下子延展到国外，我们还缺少一些软件：对国际市场的前瞻、敏锐度不够，对国际品质标准、市场法规不熟悉，还有文化的冲突、国际化人才配备不足。"她将优势和劣势分析得头头是道，颇有其父的风采。

为了打造进出口业务的精英团队，尽快熟悉国外市场的运作模式和规则，她放下身价，主动去接触一些国际饮料厂牌的 OEM

订单，以便从中掌握欠缺的技能，为日后娃哈哈进军国际市场打下基础。11个月中，娃哈哈往英美等主要市场出口的 OEM 和自有品牌饮料、方便食品已近千万美元，这就是她拿出来的部分成绩。

宗馥莉比起父亲宗庆后，在自我主张上毫不逊色，在自己心中有个算盘，"目前我们产品结构比较扁平化，我预见中的娃哈哈会在饮料的上下游产业游刃有余：从原料供应到终端销售，这是纵向；横向，我们会丰富产品线，开发更多适应未来消费趋势的健康食品。"但凡对提升整个品牌有益的手段，她都会积极关注。她不是只能倚靠父亲的小树苗，她要成为参天大树，成为父亲和娃哈哈的依靠。

执着冷静、踏实勤勉，是同事对宗馥莉最多的评价，她的确承袭了父亲"工作狂"的称号。她几乎每天都是公司到得最早、走得最晚的人，她有后台撑腰，但她不滥用这个优势。她来到公司并非为了做混世魔王，经营企业是她的爱好所在。

对于手下，她同样在培养他们的独立精神。当发现有问题的报告时，她不批，也没有任何提示，给对方时间，自己去找出问题并解决。如此办事，自然有她的道理，"一件事情你做得不好，你要总结哪里做得不好，这样下次才不会发生同样的错误。我是在失败中成长的，所以我希望我下面的人也会从失败中成长，虽然他们的错误是由我来埋单，但我心甘情愿"。

"我好像基本属于自我修正型，遇到问题我会自己列出几个解决方案来择优解决，在关键点上有了判断后做出决断，不一定都得到最好的结果，但我想这也是我成长中要付出的代价。"心甘情愿为自己的错误承担后果，也勇于担当，这是成长必经的过程，没有人可以代替她去体验错误所带来的感悟。

从这一件事上，就能明显感觉到宗馥莉与父亲宗庆后处事风格的天壤之别。同样是浏览报告，宗庆后会将有问题的地方一一标注，并且不厌其烦地向对方讲解原由，并将最佳解决办法提出来，比老师批改作业还要详细。

在知识结构和人生阅历上存在严重差异的父女俩，常常因为某件事谈不拢。也许两方的意见都有助于企业的生存，至于该何去何从，暂时还是宗庆后说了算。尤其是在管理制度上，宗馥莉是"以岗位定人"理论的拥护者，宗庆后则倾向于"以人定岗位"。最大的分歧就在于在外地驻守了多年的老将，年迈后回归总部，女儿则坚持让他们领取厚薪退休，父亲则坚持为他们增设顾问的职务，留在公司继续办公。

对于日常存在的分歧，宗馥莉也在慢慢学着适应。"我需要学习，但我希望能保持自己的个性，因为我觉得每个企业家应该有他自己的个性。"她不愿意随波逐流，愿意守护自己的个性，做一个有自己特色的人，同时认为："我觉得我爸说得也蛮有道理的，毕竟并不是每个人都能够接受我这样的风格，所以我有些时候还是要迁就人家一下。可是中国也在进步，不断规范化，所以这一点我还是不会放弃，我还是会要求制度化的管理，无非是时间长短而已。"

宗馥莉与父亲宗庆后存在不同层面的分歧。一个是娃哈哈未来的掌门人，一个是现在的领导者，二人如何顺利交接工作，也是不得不考虑的问题。在不断磨合的过程中，宗庆后越来越认可女儿的新观念，女儿也慢慢认同了父亲所传授的一些老道理。

宗馥莉虽然十分崇尚西方成熟的企业管理模式和市场秩序，

但是对于娃哈哈已经形成的"家文化"却相当认同，与西方开放的思想相比，"家文化"体现出中国文化中的保守和传统，在改革娃哈哈的过程中，宗馥莉始终理解和支持这一点，"这个家不是家族的家，而是大家的家"。在娃哈哈的"家文化"里，每个员工都能享受股权激励，以维持向心力。她承认引进外部力量能帮她推进她想要实现的制度化管理，但又认为"它会更大伤害员工本身"。

对于是否外聘高层管理者，她也赞同父亲的想法："因为娃哈哈有很重的'家文化'，外来人员不可能适应。如果我从外面请一个外援，他主张的东西员工不认可，可能造成的后果是我们不想看到的。与其这样还不如慢慢改变我们的员工。对我们来讲，只可能是从内部人员调整，从老板想法入手，慢慢调整员工的想法。"

至于外界一直热议的娃哈哈是否酝酿上市的问题，宗馥莉同样遵循父亲的道路，娃哈哈不会考虑上市，现在没有想法，未来也不会有，安分守己打造实业，才是娃哈哈的原则。

历经二十多年岁月沧桑的娃哈哈，如今已然是巨人的形象，但对于高手如林的国际舞台，娃哈哈还是有些稚嫩。宗庆后已经渐渐老去，接班人也正在成长，快到了新老交替的时代。

敢于发声

2010 年荣登胡润全球百富榜内地榜首。

2012 年，以 105 亿美金位列胡润富豪榜第 78 名，成为"2012 年中国内地首富"，也是唯一一个上榜的中国大陆富豪。

2012 年 10 月 12 日，《福布斯》发布 2012 年福布斯中国富豪榜单，以 100 亿美元的净资产重新登上首富的宝座。

2013 年 2 月 28 日，胡润全球富豪榜发布，以 820 亿元第三次登内地首富。

2013 华人十大富豪出炉，宗庆后列第八。

2013 年 5 月 6 日，《新财富》杂志发布"2013 新财富 500 富人榜"，娃哈哈集团宗庆后以 700 亿元财富成为 2013 年首富。

宗庆后坐拥普通人难以企及的财富，然而除了富豪的身份，他还是人大代表，有义务和责任为民发声。

2015 年 3 月 3 日，中国人民政治协商会议召开；3 月 5 日，全国人民代表大会十二届三次会议召开。作为人大代表，宗庆后如期参与会议，积极献言献策。

第一条是关于打击网络谣言、维护企业权益的建议。

目前，我国已经进入"自媒体时代"，互联网的发达给人们提供了前所未有的便利条件，每个人都有机会畅所欲言，在有利的一面愈发明显的同时，弊端也逐渐显现。网络谣言成为一种利器，严重危害着经济发展与社会稳定。

宗庆后以娃哈哈所遭受的困扰为例，阐述了网络谣言的危害性。在 2014 年，娃哈哈所遭受的谣言攻击就没有停止过，有人打着"科学实验"的幌子，明目张胆地造谣生事，称娃哈哈营养快线产品如若烘干形成凝胶，"能当避孕套"。实际上，谣言所指其实是正常的蛋白质凝结现象，并非谣言所传。

然而，一旦谣言四起，势必对企业造成不可估量的负面影响。尤其是在消费者欠缺专业知识的情况下，很容易被蒙骗，从而引起不必要的恐慌。此外，还有谣言称引用娃哈哈饮品会引起白血病、贫血、秃发、缺钙和软骨病、智商不发育等等。造谣者的行为直接导致销量骤减，这对一个企业来说，是难以承担的损失。

针对网络谣言，宗庆后提出两点建议，一是加大刑事打击力度，形成对犯罪分子的高压态势；二是尽快建立信息的权威发布平台，督促有关职能部门切实履行职能，保障公众对真相的知情权。

第二条是关于将审批制度改革落实到位的建议。

党的十八大报告明确提出要"深化行政审批制度改革，继续简政放权，推动政府职能向创造良好发展环境、提供优质公共服务、维护社会公平正义转变"。本届政府执政以来，认真落实要求，贯彻精神，但是尽管中央已经取消和下放 600 多项行政审批事项，宗庆后作为一名企业家，仍旧感到企业并未松绑。

他建议"首先，优先清理针对企业的审批事项；其次，要明确各类标准。审批制度改革后，也不用担心'一放就乱'，关键是政府要把各类标准定好，符合标准的企业就可以自己去干；最后，政府事中事后监管及问责要到位"。

第三条是关于鼓励实体经济发展的建议。

对于近年来我国实体经济发展艰难的状况，宗庆后认为主要原因有四："一是实体经济企业的税负比较高，企业除了要承担增值税、消费税等之外，还要承担 25% 所得税以及内资股东 20%、外资股东 10% 的红利税，这样算下来，一般实体企业的税负要达到 40%—50% 以上，企业怎能还有资金再去进一步发展；二是向企业收取的社保费用比较高，造成人力成本也越来越高，而向企业收取的各类费用也是过多、过高，根据我们公司初步统计，此类费用林林总总有四五百项；三是企业用地价格太高，一块工业用地，每亩就要一百多万，投资成本太大，一般实体经济企业很难承受；四是实体经济企业特别是民营企业融资成本高、融资难，一方面国家下达给银行的目标利润太高，导致银行贷款利率太高。"

为此，宗庆后建议，关于如何解决企业特别是中小企业融资难的问题，可以从以下四个方面着手："一是减少税种，降低税率，减轻企业的税负，同时要降低企业所缴纳的各项社会保险的费率，帮助企业有更多的赢利资金去发展实体经济；二是降低或免除企业的各类费用负担；三是要降低实体经济企业工业用地的出让价格，让企业有更多的钱用来搞生产、搞科研；四是要降低融资成本。"

第四条是关于推动我国当前经济发展的建议。

面对世界性的经济危机，中国的经济形势势必会面临巨大挑战。中国与世界的关系，毫不夸张地说，是带动与被带动的关系，世界经济的复苏需要中国经济。

关于如何推动我国当前经济发展，宗庆后列了四点建议："一是把我国过剩的产业有组织地向欠发达国家进行转移；二是瞄准欧洲发达国家吸引人才技术，加快转型升级步伐；三是大力发挥我国驻外使领馆的作用；四是扩大分配拉动内需，转变经济增长方式。"

第五条是关于更好解决我国"三农"问题的建议。

宗庆后是贫苦出身，他对农民有着深厚的关切，于情于理，对三农问题都密切关注。因此，他提出两点建议："一是在农业补贴问题上改变'普惠制'的补贴方式；二是防范国际大宗农产品冲击，保证我国农产品市场安全；三是用以工代赈方法吸纳农村剩余劳动力，夯实农业发展基础。"

第六条是关于推进全民食品安全科普教育工作的建议。

娃哈哈是食品饮料行业的龙头老大，宗庆后为确保娃哈哈产品的安全责无旁贷，也正是因为自己的职业道德与责任，他格外关注食品安全的问题。他认为"现在不少食品安全热点问题并不是真正源于食品安全事件，而是科学真相与消费者认知之间形成了'信息真空'，客观上加深了公众对食品安全的忧虑"。

对此，宗亲后积极提议："开展食品安全科普教育，首先要从孩子抓起；加强我国食品安全教育体系的构建和实施；当前食品安全科普教育工作应重点关注的领域。"其中，食品安全科普教育尤为重要，他建议："一是关注农业生产环节的食品安全科普教育，把好食品安全的源头关；二是重视食品生产加工环节的科普宣传工作；三是在食品流通环节上，科普工作的重点应着眼于食品流通中相关仓储、运输和保鲜环节的控制措施，针对食品原料、食品半成品、成品在流通过程中控制食品安全的环节和方法来组织开展，使公众能区分保质和保鲜的区别；要注意每一级流通市场的卫生状况、发票手续是否齐备，为流通环节的食品安全追溯提供清晰路径；四是在食品消费环节，通过科普宣传使广大消费者具备辨别假冒伪劣产品、过期食品的基本能力，了解什么是食品的腐败变质及食品腐败变质的原因和危害。"

第七条是关于尽快取消汽车限购限行的建议。

对此，他提议："多修建立交桥和高架桥，保持道路通畅；交通指挥智能化，提高道路运行管理水平；对于空气污染问题，首先要查明原因，到底有多少是由汽车尾气造成的。"

第八条是关于降低高铁票价、增加动车车次的建议。

宗庆后从老百姓的视角出发，提议"降低高铁的票价，让普通老百姓都能买得起票；增加动车的车次，逐步取消绿皮车；有关民生的铁路基础设施建设费用由国家财政拨款"。

第九条是关于县级政府定向免费培养品学兼优的贫困家庭子女读大学的建议。

宗庆后向来怀揣着一颗感恩的心，他热衷于慈善事业，坚定地担负起企业家的社会责任，他希望"县级政府免费定向培养贫困家庭大学生；出台政策鼓励人才下县城；发展贫困落后县城医疗、文化、教育事业，增加就业机会，促进当地经济发展"。

让每个孩子有学上，是宗庆后的愿望，他也正在为此竭尽所能。

第十条是关于规范环保收费及其用途公示、加强污染源研究的建议。

考虑到目前企业环保收费多、负担重的现象，宗庆后提议"清理规范环保收费项目，避免重复收费；对环保收费用途进行公示，确保专款专用"。关于国家对导致环境质量严重下降的真正污染源研究投入不足，未能对症下药的问题，他建议"综合考虑经济发展的实际需要，优化排放考核指标；认真投入污染源研究，提高环境治理效率"。

除了以上十条建议外，宗庆后还对"严格执行土地拆迁补偿标准"和"开放原油进口"的问题提出了自己的建议和看法。

他不是国家领导人，但是他对国家、人民有着非同一般的热爱，所以每条提议都是经过实地调查、深思熟虑之后，形成书面建议，郑重地向国家政府提议。